Zug um Zug zur Einheit

DR-Diesellok 202 291 mit einem Nahverkehrszug im Bahnhof Kleinschmalkalden in Thüringen, das bis 1990 Pappenheim hieß.
Bernd Oliver Sydow

Klaus-J. Vetter

Zug um Zug zur Einheit

Die deutschen Eisenbahnen und der Fall der Mauer

GeraMond

Impressum

Verantwortlich: Michael Dörflinger
Satz: Mediaservice Rudi Stix, München
Umschlaggestaltung: Jarzina Kommunikationsdesign, Holzkirchen
Repro: Cromika, Verona
Herstellung: Anna Katavic

Bildnachweis:
Umschlagvorderseite: Eine Diesellokomotive der Baureihe 132 145 passiert mit einem Sonderzug die ehemaligen Grenzanlagen bei Gerstungen (Bahnstrecke Eisenach–Bebra), aufgenommen am 21.04.1991. Foto: Bildarchiv der Eisenbahnstiftung / Bügel
Umschlagrückseite: links oben: Ludwig Rotthowe, links unten: Slg. Ralf Roman Rossberg, rechts oben: Bernhard Ott, rechts unten: Wolfgang Dath

Gesamtherstellung:
GeraNova Bruckmann Verlagshaus GmbH

Die Deutsche Nationalbibliothek verzeichnet diese Publikation in der Deutschen Nationalbibliografie; detaillierte bibliografische Daten sind im Internet über http://dnb.d-nb.de abrufbar.

ISBN 978-3-95613-007-6

Die Grenze ist Vergangenheit. Doch die Erinnerung bleibt und mahnt die Menschen

Ralf Roman Rossberg

Inhalt

Berlin=Charl

WARTEN AUF DEN ZUG

Gespannt blickt der Junge am 12. Mai 1949 in das Gleisvorfeld des Bahnhofs Berlin-Charlottenburg. An diesem Tag soll ein Reisezug von Helmstedt aus hierher kommen – der Erste nach knapp elf Monaten Blockade. Berlin, einst das Zentrum des deutschen (Schienen-)Verkehrs, ist zum politischen Brennpunkt geworden, mitten im Kalten Krieg und in den Konflikten zwischen sozialistischen und demokratischen Systemen. Mit dem Ende der Blockade hat man eine große Barriere überwunden, doch weitere Hürden bleiben. Noch mehr als 40 Jahre lang werden Züge aus dem Westen Deutschlands Berlin nur über Grenzen hinweg erreichen Slg. Dr. Brian Rampp

Helmstedt Bahnhof am 12. Mai 1949: Nach dem Ende der Berliner Blockade steht der erste Zug in die Spreestadt zur Abfahrt bereit. Vertreter von Politik und Militär, Fotografen sowie Schaulustige scharen sich um die Zuglok 41 055

Slg. Dr. Brian Rampp

Der deutsch-deutsche Zugverkehr 1945 bis 1990

Bahn über Grenzen

12.09.1944
Die Alliierten legen auf der Londoner Konferenz die Besatzungszonen in Deutschland provisorisch fest

08.05.1945
Kapitulation Deutschlands

01.– 03.07.1945
Die amerikanischen und britischen Truppen ziehen sich aus Thüringen, dem westlichen Sachsen und der Provinz Sachsen zurück; die sowjetischen Truppen räumen zwölf der 20 Stadtbezirke von Berlin; die Zonen- und Sektorengrenzen sind wirksam

04.07.1945
erster amerikanisch-britischer Militärgüterzug über Helmstedt nach Berlin

20.11.1945
erster planmäßiger amerikanisch-britischer Militärreisezug über Helmstedt nach Berlin

ab 1945/46
Machtansprüche insbesondere der Sowjetunion führen zu wachsenden Differenzen und Spannungen zwischen den Siegermächten (»Kalter Krieg«). Deutschland wird mehr und mehr in zwei Lager geteilt: die Zonen der drei Westmächte USA, Großbritannien, Frankreich (»Westzonen«) und die sowjetische Zone (»Ostzone«); deutsche Politiker, zum Teil auch führende Vertreter aus Wirtschaft und Gesellschaft verschärfen aus eigenen Motiven die Konfrontation

14.08.1946
Beschluss des Alliierten Kontrollrats über die Belassung der Betriebsrechte in ganz Berlin bei der Deutschen Reichsbahn der sowjetischen Besatzungszone (DR)

15.08.1946
Kurswagenverbindung Paris – Berlin über Helmstedt veröffentlicht

01.10.1946
Erstes offizielles Interzonenzugpaar FD 111/112 Amsterdam – Osnabrück – Berlin mit Kurswagen aus Paris

01.01.1947
Zusammenlegung der britischen und der US-Zone zur »Bizone« (auch: Vereinigtes Wirtschaftsgebiet); die sowjetische Seite interpretiert den – für weitere Gebiete offenen – Zusammenschluss als ersten Schritt hin zu einer Abtrennung

12.02.1948
In den Reisezügen der Westalliierten nach Berlin werden keine zivilen Wagen zugelassen

März 1948
Die drei Westmächte vereinbaren, ihre Besatzungszonen zur »Trizone« zusammenzuschließen

Anno 1956 wird der »Saßnitz-Express« München – Hof – Saßnitz eingerichtet. Der mit Vorkriegstriebwagen gefahrene Zug dient nur zu Transitreisen zwischen dem Westen und Skandinavien; in der DDR hat er keinen Verkehrshalt Rudolf Hesse/ADN/Bundesarchiv, Bild 183-38484-005

Interzonenverkehr auf dem Bahnhof Bebra um 1950. Wie hier mussten viele Bahnhöfe an der nun entstandenen innerdeutschen Grenze mit Schaltern, Büros und Geldwechselstuben für die Ost-West-Reisen vorbereitet werden Helmut Först/Historische Slg. der Deutschen Bahn AG

HERLESHAUSEN **RÜCKKEHR DER KRIEGSGEFANGENEN**

Ein Sonderfall des Verkehrs über die innerdeutsche Demarkationslinie war die Rückkehr der letzten deutschen Kriegsgefangenen aus der Sowjetunion. Etwa drei Millionen deutsche Soldaten waren zwischen 1941 und 1945 in sowjetische Gefangenschaft geraten. Etwa zwei Millionen waren bis 1950 in die DDR entlassen worden (von wo aus viele weiter nach Westen gingen). Der Internationale Suchdienst des Roten Kreuzes und bundesdeutsche Behörden vermuteten aber, dass weitere Gefangene in sowjetischen Lagern zurückgehalten würden. Bundeskanzler Konrad Adenauer verlangte bei seinen Gesprächen in Moskau im September 1955 als Gegenleistung für die Aufnahme diplomatischer Beziehungen ihre Freigabe. Vom 7. Oktober 1955 bis 16. Januar 1956 kamen dann mit einigen Dutzend Zügen in dem kleinen Bahnhof Herleshausen gleich westlich vom DDR-Kontrollpunkt Wartha etwa 10.000 Heimkehrer an – befördert in Güterwagen (r.: Foto vom 18. Oktober 1955; Slg. Dr. Brian Rampp). Nach der Begrüßung wurden sie in das Durchgangslager Friedland bei Göttingen gebracht. So manche Freundin oder Frau eines Soldaten hoffte jedoch vergeblich. Ein Drittel der deutschen Kriegsgefangenen war in der sowjetischen Gefangenschaft gestorben, so wie die Hälfte der sowjetischen Gefangenen in deutschen Lagern. *Andreas Knipping*

19.06.1948
FD 111 darf über Helmstedt nicht weiterfahren, die sowjetische Blockade der Berliner Westsektoren bahnt sich an

20.06.1948
Währungsreform in den Westzonen; anstelle der Reichsmark gilt hier von nun an die Deutsche Mark (DM); für West-Berlin wird die D-Mark nach langem Streit und verschiedenen Regelungen im März 1949 ebenfalls alleiniges Zahlungsmittel

24.06.1948
Sowjetische Organe sperren sämtliche Eisenbahnstrecken, Straßen und Wasserstraßen zwischen den Westzonen und den Berliner Westsektoren (»Berliner Blockade«); die Alliierten richten zur Versorgung der dortigen Bevölkerung eine Luftbrücke ein; Post wird weiterhin per Schiene befördert

08.04.1949
Mit der Einbeziehung der französischen Zone wird aus der Bi- die Trizone; sie ist die Vorstufe der Bundesrepublik Deutschland

11.05.1949
Helmstedter Abkommen über die Wiederaufnahme des Berlin- und Interzonenverkehrs

12.05.1949
Grenzüberschreitender Verkehr in dem vor 01.03.1948 gültigen Umfang wieder aufgenommen

23.05.1949
Verkündung des Grundgesetzes für die Bundesrepublik Deutschland; diese gilt damit offiziell als gegründet

07.10.1949
Gründung der Deutschen Demokratischen Republik (DDR), damit weitere Teilung Deutschlands; die vier Sektoren von Berlin gehören zu keinem der beiden deutschen Staaten

10.10.1949
Aufnahme des Interzonenverkehrs außer über Helmstedt/Marienborn auch über Büchen/Schwanheide, Bebra/Gerstungen und Ludwigsstadt/Probstzella

1951
Die DDR riegelt die Berliner Westsektoren gegenüber ihrem Gebiet ab

26.05.1952
Zur Begrenzung der massenhaften Flucht ihrer Bürger riegelt die DDR-Regierung die innerdeutsche Grenze systematisch ab. Das »Sperrgebiet« reicht von der Grenze fünf Kilometer ins Inland hinein; es darf nur noch mit spezieller Erlaubnis betreten und befahren werden. An der Grenze selbst gibt es den von Bebauung künftig freizuhaltenden und für Arbeitskräfte der Landwirtschaft nur bei Tageslicht

HINTERGRUND MILITÄRVERKEHR DER WEST-ALLIIERTEN VON WESTDEUTSCHLAND NACH BERLIN

Ein britischer Militärzug nach Braunschweig wartet mit einer Reichsbahn-132 in Berlin-Charlottenburg auf die Abfahrt Friedhelm Ernst

Zur Versorgung ihrer Sektoren in Berlin richteten die drei West-Alliierten nach Kriegsende einen Militärverkehr ein, der unter anderem über die Schiene (Strecke Marienborn – Magdeburg – Potsdam) lief. Die Unterbindung der Fahrten mit der Blockade Berlins brachte die Welt ab Juni 1948 an den Rand eines neuen Krieges. Vom 12. Mai 1949 an wurde dieser Verkehr zwar immer wieder einmal verzögert und erschwert, jedoch nicht mehr substanziell unterbrochen. Die Züge waren auffällig: Schnellzugwagen nach dem Muster der 26,4-Meter-Klasse der Deutschen Bundesbahn (DB) mit alliierten Hoheitssymbolen wechselten mit Güterwagen für Panzer und anderes Militärgerät.
An die »Caboose« aus der amerikanischen Eisenbahngeschichte erinnerten die grünen Begleiterwagen für die Militärpolizei in Gestalt von Zweiachsern mit geräumiger verglaster Dachkanzel sowie Schlaf- und Kocheinrichtung. Die Beförderung durch DDR-Gebiet übernahm die Deutsche Reichsbahn mit Dampfloks der Baureihen 01, 41 oder 52. Die Maschinen mochten an einem politischen Feiertag die rote Flagge an Rauchkammertür oder Windleitblechen zeigen – was wiederholt für Proteste und Diskussionen sorgte –, einige Meter hinter der Lok liefen Schnellzugwagen, auf denen der Union Jack der britischen oder die Stars and Stripes der US-amerikanischen Truppen prangten. Zielorte waren für die Franzosen Berlin-Tegel, für die Amerikaner Berlin-Lichterfelde West und für die Briten Berlin-Charlottenburg. Die Züge fuhren bis in die frühen 90er-Jahre. Wieder und wieder standen solche Züge bei betrieblich bedingten Zwangsaufenthalten irgendwo in Burg, in Genthin oder in Brandenburg Gleis an Gleis neben den Militärtransporten der sowjetischen oder ostdeutschen »Konkurrenz«, ohne dass es Probleme gab. Denn in der meisten Zeit während des Kalten Krieges ließen Verantwortliche in Ost und West bis hin zum Rail Transport Officer bei diesem Bahnverkehr Vernunft walten – eine Vernunft, die in den Reden der höchsten Politiker manchmal fehlte. *Andreas Knipping*

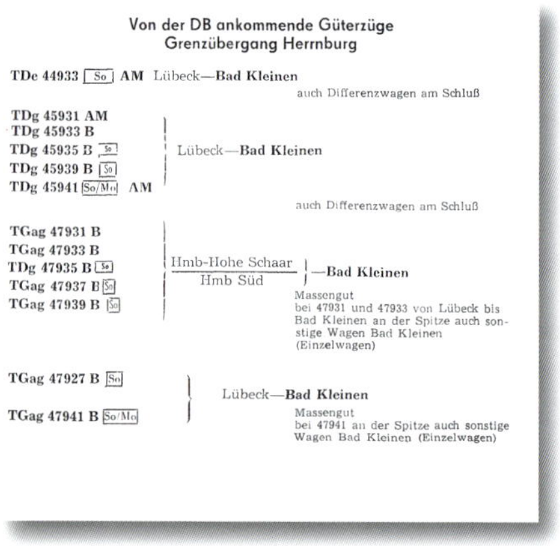

Von der DB ankommende Güterzüge
Grenzübergang Herrnburg

TDe 44933 So AM Lübeck—**Bad Kleinen**
auch Differenzwagen am Schluß

TDg 45931 AM
TDg 45933 B
TDg 45935 B So
TDg 45939 B So
TDg 45941 So/Mo AM
Lübeck—**Bad Kleinen**
auch Differenzwagen am Schluß

TGag 47931 B
TGag 47933 B
TDg 47935 B So
TGag 47937 B So
TGag 47939 B So
Hmb-Hohe Schaar / Hmb Süd —**Bad Kleinen**
Massengut
bei 47931 und 47933 von Lübeck bis Bad Kleinen an der Spitze auch sonstige Wagen Bad Kleinen (Einzelwagen)

TGag 47927 B So
TGag 47941 B So/Mo
Lübeck—**Bad Kleinen**
Massengut
bei 47941 an der Spitze auch sonstige Wagen Bad Kleinen (Einzelwagen)

Güterverkehr über die Grenze: Auszug aus der Güterzugbildungsvorschrift der Reichsbahndirektion Schwerin 1989/90 (o.) und DR-Diesellok 120 mit Zug beim »Grenzübertritt« zwischen Büchen und Schwanheide (r.)
Slg. J. Bühring (o.), J.-O. Griese-Bandelow (r.)

zugelassenen »Schutzstreifen« sowie den von jedem Bewuchs freizuhaltenden Zehn-Meter-»Kontrollstreifen«. Beide werden von der militärisch organisierten »Deutschen Grenzpolizei« bewacht, aus der später die Grenztruppen der DDR hervorgehen. Schießbefehl, Minen im Kontrollstreifen und ab 1970 Selbstschussanlagen fordern viele Opfer unter den Fluchtwilligen, zum Teil auch unter den Bewachern. Letzte Reste des kleinen Grenzverkehrs auf Straße und Schiene werden liquidiert, die zu Stichbahnen gewordenen Grenzstrecken werden in der Folgezeit weitgehend stillgelegt und abgebaut (siehe auch Übersicht S. 122)

17.06.1953
Volkserhebung in Ost-Berlin und der DDR. Das Regime der Sozialistischen Einheitspartei Deutschlands (SED) kann den Aufstand mit sowjetischer Hilfe schnell niederschlagen; doch nimmt es mit dem »Neuen Kurs« in der Folgezeit einige Verschärfungen aus der späten Stalin-Zeit von 1951/52 zurück; demgemäß gibt es auch Liberalisierungen im Interzonenverkehr

16.11.1953
Aufhebung des Interzonenpasszwangs durch die Westmächte

23.11.1953
Aufhebung des Interzonenpasszwangs auch durch die DDR, die aber weiterhin die Einreise außer für Berlin-Reisende nur mit einer von ihr zuvor erteilten Erlaubnis gestattet

12.07.1954
erster Interzonenzug über Hof/Gutenfürst

15.07.1954
erster Interzonenzug über Vorsfelde/Oebisfelde; Speise- und Schlafwagen werden im Interzonenverkehr eingeführt;

20.09.1955
Die Sowjetunion überträgt ihre Kontrollbefugnisse an die DDR, behält sich aber die Kontrolle des westalliierten Berlin-Verkehrs vor

11.12.1957
Mit einer Änderung zum Passgesetz begrenzt die DDR den Reiseverkehr Richtung Westen

13.08.1961
Die DDR sperrt in Berlin die Grenze vom sowjetischen Sektor zu den Westsektoren und errichtet hier nach wenigen Tagen die »Berliner Mauer«. In den folgenden Wochen wird der Interzonenverkehr streng vom Berlin-Verkehr getrennt.
Bei den wegen Lok- und Personalwechsel erforderlichen Aufenthalten der Berlin-Züge in der DDR und beim Kontrollaufenthalt in Griebnitzsee vor Berlin ist kein Ein- oder Aussteigen möglich. Die Züge werden durch begleitende und örtliche Transportpolizei streng bewacht

Im Abschnitt Zasenberg Zasenbeck – Hanum auf der Strecke nach Beetzendorf wurde der Zugverkehr schon 1943 eingestellt. Die Reichsbahn der DDR fuhr noch bis 1961 von Beetzendorf bis Hanum. Das Bahnhofsgebäude dicht an der Grenze wurde im Jahr 1968 abgebrochen Ralf Roman Rossberg

Eine scharf bewachte Lücke im Zaun gestattet den Zügen auf der Frankenwaldbahn Saalfeld – Lichtenfels den »Grenzübertritt«. Die Güterzug-Ellok 151 137 hat im thüringischen Probstzella einen D-Zug Berlin – München übernommen und bringt ihn nach Bayern; beim ehemaligen Haltepunkt Falkenstein erreicht sie bundesdeutsches Gebiet

Slg. Peter Bär

HINTERGRUND **BETRIEBLICHE PROBLEME IM GRENZVERKEHR**

Das deutsche Streckennetz war im 19. Jahrhundert für eine ganze Anzahl Monarchien gebaut worden, nicht jedoch für zwei verfeindete politische Systeme mit kurios verlaufenden Grenzen. Drei Beispiele für die Probleme, die nach 1945 entstanden:

- **Die Strecke Bamberg – Saalfeld** überschreitet im nördlichsten Bayern den Frankenwald. Weil es nördlich von Pressig-Rothenkirchen vor der Grenze im Westen nur den nicht ausbaufähigen Bahnhof Ludwigsstadt gab, musste der Schiebebetrieb für Güter- und schwere Schnellzüge schon auf der Ostseite in Probstzella beginnen; auch das war ein Bahnhof, dessen Kapazitäten nicht für die Besonderheiten der Grenzkontrolle gebaut worden waren.
- **Die Strecke Bebra – Eisenach** steigt bis zum Hönebachtunnel stark an. Seit jeher war Schiebebetrieb üblich gewesen. Die deutsche Teilung bedingte, dass Zug- und Schiebelok zwei verschiedenen Verwaltungen gehören konnten.
- Vollends schwierige Verhältnisse gab es in **Berlin**. Der gesamte Verkehr von Westen her war ab 1961 über Griebnitzsee und ab 1976 zusätzlich über Staaken auf die Ferngleise der Stadtbahn gebündelt. Im West-Berliner Bahnhof Zoo gab es keinerlei Möglichkeit für das Wenden und die wagendienstliche Behandlung der Züge. Die gleiche Beschränkung bestand im Bahnhof Friedrichstraße im Ostsektor. Man leitete die Leergarnituren weiter in den Abstellbahnhof Rummelsburg, von wo aus sie dann wieder zur Abreise nach Friedrichstraße gefahren wurden. Die Fahrt in den Westen wurde erst nach scharfer Kontrolle frei gegeben.

Andreas Knipping

09.09.1964
Männer ab vollendetem 65. und Frauen ab dem 60. Lebensjahr sowie Invalidenrentner dürfen fortan aus der DDR in den Westen reisen (»Rentnerprivileg«)

25.09.1964
Beginn des Zwangsumtauschs für Westbesucher mit festen Mindestbeträgen pro Tag im Verhältnis 1 : 1, zunächst 5 DM

05.07.1965
Freigabe der Übergänge Büchen/Schwanheide, Bebra/Gerstungen und Hof/Gutenfürst für den Güterverkehr nach Berlin (West).

12.06.1968
Die DDR verlangt für jede Einreise und Durchreise nach Berlin den Reisepass

19.03.1970
Bundeskanzler Willy Brandt fährt über Bebra/Gerstungen zu einem Treffen mit DDR-Ministerpräsident Willi Stoph nach Erfurt

21.05.1970
DDR-Ministerpräsident Willi Stoph fährt über Gerstungen/Bebra zu einem Treffen mit Bundeskanzler Willy Brandt nach Kassel

26.05.1972
Abschluss des Verkehrsvertrages zwischen Bundesrepublik und DDR

03.06.1972
Inkrafttreten des Vier-Mächte-Abkommens über Berlin und des Transitabkommens zwischen den beiden deutschen Staaten und West-Berlin; fortan genießen Transitreisende eine gewisse Rechtssicherheit, Kontrollen sind auf die Identifikation der Person beschränkt

01.10.1972
Freigabe des Übergangs Hof/Gutenfürst für den Berlin-Verkehr

18.10.1972
Inkrafttreten des Verkehrsvertrages zwischen den beiden deutschen Staaten; z.B. die Grenzbahnhöfe und die dortige Betreuung des Personals der Nachbarverwaltung sind nun geregelt

03.06.1973
Entsprechend dem Abkommen wird der Lokwechsel von Hamburg nach Büchen und von Bebra nach Gerstungen verlegt; der Lokwechsel geschieht nun auch vollständig in Hof ohne die bisher üblichen Fahrten von DB-Güterzugloks nach Gutenfürst. Ende des grenzüberschreitenden Einsatzes von Dampflokomotiven (zuletzt nur noch ölgefeuerte 01.05 der DR)

Grenzüberschreitende Strecken

Insgesamt 46 Strecken führten bei Kriegsende über die Grenze zwischen der britischen/US-Zone und der sowjetischen Zone. Hier ein Überblick über die Entwicklung anhand der Streckenkarte von 1949; die Bahnhöfe an der Grenze sind jeweils fett eingetragen

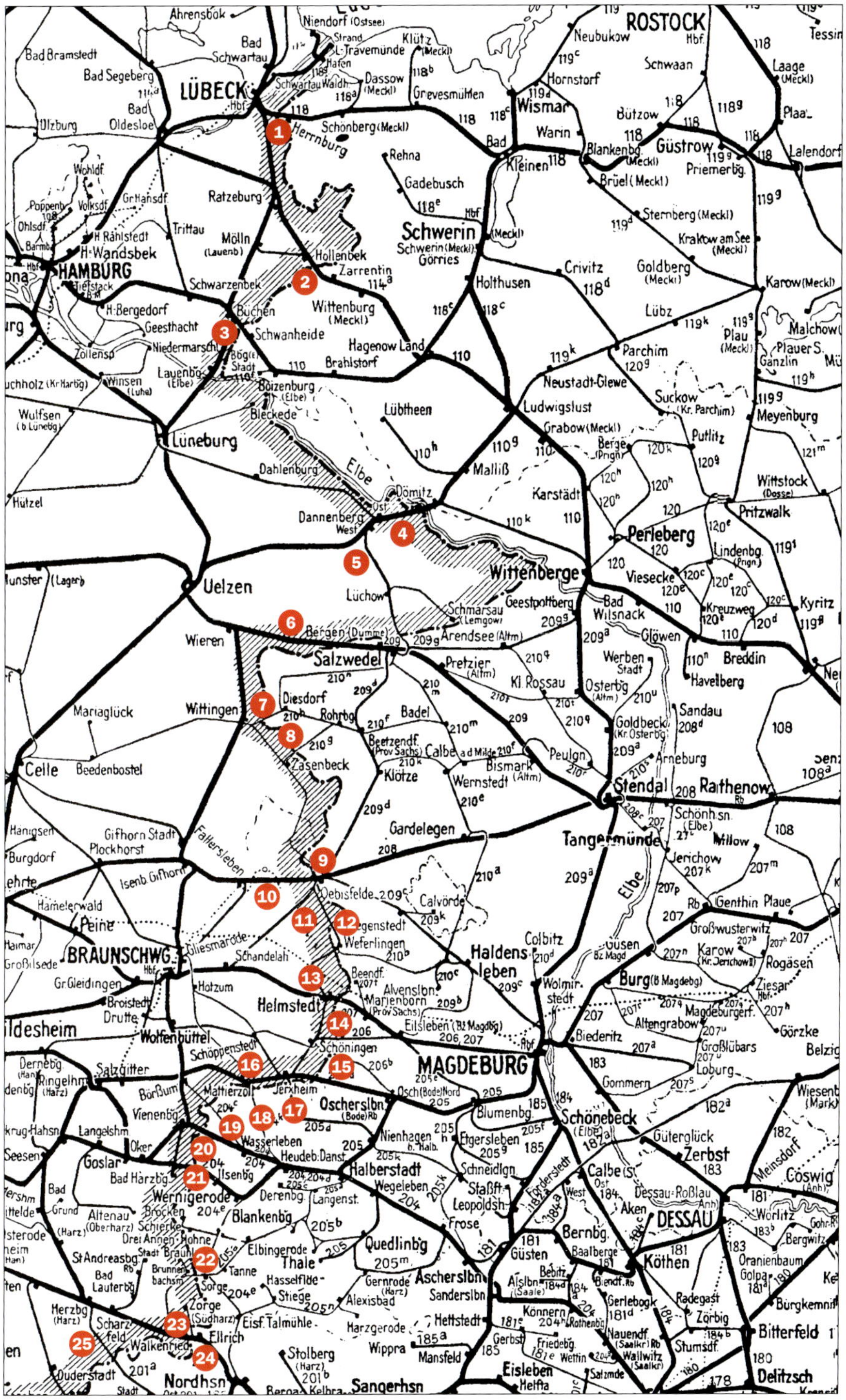

1) Lübeck – Herrnburg – Schwerin
1939 mehrere Schnellzugpaare
1945 befahrbar
1945 - Juni 1948 Güterverkehr mit tolerierter Personenbeförderung
24.06.1948 offiziell Sperrung im Zusammenhang mit der Berliner Blockade, jedoch weiterhin gelegentliche Güterzüge
Juni 1949 Rückbau auf ein Gleis
15.05.1952 im Zusammenhang mit den Grenzsicherungsmaßnahmen der DDR geschlossen
20.03.1960 Wiedereröffnung für Reise- und Güterverkehr

2) Lübeck – Hollenbek – Zarrentin – Hagenow Land
1939 mehrere Schnellzugpaare
1945 befahrbar
Herbst 1945 Verkehr eingestellt
1952 Gleis auf östlicher Seite abgebaut

3) Hamburg – Büchen – Schwanheide – Berlin
1939 mehrere Schnellzugpaare
1945 wegen schwerer Kriegsschäden östlich von Büchen nicht befahrbar
26.08.1947 Güterverkehr wieder aufgenommen
24.06.1948 offiziell Sperrung im Zusammenhang mit der Berliner Blockade, jedoch weiterhin gelegentliche Güterzüge
10.09.1949 Aufnahme des Interzonenverkehrs
03.06.1973 aufgrund des Eisenbahngrenzübereinkommens Lokwechsel in Büchen (von da an nur noch Diesellokbetrieb)

4) Lüneburg – Dannenberg Ost – Dömitz – Wittenberge
1939 Eil- und Personenzüge
1945 die Elbe wird Zonengrenze, die 985 Meter lange Elbbrücke ist wegen Bombenschadens vom 20.04.1945 nicht befahrbar

5) Dannenberg West – Lübbow – Bürgerholz – Salzwedel
1939 Personenzüge
1945 unterbrochen

6) Uelzen – Schnega – Bergen (Dumme) – Salzwedel
1939 mehrere Schnellzugpaare
1945 befahrbar
1946 geschlossen
Die Reichsbahndirektion Hannover hat bereits 1945 einen neuen, per Sperrfahrt erreichbaren Haltepunkt Nienbergen als Endstation vor der Grenze eingerichtet

7) Wittingen Stadt – Waddekath-Rade – Diesdorf (Altmark)
1939 Kleinbahnbetrieb (ein bis zwei Zugpaare/Tag)
1945 befahrbar, Betrieb nicht wieder aufgenommen

8) Zasenbeck – Hanum – Beetzendorf (Sachsen-Anhalt)
1939 Kleinbahnbetrieb (zwei bis drei Zugpaare/Tag)
1943 Einschränkung des Zugverkehrs auf Beetzendorf – Hanum
1945 Abschnitt Zasenbeck – Hanum befahrbar, Betrieb nicht wieder aufgenommen

9) Wittingen – Rühen – Grafhorst – Oebisfelde
1939 mäßiger Kleinbahnverkehr
1945 befahrbar; Betrieb südl. v. Rühen nicht mehr aufgenommen

10) Lehrte – Vorsfelde – Oebisfelde – Stendal
1939 mehrere L-, FD- und D-Zug-Paare
ab 30. August 1945 befahrbar; sodann Güterverkehr
24.06.1948 offiziell Sperrung im Zusammenhang mit der Berliner Blockade; ab September Güterzüge und Postzüge gefahren
12.05.1949 offiziell wieder für den Güterverkehr eröffnet, in der Folgezeit wichtigster Grenzübergang hierfür
15.07.1954 Eröffnung auch für den Interzonenverkehr, westlicher Grenzbahnhof hierfür wird Wolfsburg

11) Schandelah – Velpke – Oebisfelde
1939 Personenzüge
1945 befahrbar
Sommer 1945 Betrieb, dann unterbrochen

12) Helmstedt – Grasleben – Weferlingen – Döhren – Bardorf – Oebisfelde
km 17,539 – km 23,600 und nördl. km 28,000 in sowjet. Zone
1939 Personenzüge
1945 befahrbar
nach Kontrollratsbeschluss vom 10. September 1945 genutzt für Lokfahrten im Zusammenhang mit der Versorgung der Westsektoren von Berlin über Helmstedt – Berlin (Hinfahrt) und der Rückführung der Leerzüge über Berlin – Oebisfelde
Juni 1948 bis Mai 1949 Unterbrechung dieser Fahrten wegen der Berliner Blockade
16.09.1951: DR stellt eigene Lokfahrten Oebisfelde – Helmstedt ein
16.06.1952: DR verbietet DB-Fahrten, Strecke ergo unterbrochen

13) Hannover – Helmstedt – Marienborn – Magdeburg
1939 zahlreiche FDt-, D-, Eilzugpaare
1945 befahrbar
04.07.1945 erster amerikanisch-brit. Militärgüterzug nach Berlin
10.09.1945 nach Kontrollratsbeschluss einzige Strecke für militärischen und zivilen Verkehr zwischen Westzonen und Westsektoren von Berlin
ab 1945 auch Güterverkehr
01.10.1946 Beginn des Interzonenverkehrs
24.06.1948 Blockade des Berlinverkehrs, weiterhin fahren jedoch Postzüge und einzelne Güterzüge
12.05.1949 Wiederbeginn des Interzonenverkehrs

14) Schöningen – Offleben – Völpke – Eilsleben
1939 Personenzüge
1945 befahrbar, jedoch kein Betrieb mehr aufgenommen

15) Schöningen – Hötensleben – Oschersleben
1939 Personenzüge, Strecke bedeutsam für Abfuhr der Offlebener Braunkohle
1945 befahrbar, jedoch kein Betrieb mehr aufgenommen

16) Börßum – Jerxheim – Gunsleben – Oschersleben
1939 mehrere Schnellzugpaare
1945 befahrbar
02.09.1945 offizielle Aufnahme des Verkehrs
01.11.1945 Schließung

17) Jerxheim – Dedeleben – Nienhagen
1939 Personenzüge
1945 befahrbar, jedoch kein Betrieb mehr aufgenommen

18) Mattierzoll Süd – Hessen – Heudeber-Danstedt
1939 Kleinbahnbetrieb
1945 befahrbar, jedoch kein Betrieb mehr aufgenommen

19) Börßum – Hornburg – Bühne-Rimbeck – Wasserleben
1939 Kleinbahnbetrieb
1945 befahrbar, jedoch kein Betrieb mehr aufgenommen

20) Vienenburg – Wasserleben – Halberstadt
1939 mehrere Schnellzugpaare
1945 befahrbar, jedoch kein Betrieb mehr aufgenommen
(nach 1990 Bau neuer Strecke Vienenburg – Ilsenburg)

21) Bad Harzburg – Eckertal – Stapelburg – Heudeber-Danst.
1939 ein Eilzugpaar, Personenzüge
1945 befahrbar, jedoch kein Betrieb mehr aufgenommen

22) Brunnenbachsmühle – Sorge – Tanne (Meterspur)
1939 Kleinbahnbetrieb
12.04.1945 letzter planmäßiger Zug
1945 befahrbar, jedoch kein Betrieb mehr aufgenommen

23) Zorge – Unterzorge – Königstuhl – Ellrich
1939 Kleinbahnbetrieb
07.04.1945 letzter planmäßiger Zug
1945 befahrbar, jedoch kein Betrieb mehr aufgenommen (westlicher Abschnitt ohne Verbindung zum sonstigen Netz)

24) Herzberg (Harz) – Walkenried – Ellrich – Nordhausen
1939 D- und Eilzugpaare
1945 befahrbar, aber geschlossen
10.11.1947 für Güterverkehr freigegeben
24.06.1948 - 02.10.1949 im Zusammenhang mit der Berliner Blockade unterbrochen, dann wieder Güterverkehr
1950 und 1951 auch Sonderzüge zur Leipziger Messe
12.11.1989 erster Personenzug; ab 17.11. (zunächst improvisierter) Personenverkehr

25) Herzberg (Harz) – Hilkerode – Zwinge – Bischofferode
1939 Personenzüge
1945 befahrbar, aber geschlossen
Betrieb im Westen nur noch bis zur neuen provisorischen Haltestelle Zwinge West, im Osten bis Zwinge

26) Wulften – Duderstadt – Teistungen – Leinefelde
1939 Personenzüge
1945 befahrbar, jedoch kein Betrieb mehr aufgenommen

27) Hannoversch Münden – Eichenberg – Arenshausen – Nordhausen
1939 mehrere Schnellzugpaare
1945 befahrbar, jedoch trotz Verhandlungen kein Betrieb mehr aufgenommen
03.05.1990 »Lückenschluss«; Beginn des Personenverkehrs; ein Gleis befahrbar

28) Eschwege West – Schwebda – Großtöpfer – Heiligenstadt
1939 Personenzüge
1945 wegen Sprengung des Frieda-Viadukts nicht befahrbar

29) Eschwege West – Schwebda – Geismar – Leinefelde
1939 Personenzüge
1945 wegen Sprengung des Frieda-Viadukts nicht befahrbar

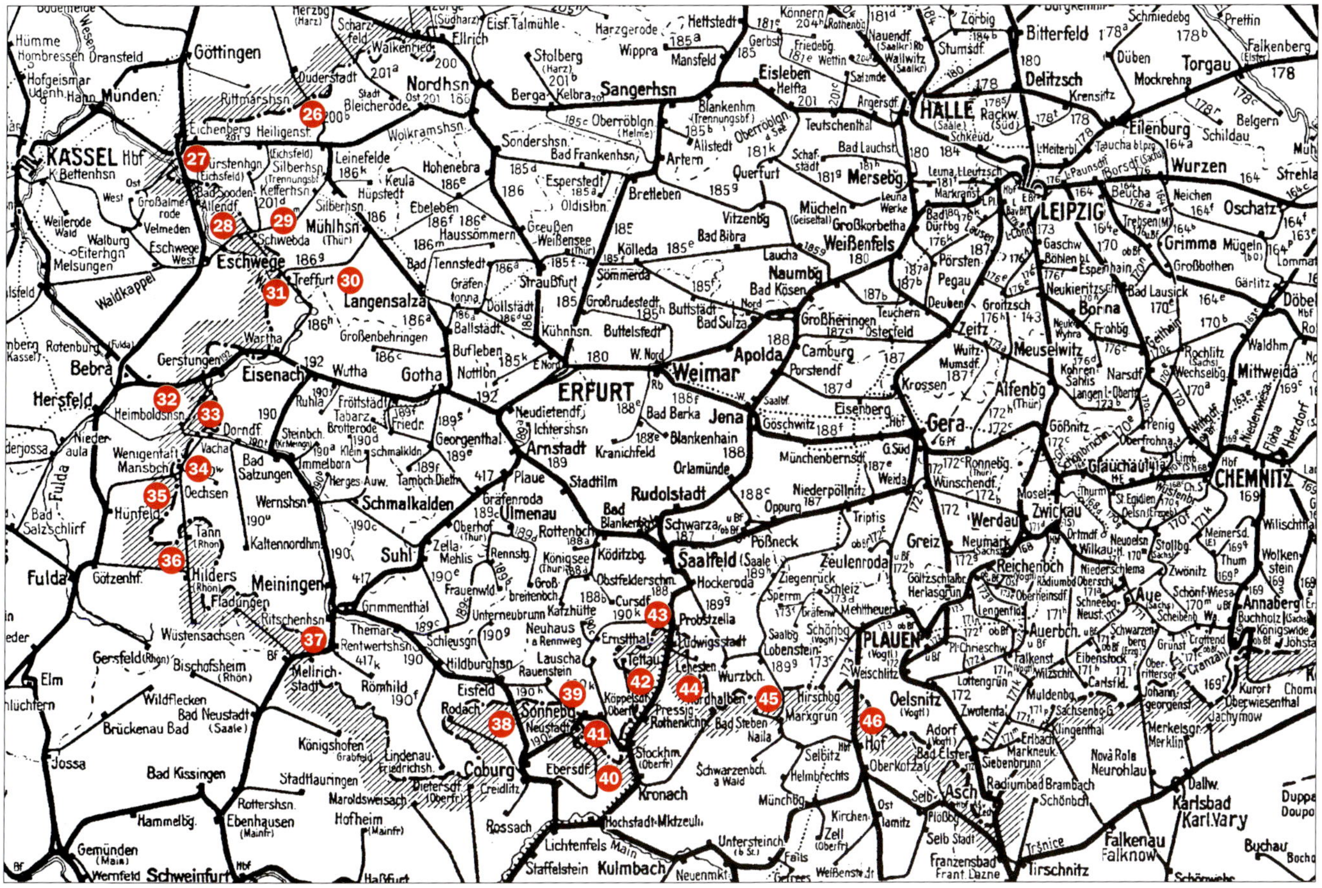

30) Mühlhausen (Thüringen) – Normannstein – Feldmühle – Treffurt

1,3 Kilometer mit der unbesetzten Haltestelle Feldmühle der zur RBD Erfurt gehörenden Strecke lagen auf westl. Gebiet
1939 Personenzüge
1945 befahrbar, Betrieb ohne Halt in Feldmühle
Im Mai 1952 gesperrt

31) Schwebda – Heldra – Treffurt – Wartha

1945 wegen Kriegsschäden östlich von Treffurt nicht befahrbar

32) Bebra – Hönebach – Obersuhl – Gerstungen – Wommen – Herleshausen – Wartha – Erfurt

1939 zahlreiche FDt-, FD- und D-Zug-Paare
1945 befahrbar, Zugverkehr fortgesetzt, auch für östlichen Binnenverkehr bis Gerstungen
1946 Vereinbarung einer neuen RBD-Grenze zwischen Obersuhl und Gerstungen; die RBD Erfurt wird für den im Westen liegenden Abschnitt Wommen – Herleshausen zuständig
ab Sommer 1961 Die DR baut eine ungünstig trassierte Umleitungsstrecke Gerstungen – Förtha (– Bad Salzungen – Eisenach)
29.09.1963: Verlegung des Verkehrs auf diese Strecke, Kontrollbahnhof nunmehr Gerstungen anstelle von Wartha
05.07.1965 Freigabe des Übergangs Bebra/Gerstungen auch für Güterverkehr nach Berlin
18.04.1966: das Wenden leerer DB-Personenzüge in Gerstungen wird untersagt; fortan wird die Strecke von Bebra zum Haltepunkt Obersuhl mit Schienenbus-Garnituren in Sperrfahrt bedient
25.09.1967 Eröffnung eines neuen Bahnhofs Obersuhl mit Wendemöglichkeit
Die alte Strecke durch das Werratal über Wommen – Herleshausen wird von der DR am 01.08.1978 »vorübergehend stillgelegt«, jedoch nicht abgebaut, und am 01.07.1988 der DB überlassen. Ein Verkauf scheitert mangels Interessenten.
1990 Beginn der Streckenbauarbeiten; 25.05.1991 Strecke Gerstungen – Wommen – Herleshausen – Wartha eingleisig wieder in Betrieb genommen
25.09.1992 Stilllegung der Umleitungsstrecke
27.09.1992 zweigleisiger Betr. Gerstungen – Wartha

33) Gerstungen – Widdershausen – Dankmarshausen – Heringen – Heimboldshausen – Philippstal – Vacha – Bad Salzungen

1939 Personenzüge
1945 befahrbar, Endpunkte Gerstungen und Bad Salzungen liegen in der sowjetischen Zone, Verbindung des hessischen Abschnitts Heringen – Heimboldshausen mit dem sonstigen Netz der amerikanischen Zone nur über Hersfelder Kreisbahn
ab September 1945: Kalizüge aus dem thüring. Abbau bei Vacha können über westl. Gebiet nach Gerstungen – Eisenach fahren
ab 22.02.1946: Kalizüge aus dem hessischen Abbaugebiet bei Heringen und Heimboldshausen – Vacha können über östliches Gebiet (Kopf machen in Gerstungen) nach Bebra fahren
ab 18.03.1946: auf dieser Verbindung auch Personenzüge
30.05.– 02.06.1952, 01.07. 1952 – 28.11.1954 und 01.12.1967 – 27.09.1969: Sperrung des Durchgangsverkehrs mittels Unterbrechung/Blockade des Gleises bei Dankmarshausen
29.09.1962: Die DR beendet ihre Zugfahrten Vacha – Philippstal – Gerstungen, Unterbrechung der Strecke nördlich von Vacha

34) Vacha – Philippstal Süd – Unterbreizbach – Wenigentaft-Mansbach – Motzlar

1939 Personenzüge

1945 liegen Haltepunkt Philippstal Süd und zwei kurze Abschnitte nördlich von Wenigentaft-Mansbach in der US-Zone, Wenigentaft-M. und Motzlar in der sowjet. Zone sind sonst nur über Treischfeld – Hünfeld und weite Umwege durch die US-Zone erreichbar
ab 22.02.1946 sowjetzonaler Güterverkehr über Philippstal Süd nach Wenigentaft-Mansbach und Motzlar gestattet
ab 15.05.1949: DR führt Personenverkehr im Inselbetrieb Unterbreizbach – Motzlar, Loks/Leerzüge über Philippstal Süd zugeführt
03.07.1952 endgültige Sperrung beiderseits von Philippstal Süd
30.11.1952 Eröffnung einer ungünstig trassierten DR-Umgehungsstrecke Vacha – Unterbreizbach

35) Hünfeld – Treischfeld – Wenigentaft-Mansbach

1939 Personenzüge
1945 befahrbar, jedoch kein Betrieb mehr aufgenommen

36) Seiferts – Hilders (Rhön) – Tann (Rhön) – Günthers – Motzlar – Wenigentaft-Mansbach

1939 Personenzüge
1945 befahrbar, jedoch kein Betrieb mehr aufgenommen

37) Schweinfurt – Bad Neustadt (Saale) – Mühlfeld – Rentwertshausen – Meiningen

1939 mehrere FD- und D-Zug-Paare
1945 befahrbar, wegen weiter südlich gesprengter Brücken Inselbetrieb im Bereich Mellrichstadt – Fladungen
15.07.1945 letzte Fahrt über die Grenze (Flucht der 86 132 des Bw Schweinfurt mit bayerischem Personal); später teilweiser Abbau der Strecke
28.09.1991 »Lückenschluss«; Betrieb nach Wiederaufbau eingleisig aufgenommen

38) Coburg – Görsdorf – Eisfeld – Meiningen – Eisenach

1939 ein D- und zwei Eilzugpaare
1945 befahrbar, jedoch Unterbrechungen durch Kriegsschäden im Bahnhof Eisfeld; trotz Verhandlungen kein Betrieb mehr aufgenommen

39) Coburg – Neustadt (bei Coburg) – Sonneberg (Thüringen)

1939 ein Eilzugpaar
1945 befahrbar
14.05.1945 Betrieb aufgenommen
03.07.1945 nach sowjetischer Besetzung Thüringens Einstellung des Verkehrs
August 1947 Wiederbeginn eines geringfügigen Güterverkehrs
19.06.1948 – 11.05.1949 Sperrung in Zusammenhang mit Berliner Blockade
30.09.1951 Ende des Güterverkehrs, endgültige Sperrung, später teilweiser Abbau
28.09.1991 »Lückenschluss«; Eröffnung des Betriebes nach Wiederaufbau und Elektrifizierung

40) Ebersdorf – Fürth am Berg – Heubisch-Mupperg – Neustadt (bei Coburg)

1945 befahrbar, km 23,520 – 27,313 mit Bahnhof Heubisch-Mupperg auf thüringischem Gebiet, ab 14.05.1945 Güterverkehr
06.07.1945 nach sowjetischer Besetzung Thüringens Einstellung des Verkehrs; trotz Verhandlungen (Initiativen von 1947 bis 1974!) kein Betrieb mehr aufgenommen

41) Stockheim (Ofr) – Burggrub – Neuhaus-Schierschnitz – Sonneberg

1939 ein Eilzugpaar
1945 befahrbar
14.05.1945 Betrieb aufgenommen
03.07.1945 nach sowjetischer Besetzung Thüringens Einstellung des Verkehrs
17.02.1949: nach geheimer Wiederherstellung des Gleises entführen DR-Eisenbahner mit einer Lok 31 westzonale Güterwagen

42) Pressig-Rothenkirchen – Heinersdorf – Sattelgrund – Tettau

1945 befahrbar, mehrere Abschnitte insbesondere mit dem Bahnhof Heinersdorf liegen in Thüringen, so dass Tettau nur über sowjetzonales Gebiet erreichbar ist. Gleis ist zunächst unterbrochen
16.10.1946 Güterverkehr ohne Halt in der sowjetischen Zone gestattet
14.04.1947 Personenverkehr o. Halt in der sowjet. Zone gestattet
28.05.1952 Sperrung des Gesamtverkehrs, wenig später Gleisabbau im DDR-Streckenteil
01.07.1952 DB eröffnet Ersatzverkehr mit Culemeyer-Straßenrollern; dieser besteht bis 31.05.1996

43) Lichtenfels – Ludwigsstadt – Probstzella – Saalfeld

13.05.1939 Aufnahme des elektrischen Betriebes
1939 mehrere FDt-, FD-, D- und Eilzugpaare
ab 13.04.1945 wegen Kriegsschäden nicht befahrbar; alsbald repariert und Betrieb wieder aufgenommen; der vereinbarten Wiederaufnahme des elektrischen Betriebes kommt der sowjetische Befehl zum Abbau der elektrischen Anlagen vom 29.03.1946 zuvor, in dessen Folge die Oberleitungen nördlich der Grenze demontiert werden
1946 Die DR entfernt südlich von Probstzella das zweite Gleis
1949 Die DB entfernt nördlich von Ludwigsstadt das zweite Gleis
02.10.1949 Eröffnung des Interzonenverkehrs München – Leipzig – Berlin
12.05.1950 Wiederaufnahme des elektrischen Betriebes bis in den Bahnhof Probstzella, der mit von der DB zur Verfügung gestelltem Material wieder elektrifiziert wurde
nach 1991: Wiederaufbau des zweiten Gleises, Elektrifizierung

44) Ludwigsstadt – Lehesten

1939 Personenzüge
1945 befahrbar
17.06.1947 Beginn eines Güterverkehrs von Probstzella über Ludwigsstadt zu den Schiefersteinbrüchen Lehesten
12.06.1951 Sperrung durch die DDR

45) Hof – Marxgrün – Lichtenberg – Blankenstein – Wurzbach (Thür)

1939 Personenzüge
11.04.1945 letzte Zugfahrt
1945 befahrbar, Betrieb jedoch nicht wieder aufgenommen

46) Regensburg – Hof – Feilitzsch – Gutenfürst – Plauen – Werdau

1939 mehrere D-Zug-Paare
11.04.1945 Unterbrechung durch Luftangriff auf Saaleviadukt Unterkotzau
Sommer 1945 Strecke wieder befahrbar, erste Nutzung für die aus Thüringen zurückzuführenden US-Truppen
20.12.1945 Wiederaufnahme des Braunkohleverkehrs aus Sachsen nach Bayern
1947 grenzüberschreitender Personenverkehr, Kontrollen auf bayerischer Seite alsbald von Feilitzsch nach Hof verlegt
26.06.1948 – 11.05.1949 Sperrung des Personenverkehrs im Zusammenhang mit der Berliner Blockade
19.05.1952 – 13.07.1954 Sperrung des Personenverkehrs im Zusammenhang mit den Grenzsicherungsmaßnahmen der DDR
14.07.1954 Beginn des offiziellen Interzonenverkehrs
01.10.1972 Freigabe auch für den Berlin-Verkehr

Zusammenstellung Andreas Knipping; Karte Archiv GM

Der für Güterzüge vorgesehene Übergang Walkenried – Ellrich macht die Abschottung der DDR besonders deutlich. Lediglich bei Zugfahrten wird das Grenztor über den Gleisen geöffnet (Bild mit 050 778 der Bundesbahn, 1976) Peter Pekny/ Slg. VF Stuttgart

Berühmter Gast an der innerdeutschen Grenze: 1985 kehrt DR-Dampflok 18 201 von den Feiern »150 Jahre deutsche Eisenbahnen« aus der Bundesrepublik zurück (Foto zwischen Hof und Gutenfürst)

Interzonenverkehr der 80er-Jahre: Im Juni 1980 trifft 112 485 mit einem D-Zug nach Görlitz in Bebra ein. Erwartet wird er von einem durchaus gemischten Publikum Helmut Scheiba, Martin Weltner (Bild l.)

21.06.1973
Inkrafttreten des Grundlagenvertrages zwischen der Bundesrepublik und der DDR

05.07.1973
zusätzliche Züge für die Bewohner privilegierter grenznaher Landkreise auf den Strecken Helmstedt – Eilsleben, Ludwigsstadt – Saalfeld und Hof – Plauen (»kleiner Grenzverkehr«)

30.05.1976
Berlin-Züge halten fortan außer in Berlin-Zoo auch in Wannsee und Charlottenburg

26.09.1976
Freigabe des Übergangs Staaken Deutsche Demokratische Republik – Staaken auf der alten Strecke Stendal – Berlin für die Züge zwischen Berlin und Hamburg; dadurch gibt es erhebliche Fahrzeitverkürzungen und einen zusätzlichen Halt in Berlin-Spandau

Mai 1983
Von nun an müssen die Türen der Triebfahrzeuge der Berlin-Züge auf der gesamten DDR-Strecke versperrt sein

29.02.1984
Der Berlin-Zug D 354 Berlin – Saarbrücken fährt im Bahnhof Hohenthurm auf den P 7523 auf. Mit elf Toten und 46 Verletzten ist dies der schwerste Unfall des deutsch-deutschen Grenzverkehrs

Ab Juli 1989
Massenflucht aus der DDR über Ungarn, das seine Grenzbefestigungen abbaut

September 1989
In der DDR häufen sich Bürgerproteste gegen die bestehenden Verhältnisse, vor allem gegen die Fälschung von Wahlergebnissen (bezogen auf die Kommunalwahl vom 12. Mai 1989), die Beschränkung der Reise-, Versammlungs- und Meinungsfreiheit und den ökologischen Raubbau. Sichtbarstes Forum für den Widerstand werden die Leipziger Montagsdemonstrationen. Das Regime versucht, die Opposition wie auch die Fluchtbewegung über Drittstaaten zu unterdrücken. Um ihre Ausreise zu erzwingen, fliehen tausende von DDR-Bürger in die Botschaften der Bundesrepublik Deutschland in Prag und Warschau

30.09.–05.10.1989, 04.11.1989
Nach Verhandlungen zwischen den Regierungen der Bundesrepublik und der DDR dürfen die Botschaftsflüchtlinge von Prag und Warschau ausreisen. In insgesamt 25 Zügen werden sie über DDR-Gebiet nach Hof gebracht; die Fahrten sind teils von Tumulten begleitet, weil unterwegs weitere DDR-Bürger die Chance zur Flucht ergreifen wollen

Diese Reisenden haben es geschafft! Am 5. Oktober 1989 sind sie mit einem Sonderzug der Reichsbahn aus Prag nach Hof an der Saale gekommen. Nach teils wochenlangem Warten auf dem Gelände der bundesdeutschen Botschaft durften sie aus der DDR in die Bundesrepublik übersiedeln. Viele können es noch kaum fassen und vergießen Tränen der Freude

Kai-Uwe Wärner/dpa

HINTERGRUND **FLÜCHTLINGSZÜGE 1989**

»Wir sind zu Ihnen gekommen, um Ihnen mitzuteilen, dass heute Ihre Ausreise …« Diese Worte von Bundesaußenminister Hans-Dietrich Genscher, gesprochen am 30. September 1989 in der Botschaft der Bundesrepublik Deutschland in Prag, gehören zu den großen Sätzen des 20. Jahrhunderts. Zuvor war es zu einer deutsch-deutschen Einigung gekommen, aufgrund derer die in die Botschaft geflüchteten DDR-Bürger in die Bundesrepublik ausreisen durften. Die Fahrt aus der Tschechoslowakei nach Westdeutschland fand auf der Schiene statt, doch legten die Funktionäre der zerbröselnden DDR dabei noch Wert auf eine groteske Souveränitätsbekundung. Die Züge in die Freiheit sollten über ihr Staatsgebiet rollen, damit die Flüchtlinge die Ausreise als Gnade der eigenen verhassten Obrigkeit erlebten. Unterwegs spielten sich Szenen ab, an die kein DDR-feindlicher Propagandist hätte denken können. Was mochte es für ein Staat sein, in dem sich Rangierer der Eisenbahn auf die Trittbretter fahrender Züge zu schwingen versuchten, um ihn zu verlassen?
Im Morgengrauen des 1. Oktober 1989 hielt der erste Zug aus Prag – Dresden – Gutenfürst im winzigen bayerischen Bahnhof Feilitzsch unmittelbar nach der Grenze, damit der Bundesgrenzschutz die versperrten Türen öffnen konnte. Selbst für den nur noch kurzen Streckenabschnitt bis Hof sollte demonstriert werden: In der Bundesrepublik Deutschland reist man nicht hinter Schloss und Riegel. Eine besonders kuriose und kurzlebige Phase des Interzonenverkehrs hatte begonnen. Sie dauerte an diesem Grenzübergang bis 5. Oktober 1989. Im selben Zeitraum trafen auch einige Züge mit Botschaftsflüchtlingen aus Warschau in Helmstedt ein. Am 4. November 1989 fuhren weitere Flüchtlingszüge direkt von Prag nach Bayern. Die Grenzöffnung am 9. November 1989 machte dann deutsch-deutsche Umwegfahrten über Drittstaaten endgültig entbehrlich. *Andreas Knipping*

Improvisation für die Reisewelle nach der Grenzöffnung: Vierachser-Umbauwagen der DB und geliehene ungarische Schnellzugwagen bilden den Zusatzzug, mit dem die 151 am 16. Dezember 1989 in den Bahnhof Kronach einfährt Rolf Schierer

Das gibt es nur im Sommer 1990 und auch da bloß kurze Zeit: Ein ehemaliger DB-Dieseltriebzug 601 verbindet als IC »Max Liebermann« Berlin und Hamburg Friedhelm Ernst

■ 09.11.1989
»Mauerfall«: Die DDR gibt für die Bewohner des Landes und Ost-Berlins alle Grenzübergänge frei; in Berlin werden noch am selben Abend die Grenzen geöffnet, Tausende Bürger nutzen die schlagartig gewonnene Reisefreiheit

■ ab 10.11.1989
Die Vorschriften über Sperrgebiet, Schutz- und Kontrollstreifen werden aufgehoben. Binnen weniger Wochen machen Hunderttausende DDR-Bürger von der Fahrtmöglichkeit in den Westen Gebrauch. Ein wesentlicher Faktor in dieser riesigen Reisewelle ist die Eisenbahn; Deutsche Reichsbahn (DR) und Deutsche Bundesbahn (DB) fahren zahlreiche Sonder- und Zusatzzüge über die innerdeutsche Grenze bzw. verlängern vorhandene Züge dorthin. Oft läuft der Betrieb improvisiert und mit eilig herbeigeschafftem oder ausgeliehenem Rollmaterial. Die Sonderstellung der Berlin-Züge wird relativiert, indem man Fahrgastwechsel bei Betriebshalten toleriert und auch zusätzliche Halte in der DDR einlegt

■ 12.11.1989
Spontaner und ab 17.11.1989 planmäßiger Reiseverkehr über Walkenried/Ellrich

■ 17.11.1989
Wiederbeginn des 1951 beendeten Zugverkehrs zwischen West-Berlin und der DDR

■ 24.12.1989
visumfreier Zutritt für die Bewohner von Bundesrepublik und West-Berlin in die DDR und nach Ost-Berlin

■ 26.05.1990
Erster deutsch-deutscher Lückenschluss: Eröffnung des Reiseverkehrs auf der wieder hergestellten Verbindung Eichenberg – Arenshausen; zugleich Start des ersten deutsch-deutschen InterCity-Zugpaars (»Johann Sebastian Bach«, Frankfurt (Main) – Erfurt – Leipzig u.z.)

■ 01.07.1990
Mit der Herstellung der Wirtschafts-, Währungs- und Sozialunion zwischen den beiden deutschen Staaten entfallen sämtliche Kontrollen

■ 01.08.1990
Beginn des IC-Verkehrs Hamburg – Berlin mit einem TEE-Triebzug 601 unter dem Namen »Max Liebermann«; ab 30.09. fährt ein Lok-Wagen-Zug

■ 03.10.1990
Wiedervereinigung: Die bisherigen Gebiete der DDR treten der Bundesrepublik Deutschland bei, auch alle vier Sektoren von Berlin gehören nun zur Bundesrepublik. Alle alliierten Vorbehalte sind erloschen. Die staats- und besatzungsrechtlichen Bedingungen für einen Grenzverkehr sind entfallen
Andreas Knipping/GM

22036

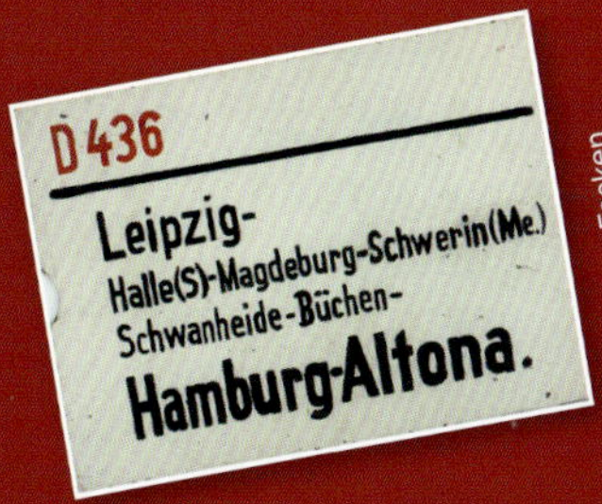

Slg. Heiko Focken

Der Interzonen- und Berlin-Verkehr

Die Verbindung Ost-West

Rund 41 Jahre lang, vom Ende der Berliner Blockade bis zur Wiedervereinigung, fuhren jeden Tag Schnellzüge über die innerdeutsche Grenze. Die Interzonenzüge trugen dazu bei, den Kontakt zwischen West- und Ostdeutschland bzw. nach West-Berlin aufrecht zu erhalten. Angesichts der vielen ernsten Bedrohungen im »Kalten Krieg« war das manchmal fast ein Wunder; politisch wie logistisch

Im Interzonenverkehr fuhren auch Züge, die über rein innerdeutsche Verbindungen hinaus gingen. Im April 1966 steht Reichsbahn-Dampflok 22 036 mit Schnellzug D 7 Frankfurt (Main) – Leipzig – Görlitz – Warschau in Bebra Ludwig Rotthowe

Zugangebote im Interzonenverkehr: eine DB-140 im Jahr 1981 mit dem aus DB-Neubauwagen gebildeten D 402 Leipzig – Nürnberg …

… und ein DR-Triebwagen VT12.14 in Hamburg Hbf; von 1954 bis 1962 kam er aus Berlin hierher Slg. F. Ernst, T. Wunschel (Bild o.)

Um 1950 besitzt Bebra die typischen Attribute eines Grenzbahnhofs – zum Beispiel die Wechselstube, bei der die Reisenden die Währung tauschen können. Allein: Die Fahrt führt nicht nach Frankreich oder in die Niederlande, sondern von deutschem auf deutsches Gebiet

Helmut Först/Historische Slg. der Deutschen Bahn

Zu den Feiertagen sind die Interzonenzüge stark frequentiert. So auch am 22. Dezember 1963 in Kassel, wo die Reisenden nach Beginn der Weihnachtsferien in den Zug nach Leipzig strömen. Bemerkenswert sind außerdem die verschiedenen sozialen Schichten, die mit der Bahn reisen

Zschetzschingk/DB/picture-alliance

is

2
Bremen -
Hannover - Marienborn -
Berlin Stadtbahn
264

In den 70er- und 80er-Jahren ist die Reise nach West-Berlin Pflichtprogramm für zahlreiche westdeutsche Schulklassen und Jugendgruppen. Das politische Anliegen der Lehrer und Betreuer mischt sich dabei regelmäßig mit der Abenteuerlust der Jugendlichen; schon der Lokwechsel auf den Reichsbahn-Diesel 132 407 weckt Neugier (Bild in Helmstedt, August 1977)
Ludwig Rotthowe

Nüchtern empfängt der Bahnhof Berlin Zoologischer Garten 1988 die Fahrgäste. Die Anzeigetafel im Flughafenstil meldet für den Morgen Fernzüge aus Hannover und Hamburg sowie nach Köln, Nürnberg und Hannover – Hoek van Holland C.-E. Zimmer/Histor. Slg. der Deutschen Bahn

1962 wird der Übergang Lübeck – Herrnburg eröffnet, um Urlauber aus dem Westen für die Fahrt nach Saßnitz, Warnemünde und per Fähre nach Skandinavien zu interessieren. Doch die Reisenden ziehen die auf DB-Gebiet verlaufenden Strecken dem DDR-Transit vor

Letzte Meter im Westen: Am Neujahrstag 1973 kehrt eine 01.5 des Betriebswerks Erfurt von Bebra ins Streckennetz der Reichsbahn zurück. In Kürze erreicht sie Gerstungen Martin Weltner, Friedhelm Ernst (M.)

Im Juni 1965 wartet Reichsbahnlok 22 008 mit D 7 nach Warschau im Bahnhof Bebra, wo man der deutschen Teilung noch entgegen zu wirken versucht. Auf dem Bahnsteig links begrüßt eine Tafel ausdrücklich die Reisenden des Interzonenverkehrs Ludwig Rotthowe

Vielen Westdeutschen der Jahrgänge 1970 und früher ist das Wort noch ein Begriff: »Ostzone« oder, despektierlich verkürzt, »Zone«. So bezeichnete man im Westen oft die DDR, die aus der sowjetisch besetzten – ostdeutschen – Zone hervorgegangen war. Das Wort verwies auf die nach Ende des Zweiten Weltkriegs in Deutschland eingerichteten Besatzungszonen nebst dem separat aufgegliederten Berlin. Zwischen diesen Gebieten wurde Ende der 40er-Jahre ein Fernreiseangebot eingerichtet. Im Alltag der beiden neu entstandenen deutschen Bahnverwaltungen spielte der »Interzonenzug« eine wechselvolle Rolle, politisch entwickelte er so etwas wie eine brisante Normalität.

Ursprung: Nachkriegszeit

Allgemein war das Nachkriegsdeutschland geprägt von vielen, oft improvisierten oder aus der Not geborenen Reisen. Beispielhaft dafür stehen Flüchtlinge, Kriegsheimkehrer, Arbeitssuchende. Für die Reisen gab es fast nur die vom Krieg schwer getroffene Reichsbahn. Besonders schwierig waren Fahrten über die Grenzen der vier Besatzungszonen hinweg bzw. nach Berlin, in dessen vier Sektoren man aus dem westlichen Teil Deutschlands nur durch die sowjetische Zone kam.

Die Einteilung in Besatzungszonen war ursprünglich im Sinne einer Arbeitsteilung bei der Entmilitarisierung und Demokratisierung Deutschlands gedacht. Doch Gegensätzlichkeiten und Misstrauen zwischen den westlichen Besatzungsmächten hier und der Sowjetunion da nahmen von Monat zu Monat zu – und demgemäß auch die Gründe, den Verkehr über die Demarkationslinie zu kontrollieren und zu begrenzen. Wer da herein wollte, mochte im besten Fall ein Hungerflüchtling und im schlimmsten Fall ein gegnerischer Spion sein, wer da heraus wollte, mochte ein gesuchter Krimineller sein oder wertvolles Schmuggelgut mitführen.

Der »Interzonenverkehr«, eine lateinisch-deutsche Begriffskombination, bezog sich schnell auf eine einzige Form des Schienenverkehrs über die deutschen Zonengrenzen hinweg: jene zwischen West und Ost, sprich, den drei Westzonen und der sowjetischen Zone bzw. den Westzonen und (West-)Berlin. Dieser Zugverkehr war zunächst auf die Verbindung Hannover – Magdeburg – Berlin über die Kontrollpunkte Helmstedt (im Westen) und Marienborn (im Osten) beschränkt, mithin auf jene privilegierte Strecke, auf der die Sowjets den amerikanischen, britischen und französischen Militärverkehr in die Westsektoren von Berlin erlaubten.

Reisen und Reisebestimmungen

Bald nach dem Krieg bildete sich immer deutlicher ein Hauptstrom der Wanderbewegung heraus: von Ost nach West. Schon aufgrund der deutschen Untaten in der Sowjetunion im Zweiten Weltkrieg hatte man von der Roten Armee nicht allzu viel Gutes erwarten können;

HINTERGRUND | **DIE BEZEICHNUNG »INTERZONENZUG«**

Man wird wohl nicht mehr feststellen können, welcher deutsche oder alliierte Funktionsträger die Begriffe »Interzonenpass«, »Interzonenhandel«, »Interzonenzug« usw. erfunden hat. Bahnamtlich wurde der Begriff »Interzonenzug« nur mit Zurückhaltung gebraucht. In den Fahrplänen erschienen die grenzüberschreitenden Züge stets nur ganz neutral mit ihren D-Zug-Nummern. Andererseits finden sich in den »Allgemeinen Bestimmungen für Reisende« der DR-Kursbücher der 50er-Jahre noch »Besondere Bestimmungen des Interzonenverkehrs«. Mit Begrifflichkeiten wie »Bewohner der DDR und des demokratischen Sektors von Berlin« wurde auch die Rechtslage wiedergegeben, wonach die drei West-Sektoren von Berlin nicht der Bundesrepublik Deutschland angehörten und es nur eine deutsche Staatsangehörigkeit gab. Die DDR dachte zu Zeiten des Staatsratsvorsitzenden Walter Ulbricht grundsätzlich noch im gesamtdeutschen Rahmen.

Die DB-Kursbücher sprachen vom »innerdeutschen Reiseverkehr zwischen der DB und der DR (Interzonenverkehr)«, vermieden aber mit dem Hinweis auf einen »Bereich der DR (ausgenommen West-Sektoren von Groß-Berlin)« sorgsam die Benennung eines zweiten deutschen Staates.

Nach der Entmachtung Ulbrichts 1971 und mit dem neuen Vorsitzenden Erich Honecker ging die DDR zu der Theorie von zwei deutschen Nationen über, die füreinander »Ausland« seien. Der Begriff des Interzonenzuges wurde nun streng verpönt. Züge in die Bundesrepublik Deutschland und »Transit-Züge« von dort in die »besondere politische Einheit Berlin (West)« wurden dem »internationalen Verkehr« zugerechnet. Der Westen hingegen hielt an dem Begriff des »innerdeutschen Verkehrs« fest.

Andreas Knipping

das rigide sowjetische Besatzungssystem und das in seinem Schatten entstehende Regime der Sozialistischen Einheitspartei Deutschlands (SED) schufen tagtäglich neue Gründe, dem »Iwan« den Rücken zu kehren und es etwa beim »Ami« zu versuchen.

Allerdings war die Reise nicht ohne weiteres möglich. Hatten Zivilisten vom Mai 1945 an schon einen Passierschein »ihrer« Besatzungsmacht benötigt, um den Wohnort zu verlassen, so sperrten die Sowjets am 30. Juni 1946 die Grenze zu den westlichen Besatzungszonen. Alle vier Besatzungsmächte führten zu diesem Tag den »Interzonenpass« ein, der 30 Tage lang galt und Reisen innerhalb Deutschlands – über die Zonengrenzen hinweg – erlaubte. Die USA und Großbritannien hoben die Einschränkung am 23. Juli 1946 für ihre Zonen auf, das Dokument galt aber weiterhin für den Übergang von den Westzonen in die Sowjetzone. Man beantragte den Pass bei der örtlichen Polizei. Von 1948 an verlangte die sowjetische Zone für Besucher aus den Westzonen zusätzlich eine Aufenthaltsgenehmigung, die Bürger der Sowjetzone beantragen mussten. Erst am 25. November 1953 wurde der Interzonenpass abgeschafft; Besucher aus dem Westen Deutschlands brauchten weiterhin die Aufenthaltsgenehmigung und einen Reisepass.

Die Blockade Berlins

Inzwischen hatte sich der Ost-West-Gegensatz weiter verschärft. So brachte der sowjetische Machtanspruch die Welt 1948 an den Rand eines neuen Krieges. Die Sowjets versuchten, die Kontrolle über die Westsektoren Berlins zu erlangen, und nahmen als Anlass die Ausdehnung der in den Westzonen realisierten Währungsreform dorthin. Sowjetische Organe sperrten am 24. Juni 1948 die gesamten Wege des alliierten und deutschen Personen- und Güterverkehrs auf der Straße, auf der Schiene und auf dem Wasser von den Westzonen nach West-Berlin. Damit ruhte der großräumige Interzonenverkehr – bis auf eine Ausnahme: Post wurde weiterhin durchgelassen. Auch der teilweise noch funktionierende kleine Grenzverkehr auf der Schiene kam nicht ganz zum Erliegen. Mit der berühmt gewordenen Luftbrücke machten die Westmächte die Blockade wirkungslos, so dass die Sowjets den Verkehr am 12. Mai 1949 wieder freigaben. Fortan hatte der Interzonenverkehr seine im Prinzip bis 1990 bestehende Systematik. Merkmale waren

- eine kleine Zahl festgelegter Zugpaare über die Kontrollbahnhöfe West/Ost,
- der Lok- und Personalwechsel meist in einem dieser Kontrollbahnhöfe,
- die Einbindung in den internationalen Verkehr, z.B. von Frankreich, Belgien und den Niederlanden im Westen und nach Polen und in die Sowjetunion im Osten
- und die ungeachtet aller staatsrechtlichen Konflikte eingehaltenen Regelungen des internationalen Verkehrs; Bundesrepublik und DDR stellten gegenseitig das Existenzrecht infrage, aber ihre Bahnverwaltungen über-

Um 1950 warten Reisende in Bebra auf den Interzonenzug, der über Wartha – Erfurt nach Leipzig fährt. Zu jener Zeit können noch Bundesbürger wie DDR-Bürger die Züge über die Grenze mit einem Interzonenpass nutzen Helmut Först/Historische Slg. der Deutschen Bahn

Im Interzonenverkehr setzte die Reichsbahn in den 60ern auch die Altbauversion der Schnellzuglok 01 mit großen Windleitblechen ein. Hier 01 089 mit D 113 in Helmstedt, Juli 1967 Christian Klink

Spielarten des Fernreiseverkehrs im Hamburg-Altona der frühen 70er-Jahre: Links Bundesbahn-Ellok 103 187 mit einem Intercity, rechts Reichsbahn-Dampflok 01 0503 mit einem Interzonenzug Slg. Gert Schütze

Im August 1965 passiert E 11 027 der DR mit D 136 Leipzig – Magdeburg – Köln den Bahnhof Nienburg. Der D 136 ist einer von insgesamt 24 Zügen, die damals zwischen der Bundesrepublik und der DDR verkehren Hans-Joachim Lange/Slg. Gert Schütze

Umspannen von DB-Dampf auf DR-Dampf in Hof: Im Juli 1965 steht 22 082 vor dem abfahrbereiten, 15 (!) Wagen langen D 1045 (l.); die bisherige Zuglok, 01 149, setzt zurück ins Bahnbetriebswerk C. Klink

Beispiel für einen Zug des »durchgehenden Verkehrs«: Im August 1977 überquert 01 0501 mit dem Autoreisezug D 1100 München – Berlin Stadtbahn bei Dessau die Mulde Hans-J. Lange/Slg. Gert Schütze

ÜBERBLICK – DAS ANGEBOT AN DEUTSCH-DEUTSCHEN FERNZÜGEN

Sommerfahrplan 1951
Für den Interzonenverkehr fahren fünf D- und F-Zugpaare zwischen Bundesgebiet und Berlin mit Verkehrshalten in der DDR sowie ein Ferntriebwagenpaar zwischen Hamburg und Berlin ohne Verkehrshalt in der DDR.

Slg. Heiko Focken

Sommerfahrplan 1958
Für den Interzonenverkehr fahren 13 ständige D-Zug-Paare und ein Saison-D-Zug-Paar zwischen Bundesgebiet und Berlin mit Verkehrshalten in der DDR; außerdem fahren zwei Zug- bzw. Ferntriebwagenpaare zwischen Bundesgebiet und Berlin ohne Verkehrshalt in der DDR.

Sommerfahrplan 1965
Für den Interzonenverkehr fahren zehn ganzjährige, acht saisonale und sechs feiertagsumrahmend verkehrende Interzonenzugpaare zwischen Bundesgebiet und DDR; davon wurden fünf wegen des Rentnerprivilegs zum Fahrplanwechsel eingeführt.
Zehn ganzjährige und drei saisonal eingesetzte D-Zug-Paare sowie ein feiertagsumrahmend verkehrendes D-Zug-Paar fahren zwischen Bundesgebiet und Berlin ohne Verkehrshalt in der DDR.

Winterfahrplan 1970/71
Für den Interzonenverkehr fahren elf ganzjährige, neun saisonale und zwei feiertagsumrahmende Interzonenzugpaare zwischen Bundesgebiet und DDR. Zwölf ganzjährige D-Zug-Paare fahren zwischen Bundesgebiet und Berlin ohne Verkehrshalt in der DDR.

Winterfahrplan 1980/81
Für den Interzonenverkehr fahren 13 ganzjährige und fünf feiertagsumrahmende D-Zug-Paare zwischen Bundesgebiet und DDR. 16 ganzjährige und zwei saisonale D-Zug-Paare sowie drei feiertagsumrahmende Paare von Autoreisezügen fahren zwischen Bundesgebiet und Berlin ohne Verkehrshalt in der DDR.

Winterfahrplan 1987/88
Für den Interzonenverkehr fahren zwölf ganzjährige und drei feiertagsumrahmende D-Zug-Paare zwischen Bundesgebiet und DDR. Beispielzugläufe sind:
D 408/409: München – Hof – Rostock u.z.
D 438/439: Rostock – Lübeck – Hamburg – Köln u.z.
D 440/441: Zwickau – Wolfsburg – Hannover – Köln u.z.
D 454/455: Görlitz – Leipzig – Bebra – Frankfurt (M) u.z.
D 1402/1403: Nürnberg – Ludwigsstadt – Leipzig u.z.
17 ganzjährige und ein saisonales D-Zug-Paar sowie drei feiertagsumrahmende Paare von Autoreisezügen fahren zwischen Bundesgebiet und Berlin ohne Verkehrshalt in der DDR. *Andreas Knipping/GM*

gaben einander die Züge und einigten sich über den ungefähren Achskilometerausgleich. Den Betrieb führten in der Sowjetzone/DDR die Deutsche Reichsbahn (DR), in den Westzonen/der Bundesrepublik ab September 1949 die Deutsche Bundesbahn (DB, hervorgegangen aus der Reichsbahn West).

Einschnitt im Mai 1952

Die Absetzbewegung eigener Bürger nach Westen blieb eines der größten Existenzprobleme der in der Bevölkerung so wenig geliebten Deutschen Demokratischen Republik. Im Mai 1952 erhoben die Machthaber die schlichte Einsperrung der Bürger zur Staatsdoktrin. Die grenznahen Gebietsstreifen der DDR zur Bundesrepublik wurden strenger Bewachung und Absperrung durch eine straff geführte bewaffnete Truppe unterworfen; man richtete »Schutzstreifen« und »Kontrollstreifen« ein und riegelte sich mehr und mehr ab. Von der propagierten »Abwehr« eines militärischen Angriffs des Westens konnte dabei keine Rede sein; die Zäune und Minenfelder hätten kaum einen Panzer gebremst, verhinderten aber die Flucht von Ost nach West. Mit den am 26. Mai 1952 verfügten Sperrmaßnahmen wurden die bis dahin erlaubten oder geduldeten Formen des kleinräumigen grenzüberschreitenden Zugbetriebs liquidiert. Für den Interzonenverkehr galten fortan scharfe Kontrollen auf mögliche »Republikflüchtlinge«.

Seit 1949 hatte sich das Interzonen-Angebot auf Züge von Westdeutschland nach Berlin beschränkt, bei denen man unterwegs in Bahnhöfen wie Magdeburg, Erfurt, Halle oder Leipzig ein- bzw. aussteigen konnte. Von 1954 an wurden auch Züge mit Endbahnhöfen in der DDR abseits von Berlin eingeführt. Hintergrund war der gescheiterte Juniaufstand 1953, nach dem SED-Chef Walter Ulbricht – weniger aus Einsicht als auf sowjetischen Rat – etwas liberaler vorging. Westreisen eigener Bürger wurden sogar unter der ideologischen Vorgabe gepriesen, den unter dem »Adenauer-Regime« seufzenden Arbeitern an Rhein und Ruhr die Vorzüge des sozialistischen Systems zu erläutern. Schon 1957 machte aber eine Ergänzung des Passgesetzes der DDR jede Reise in den Westen zum genehmigungspflichtigen, immer öfter ohne Begründung abgelehnten Objekt staatlicher Gnade.

Erneute Zäsur: Mauerbau 1961

Der Kontrast zwischen den Lebensverhältnissen in Ost und West verschärfte sich derweil weiter, die Fluchtbewegung in Richtung Westen nahm zu statt ab. Der einzige Weg dorthin führte seit 1952 über Berlin; die zwischen dem sowjetischen Sektor und den Westsektoren durchlaufenden S- und U-Bahnen wurden nur sporadisch kontrolliert. Den Ostsektor von der umliegenden DDR aus zu erreichen, war indes nicht mehr einfach. In Kontrollbahnhöfen vor der Stadt wie Schönefeld legten alle Fernzüge großzügige Kontrollaufenthalte von 20-minütiger Dauer ein.

Verabschiedung der Reisenden im Zug nach Leipzig, aufgenommen in Bebra um 1960. Mit der Zeit fuhren vor allem ältere Leute im Interzonenverkehr, was diesem manchen respektlosen Spitznamen einbrachte (»Mumienexpress«) Helmut Först/Historische Slg. der Deutschen Bahn

Mit dem Mauerbau beschränkte sich das Fahrgastaufkommen fast nur noch auf Bundesbürger

Die Zäsur folgte am 13. August 1961: An diesem Tag sperrte die DDR mit dem Segen Moskaus (und gegen den nur müden Protest der Westmächte) die innerstädtische Grenze Berlins hermetisch ab; die hier erbaute Mauer verfestigte die Teilung der Stadt wie Deutschlands und wurde zum verhassten Symbol für Unterdrückung und Einsperrung, mochte sie auch fürs Erste die wankende DDR-Wirtschaft stabilisieren. Für die innerdeutschen Schnellzüge hatten die Maßnahmen zunächst die Folge, dass der Berlin-Verkehr vom sonstigen Verkehr Bundesrepublik/DDR getrennt wurde. Die Berlin-Züge wurden fortan ohne Zu- und Aussteigehalt scharf bewacht durch die DDR geschleust. Wer von ihnen in die DDR oder nach Ost-Berlin wollte, musste ab September 1961

a) an den DDR-Grenzbahnhöfen aussteigen und nach der Kontrolle mit Zügen des DDR-Binnenverkehrs weiter fahren oder

b) bis Berlin-Friedrichstraße fahren und dort nach der Kontrolle mit der Berliner S-Bahn, den in Richtung Polen/Sowjetunion weiterlaufenden Kurswagen oder (ab Ostbahnhof) mit Zügen des DDR-Binnenverkehrs weiter reisen.

Das Fahrgastaufkommen der Züge beschränkte sich fortan fast vollständig auf Personen mit Wohnsitz in der Bundesrepublik oder den Westsektoren Berlins. Aus der eigenen Bevölkerung erlaubte die DDR nur noch einem handverlesenen Kreis zuverlässiger Funktionäre die Geschäftsreise in den Westen.

Rentnerprivileg

Am 9. September 1964 lockerte die DDR das Reiseverbot. In Abhängigkeit vom Rentenalter (Männer ab 65, Frauen ab 60 Jahre) wurde die Westreise auf Antrag wieder erlaubt. Einen Offenbarungseid leistete sich das System damit insoweit, als es Bürgerinnen und Bürger jenseits des arbeitsfähigen Alters für entbehrlich deklarierte. Nicht wenige der nun Reiseberechtigten ließen denn auch die Rückreise auf ihrer Fahrkarte verfallen. Die Rechtsordnung der Bundesrepublik kam den DDR-Flüchtlingen weit entgegen: Diese galten ohne

Zwischen 1963 und 1973 erbrachte die 01.5 der Reichsbahn ihre höchsten Leistungen – und einen Großteil davon im Interzonenverkehr (01 503 bei der Ausfahrt aus Büchen, Februar 1969) Peter Pekny/Slg. VF Stuttgart

Im Sommer 1982 hat der D 303 Berlin – München den Bahnhof Lichtenfels erreicht. Während ein Lokführer zu seinem Kollegen auf der 151 klettert, sind die westdeutschen Grenzpolizisten ausgestiegen Slg. THD

jedes Überprüfungs- oder Einbürgerungsverfahren automatisch als deutsche Staatsangehörige nach dem seit 1913 gültigen Recht; vor dem Krieg innegehabte Beamtenpositionen blieben unangetastet (nach einer Nazivergangenheit wurde 1965 genauso wenig gefragt wie 1955) und man behielt den Anspruch auf eine ungeschmälerte Rente.

Weil auch von Westen her zunehmend ältere Leute nach Osten fuhren, um deutsch-deutsche Beziehungen – meist verwandtschaftlicher Art – aufrecht zu erhalten, waren die Rentner in den Zugabteilen oft unter sich. Das verschaffte den Interzonenzügen respektlose Bezeichnungen wie »Mumienexpress«.

... und Zwangsumtausch

In den Herbst 1964 fiel noch eine weitere einschränkende Erfindung der um Schikanen genauso wenig wie um Erwerbsquellen je verlegenen DDR: Vom 25. November an wurde der Zwangsumtausch mit zunächst 5,- DM pro Tag vorgeschrieben. Um mangelnde Auslastung der Züge mussten sich DB und DR

HINTERGRUND | TRANSPORTMITTELKONTROLLE

Die Reisenden der Interzonen- und Berlin-Züge wurden auf DDR-Gebiet in den Grenzbahnhöfen von den Passkontrolleinheiten (PKE) bzw. während der Fahrt im Zug von den Transitgruppen (= fahrende PKE) überprüft und überwacht. Dies diente laut Ministerium für Staatssicherheit (MfS) dazu, »rechtswidrige Ein-, Durch- und Ausreisen zu verhindern, ... Maßnahmen der politisch-operativen Fahndung unter strenger Wahrung der Konspiration konsequent durchzusetzen, ... feindlich-negative Handlungen aufzuklären usw.« Zudem galt es nach MfS-Terminologie, »staatsfeindlichen Menschenhandel, ungesetzliche Grenzübertritte, Schleusungen von Personen und Sachen, Spionage, Waffen- und Sprengstoffschmuggel usw.« in den Fahrzeugen der Eisenbahn zu unterbinden. In erster Linie wollte man die »Republikflucht« von DDR-Bürgern und Schmuggel verhindern. In allen Zügen des »grenzüberschreitenden Verkehrs« war deshalb eine so genannte Innentransportmittelkontrolle (ITMK) durchzuführen.

Unterschiede bei Berlin-Zügen und Interzonenzügen

Die Transitzüge von West-Berlin in die Bundesrepublik wurden von der Transportpolizei (Trapo) des Reviers Internationaler Reiseverkehr vor der Abfahrt in Berlin-Rummelsburg und während der Fahrt nach Friedrichstraße überprüft. Die über die Grenze der DDR – nicht nur aus Westdeutschland, sondern auch aus Polen, Schweden usw. – einfahrenden Reisezüge wurden auf den Grenzübergangsstellen (Güst) von der Zollverwaltung überprüft (bis 1962 Amt für Zoll und Kontrolle des Warenverkehrs/AZKW). Genau trennen konnte man die Befugnisse aber nicht: MfS, Transportpolizei, Zoll und Grenztruppen nannten sich »Organe des Zusammenwirkens« und waren gemeinsam bei den Kontrollen tätig, auch, um eine gegenseitige Kontrolle der Kontrollierenden zu schaffen. Mit Leitern, Lampen und Spiegeln durchsuchten die Beauftragten des Grenzzollamts alle Hohlräume in den Reisezügen bzw. Wagen (also auch Räume für Heizung und elektrische Kabel, Wasserbehälter, Deckenräume mit Lampen und Luftkanälen usw.). Ebenso gehörte dazu die Kontrolle der Wagenunterseite durch Spürhunde. Bei Reisezügen musste so lange die Dampfheizung abgestellt werden. Die gleichen Kontrollen galten für die grenzüberschreitend eingesetzten Triebfahrzeuge, auf denen es hinter Türen, Klappen und Schränken Hohlräume gab, in denen sich Fluchtwillige aufhalten konnten. Auch der Pass des Lokführers und seine persönlichen Unterlagen wurden eingesehen.

Vorab-Kontrollen bei Triebfahrzeugen und Reisezugwagen

Neue Triebfahrzeugbaureihen und Reisezugwagen der Reichsbahn mussten mindestens zwei Monate vor dem beabsichtigten Einsatz ins Ausland dem MfS, dem Zoll und der Transportpolizei vorgeführt werden, die nach möglichen Verstecken für Menschen und Schmuggelware suchten und dann ihre Änderungsforderungen anmeldeten. Für Triebfahrzeuge im Transitdienst galten aber Erleichterungen: Bei der Diesellok 132 etwa durften die Klappen der Hohlräume nach dem Überprüfen vom Werkmeister im Bahnbetriebswerk verplombt werden. Er hatte die »Transitfähigkeit« der Lok in den Unterlagen zu bestätigen; das erleichterte und beschleunigte die Kontrolle von Zoll und Trapo. Besonders betraf das die Luftansaugschächte und Luftfiltersiebe der 132. Die Triebfahrzeuge im Transitdienst wurden bereits nach vier Tagen bzw. 2.000 Kilometern Laufleistung gewartet, um Störungen auszuschließen; sonst wäre eine »vollständige« Kontrolle an der Grenzübergangsstelle fällig geworden. Weniger Einfluss und Durchblick hatte der DDR-Zoll bei Reisezugwagen anderer Bahngesellschaften, etwa der DB. Aber selbst wenn sich DDR-Bürger hier versteckten – es gab ja noch die strengen Kontrollen an bzw. vor der Grenze. Die Zahl derer, die auf diesem Wege aus der DDR flohen, war auch verschwindend gering.

Bernd Kuhlmann

Nach der Grenzkontrolle in Oebisfelde ist Magdeburg der erste Verkehrshalt für D 443 aus Köln, der nun auch dem DDR-Binnenverkehr dient. Die Dampflok 03 117 der DR wird hier von einer Ellok 211 abgelöst (August 1980)

Ralph Lüderitz

keine Sorgen machen. Noch immer erlaubte die DDR nur gehbehinderten Personen die Einreise per Auto; ihre Straßen machten ein solches Unterfangen auch wenig attraktiv.

Züge der Gefühle

Die Bahnsteigszenen nach Ankunft und vor Abfahrt eines Interzonenzuges waren unverwechselbar. Es konnte passieren, dass in Bebra der Sohn, der wegen seiner »Republikflucht« die DDR nicht mehr betreten durfte, nach langen Jahren seine Mutter umarmte, die endlich ins »Reisealter« gekommen war. Oder dass in Dresden die Tochter ihren nach München zurückfahrenden Vater verabschiedete, wissend, dass der alte Mann die lange Reise nicht noch einmal schaffen würde. An keinem F-Zug oder Städte-Express flossen so viele Tränen wie am überbesetzten, von der Braunkohlefeuerung der Dampflokomotiven verschmutzten, nach Desinfektionsmitteln riechenden Interzonenzug.

Gefühle transportierten außerdem die vielen Postwagen des Interzonenverkehrs. In einer Zeit mit nur ganz wenigen Telefonen in Privathaushalten der DDR, mit überlasteten (und von der Staatssicherheit emsig kontrollierten) Leitungen sowie der mühseligen, von schikanösen Kontrollen belasteten Reisen war der gute alte Brief ein überaus wichtiges Mittel der Kommunikation. Übertroffen wurde er nur noch vom »Päckchen aus dem Westen«, das auch per Zug kam. Es bescherte übrigens nicht nur Freude, sondern war – wie man heute weiß – mit seinen Lebensmittelgeschenken von den Organisatoren der Planwirtschaft als Überlebensfaktor der DDR fest einkalkuliert.

Waren die Züge in Richtung Osten für den Bundesbürger eine Randerscheinung und für die DB eine antiquierte Leistungsart, so stellten sie für die DR eine extreme Herausforderung dar. Der knappe Park an Schnellzugdampfloks der Baureihen 01 und 03 wurde dadurch in hohem Maße beansprucht. Die gelungene Rekodampflok 01.5 fuhr in der Zeit der größten Leistungen, 1963 bis 1973, überwiegend Züge in Richtung »Klassenfeind«. Insbesondere an den Sommerwochenenden, an denen auch die Verstärkungszüge mit vier-

Für die DB antiquiert, für die DR eine Anstrengung

stelligen D-Zug-Nummern unterwegs waren, geriet die pünktliche Durchschleusung der schweren Züge auf oftmals noch eingleisigen Strecken zur logistischen Meisterleistung. Die politische Aufsicht vor allem über die Berlin-Zugläufe war ungeachtet dessen streng.

Die Ära der Verträge

Die Entspannungspolitik gab dem Interzonen- und Berlinverkehr zwischen 1971 und 1973 endlich vertragliche Grundlagen, bei denen die Willkür der östlichen Kontrollorgane Grenzen fand. Die Reise in die DDR wurde zum nicht mehr ganz so abenteuerlichen und mitunter touristischen Projekt, nicht zuletzt für Eisenbahnfreunde. Endlich durfte man die DDR im Westen auch so nennen, nachdem es zuvor sprachliche Verrenkungen wie »Mitteldeutschland« oder »Ostzone« ge-

STICHWORT | **ZÜGE NACH WEST-BERLIN**

Foto: Privat

Jürgen Henning, Jahrgang 1937, war von 1952 bis 2002 bei der DR bzw. später der DB. Von 1980 bis 1990 war er Direktionsdispatcher bei der Rbd Berlin

Zur Durchführung des Reise- und Güterzugverkehrs von und nach West-Berlin galten ab 1972 die »vorläufige Ordnung über die Durchführung des Zugverkehrs nach, von und durch Westberlin« sowie dazu erlassene Dienstbefehle des ehemaligen Reichsbahnamtes Berlin 4 und der Oberdispatcherleitung der Reichsbahndirektion Berlin. Am 1. Januar 1979 trat die DV 523 (Dienstvorschrift zur Durchführung des Eisenbahnverkehrs zwischen der Deutschen Demokratischen Republik und der Bundesrepublik Deutschland, siehe Abbildung rechts) in Kraft. Die DV 523 hatte drei Teilhefte:

- Teilheft 1: Ausführungsbestimmungen zum Eisenbahngrenzübereinkommen
- Teilheft 2: Durchführung des zivilen Reise- und Güterverkehrs nach und von West-Berlin
- Teilheft3: Durchführung des Reise- und Güterverkehrs der in West-Berlin stationierten Besatzungstruppen

Als »durchgehende Züge« galten alle zwischen der Bundesrepublik und West-Berlin verkehrenden Reise- und Autoreisezüge auf der Fahrt zwischen den Grenzübergangsstellen zur Bundesrepublik und zu West-Berlin. Grenzübergangsstellen für den Reiseverkehr zu West-Berlin waren die Bahnhöfe Berlin Friedrichstraße, Griebnitzsee und Staaken. Die besagten Züge durften grundsätzlich nicht von ihrem fahrplanmäßigen Laufweg abweichen oder außerplanmäßig zum Halten kommen. Sie wurden vom Dispatcherdienst der DR besonders überwacht, per Dienstbefehl waren Bahnhöfe für außerplanmäßige Halte festgelegt. Dies waren in der Reichsbahndirektion (Rbd) Berlin Satzkorn und Trebbin. Dort war die Transportpolizei präsent, um Aus- und Einsteigen von Personen zu unterbinden. In den Zügen selbst befanden sich Kommandos der »Passkontrolleinheiten« (PKE) und der Transportpolizei.

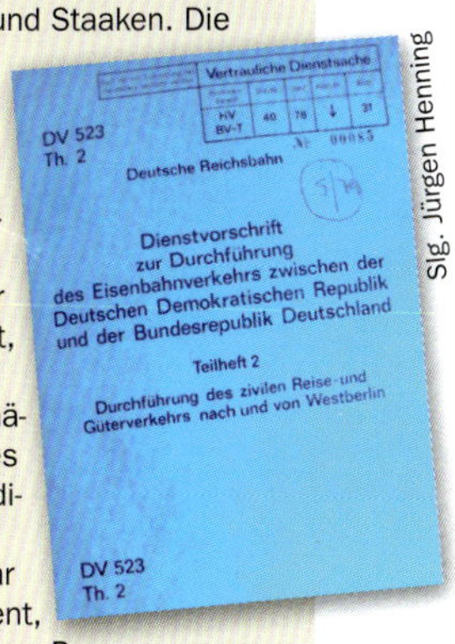

Slg. Jürgen Henning

Bei den Dispatchern (leitenden Mitarbeitern) waren die Züge wegen der strengen Regelungen gefürchtet – täglich wurden der Zuglauf ausgewertet und Pünktlichkeit/Sicherheit überprüft; Verstöße gegen das Verbot außerplanmäßiger Halte wurden unter Umständen mit Ermahnungen bzw. Verweisen geahndet. Alle Züge des »durchgehenden Verkehrs« hatten im Dispatcherdienst eine Laufkontrolle. Für diese waren Meldepunkte festgelegt, und zwar die Grenzbahnhöfe an den Übergängen zur Bundesrepublik, die Übergangsbahnhöfe nach West-Berlin sowie Meldebahnhöfe an der Grenze der Reichsbahndirektion. In Berlin galt diese Laufkontrolle auch für Leerreisezüge zwischen den Abstellbahnhöfen der DR (in diesem Fall Berlin-Rummelsburg) und dem Bahnhof Friedrichstraße. *jürgen henning*

Triebfahrzeuge im Interzonen-/Berlin-Verkehr: links ein Zug mit DB-Diesellok 220 (V 200) und Mitropa-Speisewagen an der Spitze in Hannover-Hainholz 1973, rechts ein Gespräch von Eisenbahnfan und DR-Personal an Dampflok 01 510 in Berlin Zoo 1968 Helmut Scheiba (l.), Christian Klink

ÜBERBLICK **TRIEBFAHRZEUGE FÜR INTERZONENZÜGE/BERLIN-ZÜGE**

Deutsche Bundesbahn (DB)					
Reihe vor/ggf. ab 1968		**Bauart**	**Grenzübergang**	**Zeitraum**	**Bemerkungen**
01/03/01^{10}		2'C1' h2/3	Wolfsburg – Oebisfelde	1954 – 1966	jeweils einzelne Fahrplanperioden
41		1'D1' h2	Wolfsburg – Oebisfelde	1954 – 1966	
E 10^{0}	110^{0}	Bo'Bo' w4e	Ludwigsstadt – Probstzella	1968 – 1977	
E 10^{1}	110^{1}	Bo'Bo' w4g	Ludwigsstadt – Probstzella	1962 – 1973	mit Unterbrechungen
–	111	Bo'Bo' w4g	Ludwigsstadt – Probstzella	1985 – 1990	
E 18	118	1'Do1' w4e	Ludwigsstadt – Probstzella	1953 – 1974	mit Unterbrechungen
E 19	119	1'Do1' w4/8e	Ludwigsstadt – Probstzella	1955 – 1976	mit Unterbrechungen
E 40	140	Bo'Bo' w4g	Ludwigsstadt – Probstzella	1973 – 1983	
E 44		Bo'Bo' w4t	Ludwigsstadt – Probstzella	1950 – 1964	
–	151	Co'Co' w6g	Ludwigsstadt – Probstzella	1977 – 1990	
E 52		2'BB2' w4u	Ludwigsstadt – Probstzella	1953 – 1966	
E 91		C'C' w4u	Ludwigsstadt – Probstzella	1954 – 1962	Lokwechsel E 18 Ludwigsstadt; außer als Zuglok auch als Schiebelok zwischen Pressig-Rothenkirchen und Probstzella
E 94		Co'Co' w6t	Ludwigsstadt – Probstzella	1950 – 1964	einzelne Fahrplanperioden, Lokwechsel E 18 Ludwigsstadt
V 100	211/212	B'B' dh	Wolfsburg – Oebisfelde	1960er/1970er	sporadische Einsätze
V 160	216	B'B' dh	Walkenried – Ellrich	1989	kurzfristig nach Grenzöffnung
			Wolfsburg – Oebisfelde	1968 – 1990	planmäßig ab frühe 70er-Jahre
V 200	220	B'B' dh	Wolfsburg – Oebisfelde	1962 – 1975	
Deutsche Reichsbahn (DR)					
Reihe vor/ggf. ab 1970		**Bauart**	**Grenzübergang**	**Zeitraum**	**Bemerkungen**
01	01.20	2'C1' h2	Marienborn – Helmstedt	1949 – 1971	
			Schwanheide – Büchen	1949 – 1962	Wendebahnhof Hamburg-Altona
			Wartha – Bebra	1949 – 1964	
01^{5} Öl	01.05	2'C1' h2	Schwanheide – Büchen	1966 – 1973	Wendebahnhof Hamburg-Altona
			Gerstungen – Bebra	1962 – 1973	
01^{5} Kohle		2'C1' h2	Marienborn – Helmstedt	1969	
03		2'C1' h2	Schwanheide – Büchen	1949 – 1968	Wendebahnhof Hamburg-Altona
03^{10}		2'C1' h3	Probstzella – Ludwigsstadt	1949 – 1950	vor Wiederelektrifizierung
22		1'D1' h3	Wartha – Bebra	1959 – 1968	
			Gutenfürst – Hof	1959 – 1967	
23^{10}		1'C1' h2	Schwanheide – Büchen	1959 – 1960	Wendebahnhof Hamburg-Altona
			Herrnburg – Lübeck	1960 – 1969	
39		1'D1' h3	Gutenfürst – Hof	1949 – 1961	
41	–	1'D1' h2	Marienborn – Helmstedt	1949 – 1971	einzelne Fahrplanperioden
62		2'C2' h2t	Herrnburg – Lübeck	1965 – 1968	nicht planmäßig
V 180	118	B'B'/ C'C' dh	Gutenfürst – Hof	1965 – 1974	
			Gerstungen – Bebra	1972 – 1973	Lokwechsel DB/DR seit 1973 Gerstungen
			Marienborn – Helmstedt	1970 – 1975	
V 200	120	Co'Co' de	Gutenfürst – Hof	1967, 1969	mangels Zugheizung nur im Sommer
			Herrnburg – Lübeck	1974	vorübergehender Einsatz
–	132	Co'Co' de	Gutenfürst – Hof	1973 – 1990	
			Gerstungen – Bebra	1972 – 1973	Lokwechsel DB/DR seit 1973 Gerstungen
			Marienborn – Helmstedt	1975 – 1990	
			Herrnburg – Lübeck	1976 – 1990	
			Schwanheide – Büchen	1973 – 1990	
VT 12.14	–	VT+VM+VM+VT	Schwanheide – Büchen	1954 – 1962	Laufweg Berlin – Hamburg-Altona
VT 137 »Köln«	–	VT+VM+VT	Schwanheide – Büchen	1949 – 1954	Laufweg Berlin – Hamburg-Altona
»Köln«/»Berlin«/»Leipzig«		VT+VM+(VM)-VT	Gutenfürst – Hof	1955 – 1958	Laufweg Saßnitz Hafen – München Hbf

Zusammenstellung: Andreas Knipping/GM

Berlin-Verkehr der 80er-Jahre: Ein D-Zug nach Hamburg passiert bei Schwanheide die Grenze nach Westen J.-O. Griese-Bandelow

geben hatte. In den nun mit »Transit« bezeichneten Berlin-Zügen trafen DDR-Uniformierte vermehrt auf eine im abgeschotteten West-Berlin gedeihende Subkultur. Ob indische Psychosekten oder selbsternannte »wahre« Kommunisten, die Ordnungshüter waren darin geschult, diese Reisenden zu ignorieren. Symbol moderner Zeiten waren zudem die Autoreisezüge nach und von Berlin.

In den 80er-Jahren fuhren auch wieder mehr DDR-Bürger per Bahn in den Westen. Zum einen versuchte das Regime, durch eine gewisse Nachgiebigkeit gegen »Ausreiseanträge« den oppositionellen Druck zu mindern. Zum anderen erlaubte man verlässlichen Bürgern (unter Zurückbehaltung von Partnern und Kindern als Geiseln) gelegentlich die Reise zu familiären Anlässen im Westen. Doch viele dieser Westreisenden waren für die zerfallende Diktatur verloren, selbst wenn sie wiederkehrten. Sie hatten westdeutsche Städte, Dörfer, Kaufhäuser und Betriebe gesehen.

Das Verkehrsprovisorium endete im Oktober 1990

Der Mauerfall

Der wachsende Widerstand im Land manifestierte sich 1989 mit dem Höhepunkt der Grenzöffnung am 9. November. Der explosionsartige Zustrom der DDR-Bürger nach Westen bescherte dem Interzonenverkehr seine größte und vielleicht auch bedeutendste Phase. Bestehende Züge wurden verlängert, vorhandene Zugläufe zu Interzonenzügen ausgedehnt, zusätzliche Züge eingesetzt. Schon nach wenigen Tagen entfiel die Differenzierung zwischen »Transit« und »Einreise«, zwischen »Betriebshalt« und »Verkehrshalt«. Und so lange das Verkehrsprovisorium Interzonenzug zwischen zwei politischen Systemen, an der Nahtstelle Ost – West bestanden hatte, so brüchig zeigte es sich jetzt. Nicht einmal ein Jahr nach der Grenzöffnung kam die Wiedervereinigung; damit wurden alle staats- und besatzungsrechtlichen Besonderheiten der Zugläufe zwischen Berlin Stadtbahn und der Bundesrepublik bzw. Ost- und Westdeutschland Geschichte. *Andreas Knipping/GM*

Zwei »U-Boote« (DR-Diesselloks der Baureihe 119) schleppen in den frühen 90er-Jahren einen Reisezug aus Marienborn. Die Kontrollanlagen sind inzwischen funktionslos Josef Högemann

ÜBERBLICK — ZAHLEN ZUM INTERZONEN- UND BERLINVERKEHR, STAND 80ER-JAHRE

Seit den 80er-Jahren reisten jährlich etwa 2,5 bis 3 Millionen Personen zwischen West-Berlin und der Bundesrepublik mit dem Zug – das waren noch nicht einmal zehn Prozent des übrigen DR-Reiseverkehrs, sie erbrachten aber Einnahmen von etwa 45 Millionen Valuta-Mark. Hinzu kamen rund 2,2 Millionen Reisende zwischen der DDR und der Bundesrepublik. Dabei wurden den DDR-Bürgern in den Zügen (überwiegend Rentner, aber auch »Dienstreisende«) die zu benutzenden Grenzübergänge vorgeschrieben. Solche Vorgaben bestanden für West-Reisende nicht.

Der Eisenbahnverkehr Bundesrepublik – West-Berlin spielte wegen der langen Reisezeit und der Furcht vor Kontrollen durch die »Organe der DDR« keine große Rolle – und nahm in den 80er-Jahren noch ab. Gegenüber 1980 lag das Reisendenaufkommen 1985 bei 87 %; auf die einzelnen Grenzübergänge bezogen, gab es bei Schwanheide/Büchen, Gerstungen/Bebra ein Minus von je 35 %, bei Probstzella/Ludwigsstadt von 11 % und bei Gutenfürst/Hof von 47 %. Wesentlich dafür waren die langen Reisezeiten. Von Berlin nach München dauerte die Fahrt fast einen Tag; das ließ sich besser bewerkstelligen, indem man einen Intercity der Bundesbahn nach Hannover nahm und nur das letzte kurze Stück via Helmstedt/Marienborn über Reichsbahn-Gebiet reiste. So erwirtschaftete Marienborn auch 44 % der Einnahmen aus dem Berlin-Verkehr; zum Vergleich: Schwanheide 14 %, Gerstungen 22 %, Probstzella 16 %, Gutenfürst 4 %. Die DR sah die Entwicklung sorgenvoll, reduzierte dies doch ihre Einnahmen. Dennoch hieß es selbst in einer Vorlage des Ministeriums für Verkehrswesen vom 9. März 1987: »Das gegenwärtige Verkehrsaufkommen von 1,3 Millionen Personen sowie der zu erwartende Neuverkehr rechtfertigen nicht den Ausbau einer Transitstrecke für hohe Geschwindigkeiten.« *Erich Preuß*

DER AUTOR

Andreas Knipping, geboren 1952 in München, ist als Richter am dortigen Sozialgericht tätig. Seit den 60er-Jahren beschäftigt er sich mit Eisenbahnen und Eisenbahn-Geschichte; er hat dazu bereits mehrere Bücher verfasst.

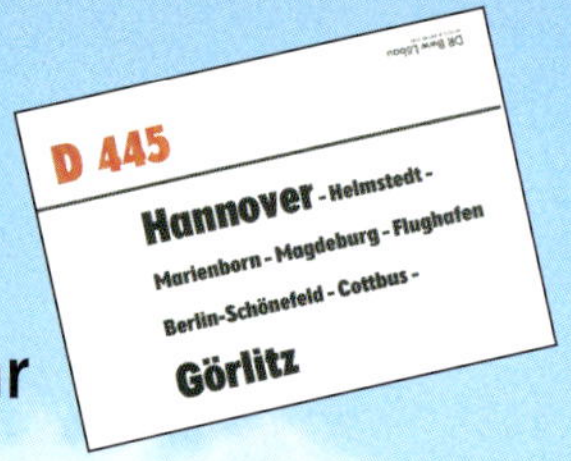

Wagen im Interzonen- und Berlin-Verkehr

Quer durchs Sortiment

Wer über die Jahre mit Interzonen- bzw. Berlin-Zügen fuhr, bekam es mit den verschiedensten Wagen zu tun: Vorkriegsmodellen, Standardware, Raritäten. Selbst Nahverkehrswagen wurden für diese Zwecke eingesetzt – des großen Fassungsvermögens wegen

Im Mai 1966 trifft die leistungsstarke Dampflok 01 514 mit D 122 Warschau – Bonn in Helmstedt ein. Der Zug besteht überwiegend aus 26,4-Meter-Neubauwagen der Bundesbahn, außerdem läuft noch ein Mitropa-Speisewagen mit; er ist von Berlin bis Bonn dabei Friedhelm Ernst, Abb. Zuglaufschild o.: Slg. Heiko Focken

Nicht nur die Lokomotiven des Interzonen- und Berlinverkehrs waren sehenswert, auch die Wagen der Züge lohnten manchen Blick. Die meiste Zeit kam sehr unterschiedliches Rollmaterial zum Einsatz, was zu Anfang aus dem kriegsbedingten Fahrzeugmangel resultierte. Etwa bis zur Währungsreform 1948 fuhr man mit allem, was verfügbar und rollfähig war. Neben deutschen Einheits-Bauarten der Lieferjahre 1923 bis 1944 und Länderbahn-Wagen fand sich in einigen Garnituren der Deutschen Reichsbahn sogar Rollmaterial ausländischer Herkunft, das nach Ende der Kampfhandlungen auf dem Territorium der nachmaligen sowjetischen Besatzungszone bzw. DDR verblieben war. Allerdings boten die Züge nur wenig gepflegtes Interieur und äußerlich kein attraktives Bild.

Neue Wagen für die Reichsbahn

Eine spürbare Entlastung brachten der DR 1952 die von der Waggonfabrik Bautzen beschafften 200 vierachsigen Sitzwagen 3. Klasse; sie waren in geschweißter Ganzstahlbauweise gefertigt und über Puffer 23 Meter lang. Für 100 km/h zugelassen, fuhren sie in Schnell- und Eilzügen und auch in mehreren von der Reichsbahn gestellten Interzonen-Garnituren. Den Reisenden boten die Wagen Großraum-Abteile bei offenem Mittelgang

Reichsbahn: Modelle der Vor- und Nachkriegszeit

und mit Kunstleder gepolsterte Sitzbänke (Anordnung 2+2). In ihrem windschnittigen Erscheinungsbild entsprachen sie noch weitgehend den Konstruktionsprinzipien der Vorkriegs-Reichsbahn.

Ähnliches galt für drei 23,5 Meter lange Versuchs-Schnellzugwagen, die 1956 in Bautzen entstanden. Zwei Wagen führten die 3. Klasse (Bauart C 4 üp), einer 2./3. Klasse (BC 4 üp). Einsatzfähig bis 140 km/h und mit Druckbelüftungsanlagen ausgerüstet, fand sich ein Exemplar (ab Mai 1956 als Wagen 2. Klasse bezeichnet) Anfang der 60er-Jahre über einen längeren Zeitraum im Nacht-D-Zug 117/118 zwischen Köln und Leipzig bzw. Zwickau.

Einheits-D-Zug-Wagen 3. Klasse der Bauart 1923, von der DR nach 1945 umgestaltet; Anfang der 60er-Jahre fuhr er regelmäßig zwischen Leipzig und Frankfurt (M) Joachim Claus

Sein Erscheinungsbild bewahrte der italienische Standardwagen aus den 30er-Jahren auch unter DR-Regie (hier 1962 im D 199/200 Leipzig – Frankfurt (M)) Joachim Claus

Von der früheren französischen Nordbahn stammte der in Bebra aufgenommene 1./2.-Klasse-Typ »Trains Rapides« mit den Rundbogen-Fenstern Dr. Scheingraber/Slg. Joachim Claus

Interzonenzüge und Berlin-Züge

Zwischen zwei 26,4-Meter-Neubauwagen der Bundesbahn rollt im Mai 1961 ein Mitropa-Speisewagen, Baujahr 1923, als Schlafwagen aus dem Hamburger Hauptbahnhof. Ziel des Zuges ist Berlin

Joachim Claus

Aus der Not geboren oder ungeniert eingesetzt? In den Anfangsjahren mutete man dem Reisenden des Interzonenverkehrs durchaus auch die unbequeme Holzklasse zu

Slg. Friedhelm Ernst

Im Juni 1973 ist eine Diesellok der Baureihe 132 (»Ludmilla«) mit D 1450 bei Unterellen unterwegs; der Zug besteht im wesentlichen – und eigentlich für einen Schnellzug untypisch – aus »Silberling«-Nahverkehrswagen der Bundesbahn

Slg. Wohllebe

ZUGBILDUNG — BEISPIELE AUS DEM SOMMERFAHRPLAN 1968

Zu beachten: Beschränkung der Zuglängen: Leipzig Hbf: 12 Wagen

Wagentyp	Laufweg	bereitstellende BD/Rbd
D 117 Köln – Zwickau auf dem Abschnitt Wolfsburg 02:53 h – Oebisfelde 03:05 h, ab Magdeburg frei für den DDR-Binnenverkehr		
Post	Hannover – Magdeburg	Han
WL	Köln – Zwickau	Mitropa/DSG im Wechsel
Bc	Köln – Zwickau	Dre
Bc	Köln – Zwickau	Dre
B	Köln – Zwickau	Dre, spezielle Verkehrstage
B	Köln – Zwickau	Dre, spezielle Verkehrstage
B	Köln – Zwickau	Dre
B	Köln – Zwickau	Dre
B	Köln – Zwickau	Dre
AB	Köln – Zwickau	Dre
Ds	Köln – Zwickau	Dre
AB	Aachen – Leipzig	Hl
B	Aachen – Leipzig	Hl
B	Aachen – Leipzig	Hl
B	Aachen – Leipzig	Hl
D 143 München – Rostock auf dem Abschnitt Hof – Gutenfürst 02:05 h, ab Plauen (Vogtl) frei für den DDR-Binnenverkehr		
B	Hof – Leipzig	Reg, spez. Verkehrstage
B	Stuttgart – Leipzig	Hl, spezielle Verkehrstage
B	Stuttgart – Leipzig	Hl
AB	Stuttgart – Leipzig	Hl
B	Nürnberg – Leipzig	Hl
B	Nürnberg – Leipzig	Hl, spezielle Verkehrstage
B	Nürnberg – Leipzig	Hl, spezielle Verkehrstage
Ds	München – Rostock	Sch
B	München – Warnemünde	Sch
B	München – Warnemünde	Sch
AB	München – Warnemünde	Sch
B	München – Warnemünde	Sch, spez. Verkehrstage
B	München – Warnemünde	Sch, spez. Verkehrstage
B	München – Warnemünde	Sch, spez. Verkehrstage
D 199 Frankfurt (Main) – Frankfurt/Oder auf dem Abschnitt Bebra 13:37 h – Gerstungen 14:02 h, ab Eisenach frei für den DDR-Binnenverkehr		
Büm	Bebra – Leipzig	Ksl, spezielle Verkehrstage
Büm	Bebra – Leipzig	Ksl, spezielle Verkehrstage
Büm	Frankfurt (Main) – Leipzig	Ffm
ABüm	Frankfurt (Main) – Leipzig	Ffm
Büm	Frankfurt (Main) – Leipzig	Ffm
BDüms	Frankfurt (Main) – Frankfurt (O.)	Ffm
Büm	Frankfurt (Main) – Leipzig	Ffm
ABüm	Frankfurt (Main) – Leipzig	Ffm
Büm	Frankfurt (Main) – Leipzig	Ffm
Büm	Frankfurt (Main) – Leipzig	Ffm
Büm	Frankfurt (Main) – Leipzig	Ksl, spezielle Verkehrstage
Büm	Frankfurt (Main) – Leipzig	Ksl, spezielle Verkehrstage
Büm	Frankfurt (Main) – Leipzig	Ksl, spezielle Verkehrstage

Abkürzungen:
Dachzeile: BD – Bundesbahndirektion; Rbd – Reichsbahndirektion
Direktionskürzel: Dre – Dresden, Ffm – Frankfurt (Main); Han – Hannover; Hl – Halle (Saale); Ksl – Kassel; Reg – Regensburg; Sch – Schwerin
Wagenkürzel: AB – Reisezugwagen DR 1./2. Kl . (nicht länger als 24 Meter); ABüm – Neubau-Reisezugwagen DB 1./2. Kl. (Länge 26,4 Meter); B – Reisezugwagen DR 2. Kl. (nicht länger als 24 Meter); Bc – Liegewagen DR 2. Kl.; Büm – Neubau-Reisezugwagen DB 2. Kl. (26,4 Meter); BDüm – Neubau-Reisezugwagen 2. Kl./Gepäck (26,4 Meter); Ds – Gepäckwagen mit Seitengang; Post – Postwagen (hier: DR); WL – Schlafwagen (DR bzw. DB)
Quelle: Zugbildungsplan A, gültig vom 26. Mai bis 28. September 1968
Zusammenstellung: A. Knipping/F. Ernst/GM

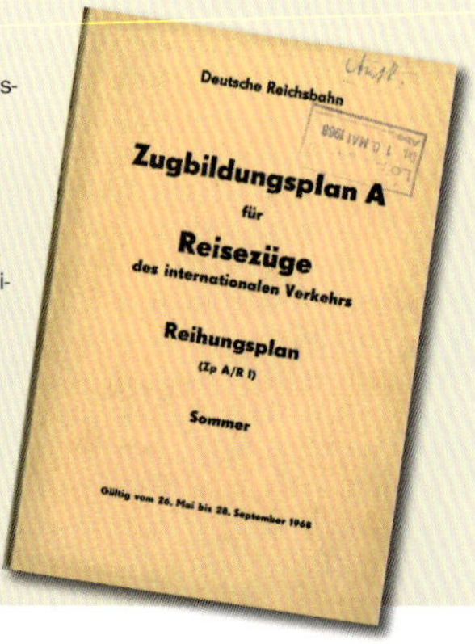

Im März 1965 stampft eine Dampflok der Baureihe 01.5 mit ihrem D-Zug von Bebra Richtung Gerstungen (Bild bei Hönebach nahe der Grenze). Hinter der Schnellzugmaschine mit ihren Boxpokrädern folgen ein Postwagen, ein Gepäckwagen der Vorkriegszeit sowie diverse Reichsbahn-Reko-Wagen (Typ Bghw) Dr. Rolf Brüning

Auswahlkriterien für die Wagengestellung: mal das Neueste, mal die mit der größten Kapazität

Ab 1961 setzte die Reichsbahn in größerer Stückzahl die »Modernisierungs-Wagen« (anfänglich »Reko-Wagen« genannt) ein, Umbauten, die auf unterschiedlichen D-Zug-Typen basierten. Für 120 km/h ausgelegt und mit Gummiwulst-geschützten Stirnübergängen ausgestattet, bildeten sie mit ihren nur im oberen Drittel zu öffnenden Fenstern und Kunstleder-Polsterbänken der 2. Klasse schon bald den Grundstock der DR-Interzonen- und Berlinzüge, bis sie teilweise durch 24,5-Meter-Neubauten abgelöst wurden. Diese neuen Wagen (nach der osteuropäischen Eisenbahnvereinigung OSShD als Typ B bezeichnet) boten für die 2. Klasse auch nur vierplätzige Sitzbänke mit Schaumgummi-Polsterung; immerhin gab es kundenfreundlichere Übersetzfenster.

Ab Ende der 60er-Jahre folgten zunehmend auch die für den internationalen Verkehr weiter entwickelten Einheits-Reisezugwagen Typ Y/B. Vereinzelt rollten in den Interzonenzügen auch die 18,7 Meter langen Reko-Sitzwagen 2. Klasse (so genannte Bghw-Wagen); die mit Drehfalttüren an den Endeinstiegen und teilweise mit Gepäckraum ausgestatteten Fahrzeuge waren aus den unterschiedlichsten vierachsigen Abteilwagen entstanden, in erster Linie aus Wagen preußischer und sächsischer Bauart.

Eigentlich für den Bezirks- und Nahverkehr gedacht waren die »langen Halberstädter«; diese 26,4 Meter langen Neubauwagen der DR fanden sich aber auch im Interzonen- und Berlin-Verkehr und kamen sogar ins Ausland, zum Beispiel nach Paris. Entscheidend hierfür war ihr hohes Fassungsvermögen, bei dem sie gleichzeitig die Vorgaben der internationalen Wagenvereinigung erfüllten.

Der Wagenpark der Bundesbahn

Die Deutsche Bundesbahn (DB) setzte für Reisende in die sowjetisch besetzte Zone bzw. DDR und nach Berlin anfangs Reichsbahn-Einheitswagen aus den 30er-Jahren ein. Als die 26,4 Meter langen Standard-Schnellzugwagen (Typ X der europäischen Bahnvereinigung UIC) aufkamen, stellte man den Interzonenverkehr für viele Jahre auf diese um. In den Wagen war das Angebot auf wohltuende sechs Einzelplätze pro Abteil verringert; die Sitze ließen sich zur weiteren Steigerung der Bequemlichkeit ausziehen. In der 2.-Klasse-Ausführung (B 4 üm) bot dieser Wagentyp bei zwölf Abteilen 72 Plätze, in der 1.-Klasse-Version (A 4 üm) 60 und als gemischtklassiges Fahrzeug (AB 4 üm) 30 + 36 = 66 Sitze. Die für den Berlin-Verkehr bestimmten 2.-Klasse-

Auch diesen ursprünglichen Typ C11 yfi der französischen Nordbahn bzw. späteren SNCF setzte die Reichsbahn im Interzonen-Verkehr ein Joachim Claus

Im D 117/118 Köln – Leipzig – Köln kam es vor, dass jeder DR-Wagen einen anderen Ursprung hatte. Hier ein »Modernisierungswagen« mit Schürze (Sommer 1967) F. Ernst

Die DR-Mitteleinstiegwagen von 1952 waren für den Nah- und Bezirksverkehr vorgesehen, fuhren aber auch in den Westen und nach West-Berlin (Köln Hbf, 1967) Friedhelm Ernst

Der Interzonenzug D 118 Leipzig – Köln hat im Sommer 1967 den Zielbahnhof erreicht. Mit im Zugverband fährt ein neuer Mitropa-Schlafwagen aus Berlin Friedhelm Ernst

Einheiten erhielten nach zwei Jahrzehnten Verwendung noch eine Komfortverbesserung mit dem Einbau einer dritten Trittstufe bei den Einstiegen, beweglichen Kopfstützen sowie Sitzplatz-Leselampen.

Ähnlich wie die »langen Halberstädter« der DR kamen auch die neu gebauten Silberling-Nahverkehrswagen der Bundesbahn zu interzonalen Ehren. Sie fuhren teils in Fernzügen,

In den frühen 50er-Jahren begann der Speise- und Schlafwagenbetrieb – zunächst mit Vorkriegswagen

hauptsächlich aber im grenznahen Nachbarschaftsverkehr mit der Reichsbahn (Kleiner Grenzverkehr). Ihr Vorteil lag wie beim DR-Pendant aus Halberstadt in der großen Kapazität, wenngleich der Komfort deutlich unter D-Zug-Niveau lag.

Speisewagen und Schlafwagen

Etwas erweitert wurde das Angebot im Interzonen- und Berlin-Verkehr, als in den frühen 50er-Jahren der Speisewagen- und Schlafwagenbetrieb über die innerdeutsche Grenze aufgenommen wurde. Er lag in den Händen der Deutschen Schlafwagen- und Speisewagen-Gesellschaft (DSG), einer Tochter der Bundesbahn, sowie der Mitropa, einer Tochter der DDR-Reichsbahn (DR). Beide setzten anfänglich auf die ihnen verbliebenen Baumuster der 20er- und 30er-Jahre.

Die Mitropa etwa bediente sich der hechtförmigen genieteten stählernen Schlafwagen, die 20 Plätze boten und 1923 gebaut worden waren. Ebenso setzte sie mit 22 Betten versehene Einheits-Schlafwagen der ab 1928 gelieferten Einheiten ein. Darüber hinaus stellte sie eine größere Zahl von Wagen, die ehemals bei der Internationalen Schlafwagen-Gesellschaft (ISG) gefahren waren. Es handelte sich um Schlafwagen der Typen S (Mitropa-Bezeichnung 054-103) und Y (054-104 ff.); zu ihnen zählten auch fünf für den Trajektverkehr mit Dänemark und Schweden »rekonstruierte« Fahrzeuge, die man als Typ »Malmö« führte (und gelegentlich in Zügen nach München einsetzte). Hinzu kamen mindestens zwölf nichtdeutsche Mitropa-Speisewagen (hervorgegangen aus dem Schlafwagen-Typ Y) und drei des Kanal-Fährboot-Typs F, erkennbar am gegenüber mitteleuropäischen Parametern kleineren britischen Umgrenzungsprofil (Betriebsnummern 055-003 bis 055-005).

Zeitweilig fuhr in den Zügen auch einer von zwei im Kriegsjahr 1941 bei Wegmann in Kassel für die Mitropa gefertigten anderthalbstöckigen windschnittigen Schlafwagen, Typ WL AB 4 ü. Auffällig waren die Länge von 26 Metern und die ineinander verschachtelten Abteile der damaligen 2. Klasse. In den 60er-Jahren musterte die Reichsbahn das Fahrzeug aus; der zweite Wagen übrigens kam bei der DSG zum Einsatz, jedoch nie im Interzonenverkehr. In den frühen 60er-Jahren stellten dann Neubauten aus dem Waggonbau Görlitz die Regel dar, bei 24,5 Metern Länge ausgestattet mit zehn Abteilen, die je nach Bedarf in Einzel-, Doppel- oder Dreibett-Version angeboten werden konnten.

Die DSG ging bereits 1959 mit den 26,4 Meter langen, von Hansa-Waggon in Bremen entwickelten Universal-Schlafwagen zum Prinzip der wahlweise nach Klassen nutzbaren Halbabteile über. Diese wiesen außer der Klimaanlage eine gediegene Innenausstattung mit Edelhölzern und Teppichboden auf. Außerdem stellten beide Bahnen für die Nachtzüge Liegewagen; bei der DR waren dies jahrelang auch umgerüstete Vorkriegs-Typen.

Bei den Speisewagen nahm die Mitropa ab 1960 eine Verjüngung vor. In jenem Jahr erhielt sie fünf Reko-Speisewagen, die im Reparaturwerk Gotha auf Untergestellen ehemaliger Sitzwagen aufgebaut worden waren. 1961 entstanden dort aus älteren Speisewagen vier weitere »Neufahrzeuge«, die unter anderem geschweißte Wagenkästen besaßen. Damit standen neun Speisewagen (WR) zur Verfügung, jeweils 22,9 Meter lang und mit 36 Sitzplätzen ausgestattet. Im Innenraum hatte man weitgehend Kunststoffe verwendet. Ungewöhnlich waren die diagonal nur an einem Ende installierten Schiebetüren, wie es sie in ähnlicher Form bei den zwei- und dreiachsigen DR-Reko-Personenwagen gab.

Die Zeit nach der Grenzöffnung

Mit dem Fall der Mauer am 9. November 1989 änderten sich schlagartig die Rahmenbedingungen im Verkehr DB – DR. Zahlreiche Zusatzzüge nahmen die plötzliche Vielzahl an Reisenden auf, oft mussten die Bahngesellschaften dabei mit dem unterschiedlichsten Wagenmaterial improvisieren. Schon ab Frühjahr 1990 wurde dies aber schrittweise durch reguläre Zuggattungen wie Intercity oder Interregio und deren Wagenmaterial ersetzt. *Friedhelm Ernst/GM*

Noch ein Sonderling des D 117/118: der Reichsbahn-Versuchswagen B4g (Lieferjahr 1956) mit 80 Sitzplätzen, aufgenommen im Sommer 1967 in Köln-Kalk Friedhelm Ernst

Im innerdeutschen Reiseverkehr setzte die DB noch in den 80er-Jahren Vorkriegsspeisewagen ein, nun zeitgemäß ozeanblau-beige lackiert (Bild in Braunschweig) Martin Weltner

DER AUTOR

Friedhelm Ernst, Jahrgang 1935, hat Wirtschaftswissenschaften studiert. Als Hauptgeschäftsführer des Landesverkehrsverbands Rheinland gehörte er unter anderem zum Beirat der Bundesbahndirektion Köln. In Verkehrsfragen war er Gesprächspartner verschiedener politischer Institutionen, zum Beispiel des Bundestages. Er ist auch Initiator des historischen Rheingold-Express.

Bundesbahn-Lokführer Peter Bär auf dem Führerstand der 194 184, fotografiert im Frühjahr 1987 in der Heimatdienststelle Pressig-Rothenkirchen. 30 Jahre lang fuhr Bär über die Grenze nach Probstzella, unter anderem mit diesen Altbau-Elloks Christian Gloel/Slg. Peter Bär

Lokführer im Grenzverkehr Bundesrepublik – DDR

Ins andere Deutschland

Wie sah der Dienst für Lokführer aus, die planmäßig durch den Eisernen Vorhang fuhren? Welche Regeln mussten sie beachten, welche Eindrücke nahmen sie »von drüben« mit? Ein Bundesbahner und zwei Reichsbahner berichten

Es waren nur wenige Worte, die Peter Bär mit der Frau wechselte. Unverfängliches, einfach so dahingesagt in der Grenzübergangsstelle Probstzella. Für die DDR-Grenzpolizisten aber Anlass genug, den Lokführer aus dem Westen zurecht zu weisen. »Sie sagten mir, wenn das wieder vorkäme, dass ich Kontakt zu Angehörigen der Deutschen Demokratischen Republik aufnehme, dürfte ich nicht mehr einreisen. Die haben mich regelrecht zur Sau gemacht.«

IN KÜRZE:
Lokführer Peter Bär
Geboren: 1937 in Pressig
Ausbildung:
Lokführer der Deutschen Bundesbahn
Heimatdienststellen:
Bw Pressig-Rothenk., Nürnbg. 2

30 Jahre lang über die Grenze

Peter Bär ist in seinem Berufsleben unzählige Male nach Probstzella gekommen. Als 14-Jähriger begann er 1952 bei der Deutschen Bundesbahn (DB), 1960 schloss er die Ausbildung zum Lokführer ab. Fortan fuhr er mit Lokomotiven auf der Frankenwaldbahn, erst als Beimann, später selbst an Schaltrad und Führerbremsventil. Bär galt nicht als Geheimnisträger, so dass die Bundesbahn seine Einsätze in das Gebiet der Deutschen Reichsbahn (DR)

Kaum stand die Lok, kam die Grenzpolizei

ausweiten konnte. 30 Jahre lang, von 1960 bis 1990, passierte der Lokführer den Eisernen Vorhang. Die scharf bewachte, kaum überwindbare innerdeutsche Grenze – für Eisenbahner wie Peter Bär war sie planmäßig geöffnet. Dennoch betraf die strikte Abschottung der DDR auch ihn.

Dabei spielte es keine Rolle, ob der Bundesbahner einen Schnellzug nach Berlin, Leipzig oder (anfangs) Warschau übernommen hatte, ob er einen Güterzug fuhr oder einen Eilzug des kleinen Grenzverkehrs, den es seit den 70er-Jahren gab. Das Prozedere war stets gleich. Kurz hinter dem ehemaligen Haltepunkt Falkenstein, durch die Lücke im Zaun, erreichte man die DDR und bald darauf Probstzella. »In den Bahnhof fuhr die Lok mit gesenktem Stromabnehmer ein, auf Gleis 1 bei Schnellzügen, auf Gleis 3 oder 4 bei Güterzügen. Sie musste bis zum Gebäude der ‚Grenzorgane' rollen, bei einem langen Güterzug auch weiter bis vor das Ausfahrsignal.«

Kaum stand die Lok, kamen DDR-Grenzpolizisten auf den Führerstand. Sie verlangten den Personalausweis und schrieben penibel

Im Oktober 1968 setzt sich DR-Schnellzuglok 01 528 im Bahnhof Bebra an den D 199. Die Lokbaureihe wie der Zug wurden auch von Günter Greven gefahren Christian Klink

BEISPIEL REICHSBAHN | **INTERZONENVERKEHR DES BW ERFURT P**

Zu den Schnellzugleistungen, für die das Bahnbetriebswerk Erfurt P Lokpersonal stellte, gehörten in den 50er-Jahren täglich sechs Zugpaare Erfurt – Bebra. Vom Winterfahrplan 1961 an waren es die vier D-Zug-Paare D 1/2, D 5/6, D 197/198, D 199/200, dazu die Entlastungszüge D 1001/1002, D 1097/1098 und D 1099/1100. Ab August 1961 wurde dies ergänzt durch die Transitzüge D 129/D 130 und D 151/152 auf dem Abschnitt Probstzella – Berlin – Probstzella; die Transitzüge D 1/2 und D 5/6 fuhren wir nun zwischen Erfurt und Berlin.

IN KÜRZE:

Lokführer Günter Greven

Geboren: 1936 in Koblenz

Ausbildung: Lokführer der Deutschen Reichsbahn

Heimatdienststelle: Bw Erfurt P

Sig. Günter Greven

Aus dem Personalbestand des Bw Erfurt P waren ca. 80 Lokführer und Lokheizer grenzüberschreitend eingesetzt. Grundlage dafür waren fachliche Eignung, dienstliche und gesellschaftliche Zuverlässigkeit; Mitgliedschaften in Parteien waren keine Voraussetzung. Monatlich erhielten diese Personale im Anschluss an den allgemeinen Dienstunterricht eine unterschriftliche Belehrung über mögliche Probleme des Dienstes.

Die obigen Zugleistungen habe ich als relativ junger Lokführer alle einmal gefahren. Bei der Meldung gab ich jeweils in der Lokleitung den Personalausweis ab und nahm den Pass entgegen. Zur Vorbereitung der Fahrt gehörten auch die Einsicht in die fahrdienstlichen Unterlagen, das Vorbereiten persönlicher Sachen und der Lok. Bei all dem gab es keinen Unterschied zwischen einem Interzonenzug und einem Inlandszug.
Nach Verkehrshalten in den Bahnhöfen Gotha und Eisenach erreichten wir den Grenzbahnhof Gerstungen. Dort wurden durch Grenzpolizei und Zoll die persönlichen Unterlagen und die Lok kontrolliert. Ich tauschte dort bei der Staatsbank noch 1,- bzw. 2,- DM im Wert 1:1 um, wenn in der Dienstschicht eine längere Pause in Bebra lag; so konnte man sich dann eine Limonade oder Zigaretten kaufen.
Zur Abfahrtszeit musste die Lok voll betriebsfähig sein, denn bis zum Hönebacher Tunnel war eine kräftige Steigung zu bewältigen. Die Fahrt über die Grenze war aber nichts Besonderes. In Bebra wurden Lok und Personal ab und zu von Beamten kontrolliert. Mit Eisenbahnern des dortigen Bw unterhielten wir uns kaum; sie hielten sich uns gegenüber zurück und waren nicht sehr gesprächig. In der Standzeit im Bw wurde die Lok restauriert – ohne Kohle laden –, wir erledigten kleine Reparaturen und bereiteten die Heimfahrt vor. Oft hatten D 1/2 bzw. D 129/130 zwölf bis 14 Wagen. Nach dem Mauerbau am 13. August 1961 fuhren wir die Züge nur noch bis bzw. von Griebnitzsee kurz vor Berlin. Dort übergaben wir an bzw. übernahmen wir von Berliner Kollegen.
Trotz aller Anstrengungen sind diese Züge vielen Kollegen in guter Erinnerung, weil sie für das Bw Erfurt P eine große Leistung waren.

den Namen des Lokführers, die Lok- und die Zugnummer auf. In manchen Schichten fuhr Peter Bär drei Mal nach Thüringen; dann wurde er drei Mal notiert. Als nächstes liefen die DDR-Beamten durch die Maschine und prüften, dass sich dort niemand aufhielt, der nicht in ihrer Registrierungsliste stand. Noch heute sieht Peter Bär die Kontrollen mit einer Mischung aus Gelassenheit und Fatalismus. »Das war normal. Was wollte man auch machen? Es war ja unser Dienstplan.« Die DB-Weisung, sich den Grenzern nicht zu widersetzen, befolgte der Lokführer geduldig. »Ich begegnete ihnen mit Höflichkeit, machte die Tür zur Lokomotive auf und habe alles bereit gestellt. Bei einigen war es so, dass man sich kannte und sich eine Art persönliches Verhältnis entwickelte, denn ich war ja regelmäßig da. Aber sie durften es nicht zeigen.«

Fluchthilfeverdacht und die Folgen

Misstrauen schwang bei den Grenzern indes fast immer mit – siehe das Gespräch zwischen Peter Bär und der Frau. Bärs Vater, ebenfalls als Lokführer im deutsch-deutschen Zugverkehr unterwegs, wurde einmal ein halbes Jahr lang die Einreise verweigert, weil Grenzpolizisten ihn verdächtigten, einen Republikflüchtling mitgenommen zu haben. Tatsächlich handelte es sich um den Beimann, der nach einer simplen Unterhaltung mit einem DDR-Bürger auf dem Bahnsteig wieder auf die Lok gestiegen war.

Die Zeiten verschärfter Ost-West-Gegensätze bekamen die Lokführer durch zusätzliche Reglementierungen zu spüren. Mal ließen sich die Grenzer den Inhalt der Lokführer-Tasche und selbst der Geldbörse zeigen, vorübergehend verlangten sie, dass die Männer auf der Maschine Uniform trugen. Hofften sie, Fluchtwillige auf diese Weise besser zu erkennen? Ob Schikane oder nicht, wer sich weigerte, dem drohte die Sperre. »Es hieß dann: Sie sind in der DDR nicht mehr erwünscht. So lange das galt, musste die Bundesbahn den Lokführer aus dem Dienstplan heraus nehmen.«

Warten auf den Gegenzug

Nach der Kontrolle wurde die Lok vom Zug weg auf ein speziell vorgesehenes Abstellgleis geleitet. Durch eine Trennwand vom Hausbahnsteig abgeschottet, wartete man auf die Rückleistung. Manchmal eineinhalb Stunden lang. Die Position der Zuglok im südlichen, der etwaigen Schublok im nördlichen Bahnhofsteil garantierte kurze Wege an den Gegenzug. Und sie garantierte den Grenzern, dass sie die Eisenbahner aus dem Westen bis dahin gut beobachten konnten.

Einen Aufenthaltsraum gab es in Probstzella nur für das DB-Zugpersonal; die Lokführer richteten sich auf ihren Maschinen ein. West-Zeitungen waren lange Zeit streng verboten. Hobby-Imker Peter Bär behalf sich mit unverfänglichen Fachbüchern zur Bienenkunde. Für dringende Bedürfnisse gab es eine Toilette, aber auf dem Hausbahnsteig. Man musste eine Klingel an der Trennwand betätigen und sich bei den Grenzern anmelden, die nach telefonischer Rücksprache eine Tür elektrisch frei gaben. Auch die Toilettengänge wurden aufmerksam von den Beamten verfolgt.

Trotz aller Kontrollen kamen die Bundesbahner hin und wieder mit Reichsbahn-Kollegen ins Gespräch. Es blieb ein spärlicher Austausch; seitens der DB galt die Anweisung, sich auf Dienstliches zu beschränken. Zu groß war wohl die Furcht der Verantwortlichen im Westen, Bundesbahner könnten der – wohl ohnehin über das einfahrende Personal informierten – Staatssicherheit Auskünfte liefern.

Mit dem Tauwetter in den Ost-West-Beziehungen lockerten die DDR-Grenzer ihre Maßregelungen. DB-Lokführer durften sich in einem abgegrenzten Bereich bewegen, auch mal ein Spiel auf dem Fußballplatz neben den Gleisen anschauen – oder im Intershop auf Einkaufstour gehen. »Das musste man immer in Westmark bezahlen, aber es war sehr günstig. Manche Kollegen haben sich da zu gut eingedeckt, mit Alkohol oder Zigaretten. Das führte dazu, dass in Ludwigsstadt der Zoll der Bundesrepublik die zurückkehrenden Lokführer kontrollierte.«

War der Gegenzug mit Ziel Westen in Probstzella eingetroffen, meldete sich das Stellwerk. Der DB-Lokführer fuhr seine Maschine an die Wagen, machte die Bremsprobe und rüstete dann erst einmal wieder ab. Vor der

Kontrolle der Lokführer, Durchsuchung der Lok

Im Oktober 1989 hat eine 132 in Hof einen D-Zug übernommen. Die Loks und Personale für diese Einsätze stellte das Bw Reichenbach – unter anderem Peter Arzt Josef Mauerer

Gespräch zwischen DB- und DR-Lokführer in Lübeck, Mai 1980. Die Kontakte zwischen den Personalen blieben bis zur Grenzöffnung eher zurückhaltend-dürftig Jürgen Krantz

BEISPIEL REICHSBAHN | **MIT D 466 VON REICHENBACH NACH HOF**

Eine Standardleistung des Bw Reichenbach (Vogtl.) war über viele Jahre der Interzonenzug D 466 Görlitz – Dresden – München zwischen Reichenbach und Hof. Die Fahrt erstreckte sich über 73,8 Kilometer und dauerte 112 Minuten. Im Sommer 1982 war die Bespannung Teil des Lokumlaufs 002, in dem drei 132er-Dieselloks fuhren.

IN KÜRZE:
Lokführer Peter Arzt
Geboren: 1943
Ausbildung:
Lokführer der Deutschen Reichsbahn
Heimatdienststelle:
Bw Reichenbach (Vogtl)

Zu Dienstbeginn erschien ich morgens kurz vor 8 Uhr beim Lokleiter des Bw. Jeder im grenzüberschreitenden Verkehr eingesetzte Lokführer gab dort vor der Fahrt seinen DR-Dienstausweis ab und erhielt dafür einen persönlichen Dienstausweis mit Einlegeblatt; nur mit diesem Grenzausweis war es erlaubt, die »Staatsgrenze zur BRD« zu überschreiten. Das alles ging korrekt gegen Unterschrift, aus verschlossenem und gut behütetem Tresor. Zu Dienstende wurden die Dokumente wieder zurück getauscht.
Die erste Leistung war ein Personenzug nach Plauen. Kurz nach 10 Uhr kehrte ich mit der 132 nach Reichenbach zurück und wurde vom Rangierpersonal mit dem aus Leipzig gekommenen Postwagen gekuppelt. Um 10:45 Uhr traf D 466 mit einer 250er-Ellok ein. Sie kuppelte ab, ich setzte die 132 und den Postwagen an den Zehn-Wagen-Zug. 550 Tonnen wog der D 466 nun. Es folgte die Bremsprobe, ich übergab den Triebfahrzeugdienstzettel an den »neuen« Zugführer und um 10:56 Uhr ging es los. Mit 100 km/h, manchmal auch 80 bis 90 km/h erreichten wir nach 23 Minuten Plauen.

Die Transportpolizei stieg aus, die Pass- und Kontrolleinheit stieg ein
Trotz der nur drei Minuten Aufenthalt herrschte auf dem Bahnsteig reges Treiben – hier endete die Zulassung des Zuges für den DDR-Binnenverkehr. Auch die Transportpolizisten stiegen aus; dafür kamen die Mitarbeiter der Pass- und Kontrolleinheit (PKE) in den Zug. Ein PKE-Mitarbeiter wartete am Bahnsteigende und ließ sich von mir den »Grenzausweis« zeigen. Wir warteten den Transit-Güterzug TDe 44804 Hof – Seddin ab, dann ging es auf eingleisigem Streckenabschnitt weiter. Wegen Oberbaumängeln musste man immer wieder bremsen und aufschalten.
Hinter dem Haltepunkt Grobau kündeten von weitem acht Flutlichtmasten den Grenzbahnhof Gutenfürst an. Das Einfahrtsignal zeigte 40 km/h auf Halt. Mit D 466 fuhr ich auf Gleis 3, in das eingezäunte Territorium des Bahnhofs. Für jeden Interzonenzug waren hier 40 Minuten Aufenthalt zur Kontrolle vorgesehen; Transit-Züge von West-Berlin hielten nur fünf Minuten. Ich stellte den Motor der 132 ab und zeigte meinen Grenzausweis auch der hiesigen PKE. Anschließend durchsuchte ein Mitarbeiter des Zollgrenzamts in meinem Beisein die Lok. Er öffnete die Türen und Klappen auf den Führerständen, blickte in die Hochspannungskammer und in den Werkzeugschrank. Er kontrollierte die Plomben der Luftfilterkassetten im Maschinenraum, die Klappen der Lüfterschächte und prüfte im Hilfsgang der Lok die Verplombung der Ansaugschächte für die Fahrmotorlüfter. Außen an der Lok musste ich die Klappen der Batteriekästen öffnen. Zehn Minuten dauerte das; danach suchte ich die Mitropa-Gaststätte im Bahnhofsgebäude auf, die für ihr Essen berühmt war.
Zehn Minuten vor Abfahrt des D 466 mussten Lok- und Zugpersonal wieder am Zug sein. Nach Starten der 132er gab der Kommandant der Grenzübergangsstelle in der Regel die Weiterfahrt nach Hof frei. Seit 1979 zeigten Lichtsignale die Ausfahrt an; den Abfahrauftrag erteilte die örtliche Aufsicht mit dem Befehlsstab. Mit 90 km/h fuhren wir durch den Grenzstreckenabschnitt und passierten bei Kilometer 151,70 die Grenze. Nach 14 Minuten rascher Fahrt war Hof Hauptbahnhof erreicht, im Sprachgebrauch der DR der Betriebswechselbahnhof. Die Einfahrtsignale besaßen seit 1971 eine PZB-Zugsicherungsanlage, die 132 aber hatte keine entsprechende Ausrüstung. Für sie galt (noch bis Sommer 1988) die Ausnahmeregelung, dass ein Beimann mitfuhr.

Reisekosten für die Fahrt nach Hof
In Hof hatten wir 65 Minuten Aufenthalt. In dieser Zeit setzten wir mit der 132 und dem örtlichen DB-Rangierpersonal den Postwagen des D 466 weg. Diese Arbeit war planmäßig der einzige Kontakt im Westen. Auf dem Postgleis am Bahnsteig 1 stand ein neuer Postwagen für den Gegenzug D 467 bereit; dort warteten wir auch mit der 132. Die DB-Kantine im Empfangsgebäude wurde von DR-Eisenbahnern wenig besucht, schließlich musste man in D-Mark bezahlen. Wir verbrachten die Wendezeit meist auf dem Führerstand. Gelegentlich nutzten wir die Zeit für den »illegalen« Einkauf bei Aldi in Bahnhofsnähe; dort war das Warenangebot umfangreicher als im Reichenbacher Intershop. Hier kam auch Kontakt mit DB-Eisenbahnern zustande, aber wenig, zumal er von Reichsbahn-Seite nicht erwünscht war. Das Geld für den Einkauf im Westen erhielten wir offiziell als »Auslösung« bzw. Reisekosten in Reichenbach, nach Genehmigung durch den Dienststellenleiter. Für bis zu vier Stunden im Bundesgebiet gab es in den 80er-Jahren 5,- DM, ab fünf Stunden 10,- DM.
Das Bw Reichenbach hatte damals zwei Dienstpläne und bis zu 25 Triebfahrzeugführer für den grenzüberschreitenden Verkehr. Das ausgewählte, in Listen geführte Personal musste zuverlässig sein, verheiratet und ohne Westverwandtschaft. Staatliche Organe überwachten es, vierteljährlich wurden schriftliche Belehrungen über das Verhalten im Grenzgebiet gegeben. Noch heute berichten ältere Lokführer, dass es während der drei Jahrzehnte dauernden Diesellokzeit in Reichenbach zu keinen besonderen Vorkommnissen oder gar zur Republikflucht kam. Interessant ist noch, dass es keine spezielle Schulung für den DB-Bereich gab. Wir bekamen ein Signalbuch und eine Fahrdienstvorschrift der DB zugeteilt; der Rest war Selbststudium.

Aufzeichnung: Rainer Heinrich

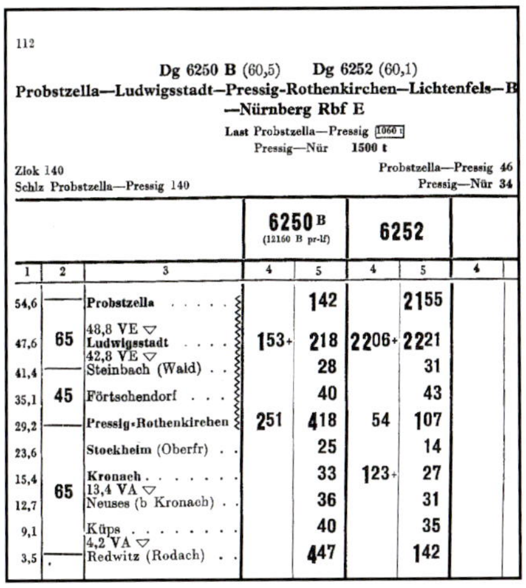

112

Dg 6250 B (60,5) **Dg 6252** (60,1)
Probstzella—Ludwigsstadt—Pressig-Rothenkirchen—Lichtenfels—B —Nürnberg Rbf E

Last Probstzella—Pressig 1060 t
Pressig—Nür 1500 t

Zlok 140
Schlz Probstzella—Pressig 140

Probstzella—Pressig 46
Pressig—Nür 34

			6250 B (12160 B pr-lf)		6252		
1	2	3	4	5	4	5	4
54,6		**Probstzella**		142		2155	
		48,8 VE ▽					
47,6	65	**Ludwigsstadt**	153+	218	2206+	2221	
		42,8 VE ▽					
41,4		Steinbach (Wald)		28		31	
35,1	45	Förtschendorf		40		43	
29,2		**Pressig-Rothenkirchen**	251	418	54	107	
23,6		Stockheim (Oberfr)		25		14	
15,4		**Kronach**		33	123+	27	
	65	13,4 VA ▽					
12,7		Neuses (b Kronach)		36		31	
9,1		Küps		40		35	
		4,2 VA ▽					
3,5		Redwitz (Rodach)		447		142	

Güterzugbeispiele aus dem Frankenwald: die Durchgangsgüterzüge 6250 und 6252 aus dem Fahrplan 1968 Slg. Josef Mauerer

Auf eingleisiger Strecke ist eine 151 in den 80er-Jahren mit einem kurzen Berlin-Zug Richtung Grenze unterwegs (Bild bei Kronach). Der Lokführer hat den Zug in Nürnberg übernommen

Weiterfahrt stand die intensive Nachschau der Grenzbeamten an und in den Wagen. Dafür ließen sie den Fahrdraht abschalten mit der Folge, dass den Elektrolokomotiven der Strom für die Heizung fehlte und es dort im Winter bitterkalt werden konnte. Bei der Baureihe 194, die bis in die 80er-Jahre Güterzüge nach Probstzella fuhr, hatte Peter Bär deshalb immer ein paar alte Bremsklötze dabei. Vorher auf die Heizkörper gelegt, bewährten sie sich als Wärmespender.

Zugriffsmöglichkeiten bis zur Grenze

Nach Ende der Kontrollen wurde der Fahrdraht wieder eingeschaltet; der Zug durfte den Grenzbahnhof verlassen. Über die »Schutzweichen« ging es Richtung Bundesrepublik. Dem Zugriff der DDR-Beamten hatte man sich aber keineswegs entzogen. »Auf der Fahrt zur Grenze war es immer noch möglich, den Fahrdraht abzuschalten. Wenn etwas vorfiel: Ruckzuck war die Kontrolle da!«

Licht und Schatten

Für Peter Bär hatten die Einsätze nach Thüringen Licht und Schatten. Sie waren problematisch, wenn etwa in den frühen 60ern eine der störanfälligen E 91 just in Probstzella streikte und man die betagte Stangen-Ellok vor argwöhnischen Grenzern in Gang bringen musste. Sie waren erhebend, wenn es in den 60ern und 70ern auf einer der stolzen Elloks E 18 mit acht bis zwölf Wagen durch den Frankenwald ging. Oder wenn man feinfühlig eine 151er mit bis zu 800 Tonnen Güterzug und ohne Schub die Rampe hinauf steuerte. Unvergessen bleibt auch der November 1989 mit der überraschenden Nachricht, die Grenze sei offen. Von einem Tag auf den anderen waren alle Vorgaben, Einschränkungen, Schikanen in Probstzella vorüber, waren die Bundesbahn-Lokführer dort mehr als bloß geduldet. Oder, wie es Peter Bär ausdrückt: »Auf einmal waren alle gut Freund.«

Aufzeichnung: Thomas Hanna-Daoud

Lokwechsel im Grenzbahnhof Probstzella, Dezember 1989. Zum Teil sollte die ablösende Bundesbahnmaschine die Ausfahrt nach Westen blockieren, bis die Reichsbahnlok vom Zug gegangen war – so auch hier Rolf Schierer (2)

STICHWORT **GRENZAUSWEIS FÜR REICHSBAHN-LOKFÜHRER**

Im Zugverkehr mit der Bundesrepublik kamen nur speziell ausgewählte Lokführer der Reichsbahn zum Einsatz. Vor der Fahrt in den Westen mussten sie den normalen Dienstausweis gegen den so genannten Grenzausweis (Abbildung unten) tauschen; nur dieser berechtigte zum »Grenzübertritt« und wurde von den Passkontrolleinheiten überprüft. Nach Dienstende gaben die Lokführer den Ausweis an die Lokleitung ihrer Dienststelle zurück, wo er sorgsam in einem Tresor aufbewahrt wurde.

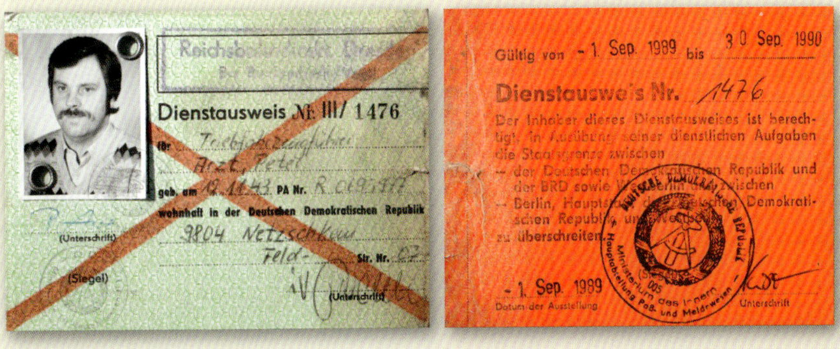

Slg. Peter Arzt (2)

Deutsch-deutsche Züge und der Mauerfall

... Wahnsinn!

Die Montagsdemonstrationen und die Botschaftsflüchtlinge zeigen im Herbst 1989 überdeutlich, dass es mit der DDR nicht so weiter gehen kann wie bisher. Dennoch überrascht die Grenzöffnung am 9. November alle, in Ost wie West. Von einem Tag auf den anderen ist nichts mehr im deutsch-deutschen Verhältnis, wie es war. Auch nicht bei der Eisenbahn

DDR-Flüchtlinge aus der bundesdeutschen Botschaft in Prag bejubeln ihre Ausreise. Die Reichsbahn-Sonderzüge in die Freiheit führen durch die DDR und verstärken die Proteste im Land. Dass sie zur Öffnung der Grenze beitragen, ahnt im September/Oktober 1989 niemand (Bild in Prag) CTK/ZB/picture-alliance

Am 18. November 1989 ist die DDR-Grenze seit neun Tagen offen und der Übergang Walkenried – Ellrich seit einem Tag planmäßig für den Personenverkehr reaktiviert. Durch das geöffnete Tor rollt DB-Diesellok 216 122 mit einem Eilzug nach Nordhausen; in Kürze erreicht sie Ellrich Josef Högemann

Keiner hätte vor dem 9. November 1989 ungeschoren im Grenzbahnhof Gerstungen fotografieren können. Im Mai 1991 ist das ebenso Geschichte wie der Zugverkehr über innerdeutsche Grenzen; Trennzaun und Beobachtungsturm erinnern aber nach wie vor an dieses düstere Kapitel Dr. Rolf Brüning

Wochenlang drängen Reisende aus der DDR in Scharen in die grenznahen bundesdeutschen Orte. Ihre Freude darüber, die Grenze endlich überwunden zu haben, fassen sie oftmals in ein Wort: »Wahnsinn« (Aufnahme in Hof Hbf, Ende 1989) Slg. Ralf Roman Rossberg

Am 27. Mai 1990 passiert DR-Diesellok 112 842 mit einem Eilzug aus Nordhausen die Beschaubrücke und die Sperrzäune in Ellrich. Seit über einem halben Jahr ist die »Grenzsicherung« außer Kraft; sie stimmt nach wie vor nachdenklich Ludwig Rotthowe (2)

Seit Herbst 1989 haben deutsch-deutsche Sonderfahrten Konjunktur. Am 23. Juni 1990 kommt der Gläserne Zug der Bundesbahn erstmals auf Reichsbahn-Gebiet. Auf der Frankenwaldbahn, an der Grenze am Falkenstein, wird die »Einreise« feierlich vollzogen Theodor Horn

Entspannt geht es im Mai 1990 in Ellrich zu. Die Zugführerin des Eilzugs 2651 Northeim – Nordhausen hat sogar Zeit für einen Plausch mit der Reisenden. Mit im Bild die ehemaligen »Schrecken der DDR-Besucher«, sprich, die Grenzbeamten

Der Mauerfall und die Folgen

Im Sommer 1990 hat sich eine Ellok 151 in Probstzella vor den D-Zug Berlin – München gesetzt. Der Zaun, der einst Westreisende und DDR-Bürger strikt voneinander trennte, hat inzwischen Lücken. Gibt es ein optimistischeres Zeichen für die neuen Verhältnisse?
Rolf Schierer

Schon im Frühjahr 1990 tragen die deutsch-deutschen Verhandlungen zum Verkehrswesen Früchte. Die Strecke Eichenberg – Arenshausen wird wieder eröffnet, der erste von gut einem halben Dutzend Lückenschlüssen im Streckennetz von Bundesbahn und Reichsbahn
Heiko Focken

Im Sommer 1990 passiert Diesellok 218 132 mit ihrem D-Zug zwischen Hof und Gutenfürst den Grenzpfahl, der bereits sein DDR-Emblem verloren hat. Wenige Monate später wird auch die innerdeutsche Grenze verschwinden und die Zugreise hier ablaufen, als hätte es keine Trennung gegeben Markus Lohneisen

Die DDR-Flüchtlingszüge im Herbst 1989

Züge in die Freiheit

Um ihre Ausreise zu erzwingen, besetzten im Spätsommer 1989 Tausende DDR-Bürger die Botschaften der Bundesrepublik Deutschland in Prag und Warschau. Überraschend willigte die DDR ein: Am 1. Oktober 1989 durfte der erste Zug mit Flüchtlingen starten – über DDR-Gebiet. Probleme waren damit vorprogrammiert

Zwieback, Kekse und andere Stärkung halten die Helfer und Helferinnen vom Roten Kreuz in Hof für die Flüchtlinge parat. Über 5.000 Menschen kommen allein am 1. Oktober mit den Zügen aus Prag

Sie hörten »Ausreise« – und der Rest des Satzes ging in frenetischem Jubel unter. Bundesaußenminister Hans-Dietrich Genscher bemühte sich auch gar nicht erst, an jenem Abend des 30. September 1989 in der bundesdeutschen Botschaft in Prag weiter zu sprechen. Seine »lieben Landsleute« auf dem Gelände hatten die frohe Kunde bereits vernommen. Mit einem Mal fühlten sich Tausende DDR-Bürger am Ziel. Wochenlang hatten sie in unzumutbaren provisorischen Verhältnissen auf dem Botschaftsgelände ausgeharrt; völlig überraschend durften sie nun in die Bundesrepublik ausreisen.

Die Entwicklung der Fluchtwelle

Seitdem im Juli 1989 die ersten DDR-Bürger von Ungarn aus nach Österreich geflohen waren, riss der Strom an Flüchtlingen nicht mehr ab. Viele Fluchtwillige suchten seit dem Spätsommer Schutz in bundesdeutschen Botschaften, unter anderem in Budapest, Prag und später auch Warschau. Am 10. September 1989 gestattete die ungarische Regierung allen im Land weilenden DDR-Bürgern die Ausreise über Österreich in die Bundesrepublik. Das brachte die DDR-Regierung in Zugzwang: Sie wollte die Botschaftsflüchtlinge nun loswerden, um die politische Stabilität der DDR zu zementieren. Der Staatsratsvorsitzende Erich Honecker kam deshalb mit dem Chef der Prager Kommunistischen Partei, Jakes, überein, die Ausreise auch für die noch in den Botschaften Einquartierten vorzubereiten. Die Neuigkeit, welche Genscher am 30. September verkündete, betraf 6.000 Flüchtlinge in Prag und 633 in Warschau. Mit Zügen, gestellt von der Deutschen Reichsbahn (DR), sollten sie in den Westen fahren.

Ein Moment großer Politik: Am Vormittag des 1. Oktober 1989 trifft einer der sechs Flüchtlingszüge aus Prag in Hof (Saale) Hauptbahnhof ein. Polizei, Sanitäter und Hofer Bürger haben ihn schon erwartet. Auch Proviant und Decken stehen am Hausbahnsteig bereit Markus Lohneisen

Die ersten Schritte in der Freiheit: »Ehemalige DDR-Bürger« verlassen einen Zug in Hof Hbf. Für sie hat die Flucht in die Prager Botschaft ein glückliches Ende genommen – wenngleich ihnen die Anstrengung der vergangenen Tage noch deutlich anzusehen ist Bernhard Ott (2)

Die DDR-Führung bestand dabei auf einer offiziellen »Ausbürgerung«, indem die Züge über DDR-Gebiet fuhren. Viele der in Prag wartenden Flüchtlinge hatten Bedenken und glaubten an eine Falle. Erst als Genscher zusicherte, dass jeden Eisenbahnwagen zwei Beamte des Auswärtigen Amtes begleiten, beruhigte sich die Stimmung. Als Laufweg sah man die Strecke von Bad Schandau über Karl-Marx-Stadt, Plauen (Vogtl) und Gutenfürst vor: 253,7 Kilometer DDR-Gebiet.

Die Vorbereitungen waren bereits getroffen. Am 26. September 1989 – drei Tage vor der Einigung von Bundesregierung und DDR-Führung auf die Ausreise der Botschaftsflüchtlinge! – wurde das Bahnbetriebswagenwerk Zwickau angewiesen, einen Wagenzug für Sonderverkehrsleistungen vom Abstellort Plauen oberer Bahnhof nach Zwickau zu überführen. Mit einem zweiten Fernschreiben am gleichen Tag wurden dem Betriebswerk Reichenbach der Fahrplan und die Lokbespannung von Plauen nach Zwickau übermittelt.

Die erste Ausreisewelle

Mit Bussen wurden die Botschaftsflüchtlinge noch am 30. September 1989 zum Bahnhof Praha-Liben gefahren, wo die Sonderzüge bereitstanden. Gegen

Freudige Verabschiedung: Im »Silberling«-Nahverkehrswagen fahren Flüchtlinge von Hof weiter zu ihrer provisorischen Unterkunft Bernhard Ott

Blick auf den Hofer Hauptbahnhof mit dem planmäßigen D 309 nach Berlin. Am Hausbahnsteig haben Rotes Kreuz und Technisches Hilfswerk eine umfangreiche »Versorgungsstation« aufgebaut Patrick Mindel

Aus einem Bürofenster im ersten Stock des Hofer Hauptbahnhofs entsteht am 1. Oktober 1989 dieses Foto des dritten Flüchtlingszuges, der auf Gleis 2 (am Hausbahnsteig) eingefahren ist. Die Räumung der Wagen ging ruhiger vonstatten als bei den ersten beiden Zügen Markus Lohneisen

20:50 Uhr setzte sich mit Sr (= Sonderreisezug) 23360 der erste von sechs Zügen in Bewegung. Wie alle Flüchtlingszüge bestand er aus zehn zweifarbigen Wagen 1. bzw. 2. Klasse (Gattungen Am, Bm, Bmh). In Bad Schandau übernahm eine Elektrolok der DR-Baureihe 250 die Leistung; ab Reichenbach bespannte eine Diesellok der DR-Baureihe 132 den Zug bis Hof an der Saale. Die Lokomotiven stellte – wie bei allen 14 Flüchtlingszügen der ersten beiden Ausreisewellen – das Bw Reichenbach. Im Bahnhof Dresden-Reick war ein Wechsel des Ellok-Personals vorgesehen. Sr 23360 musste im Dresdener Hauptbahnhof sogar halten, ebenso der nächste Zug reichlich zwei Stunden später. Das hatte Konsequenzen: Wie ein Lauffeuer verbreitete sich, dass die Flüchtlingszüge über DDR-Gebiet fuhren. Tatsächlich gelang es drei Personen, auf den zweiten Zug in die Freiheit aufzuspringen.

In der Hoffnung, es diesen gleich zu tun, versammelten sich vor allem auf dem Dresdner Hauptbahnhof viele weitere Menschen. Doch nun gingen die Verantwortlichen rigoros vor: Um 05:00 Uhr lag der Befehl des Innenministers zur verstärkten Streckensicherung vor. Die folgenden Züge durften auf keinem Bahnhof halten und mussten zügig durchfahren. Die Unterlagen des Ministeriums für Staatssicherheit (MfS) belegen am 1. Oktober 1989 »keine weiteren Fluchtversuche oder Spontanhandlungen der Bevölkerung«.

Kontrollen an der Strecke und auf der Lokomotive

Bei der Reichsbahn besetzte die Transportpolizei alle betreffenden Stellwerke, damit von Fahrdienstleitern und Stellwerksmeistern auch wirklich freie Fahrt gewährt wurde. An Bahnübergängen patrouillierte die Verkehrspolizei, damit kein Kraftfahrer sein Auto auf den Schienen stoppen und einen Zug zum Halt zwingen konnte. Die betreffenden Strecken wurden kontrolliert, um Zwischenfälle jeder Art – nicht nur das Bereiten von Hindernissen, sondern ebenso Sitzstreiks – auszuschließen. Transportpolizei, aber auch Nationale Volksarmee (NVA), Bereitschaftspolizei und Kampfgruppen sicherten jetzt die Strecken, besonders Brücken und Langsamfahrstellen.

Für die Organisation und Durchführung des Sonderreiseverkehrs aus Prag hatte man im Dresdner Direktionsgebäude in der Ammonstraße 8 eigens einen »operativen Stab« eingerichtet. Er bestimmte auch, dass die Lokomotiven der Sonderzüge mit einem zweiten Mann, bevorzugt einem Triebfahrzeuginstrukteur aus den Bahnbetriebswerken bzw. der Direktion, besetzt sein mussten, um durchzusetzen, dass keiner der Sonderrei-

Die zweite Ausreisewelle von Prag nach Hof: Am Morgen des 5. Oktober 1989 ist der sechste von acht Zügen in Oberfranken angekommen. Während die Flüchtlinge aussteigen, betrachtet ein Reichsbahner von der Zuglok 132 059 aus das Geschehen. Auf den DR-Dieselloks fuhren bei den Flüchtlingszügen vier Personen oder mehr mit – im vorderen Führerstand zwei, im hinteren mindestens weitere zwei Markus Lohneisen

sezüge auf dem Streckennetz der DR außerplanmäßig zum Halten kam. Die Dienststellenleiter hatten bereits im Vorfeld auf Anweisung der politischen Leitung der DR und der Staatssicherheit in ihren Tresoren streng vertrauliche Namenslisten von Mitarbeitern (Lokführer und Zugführer), welche für diese Sonderzüge eingesetzt wurden.

Der erste der sechs Flüchtlingszüge traf am Morgen des 1. Oktober 1989 um 06:14 Uhr in der Freiheit auf dem bayerischen Bahnhof Hof (Saale) ein. Selbst diesem Zug in »Feindesland« hatte das MfS einen Informellen Mitarbeiter Sicherheit (IMS) namens »Frieder Schwarz« beigestellt. Er stammte aus den Reihen der Eisenbahner, fuhr auf dem Führerstand der Lokomotive nach Bayern mit und erstattete nach der Rückkehr Bericht.

Wie Sr 23360 nahmen die weiteren fünf Flüchtlingszüge dieser ersten Ausreisewelle den Weg über Bad Schandau – Dresden – Plauen nach Hof. Sie kamen im Laufe des 1. Oktober 1989 in Hof an. Alle Züge brachten – nach Angaben des Einsatzstabes des Grenzschutzkommandos Süd – 5.490 Flüchtlinge aus der DDR mit (nach anderer Quelle: 5.273). Hilfskräfte des Bayerischen Roten Kreuzes, des Technischen Hilfswerks und der Bahnhofsmission hatten seit Mitternacht die Hofer Bahnsteige in große Verpflegungsstationen verwandelt. Die Flüchtlinge wurden versorgt und auf Aufnahmelager bzw. zu Unterkünften umfunktionierte Kasernen in Bayern und Hessen verteilt.

Die zweite Ausreisewelle

Die Bereitstellung der nächsten Züge in Prag verzögerte sich um einige Tage. In der Nacht vom 4. zum 5. Oktober 1989, zwischen 18:34 und 01:35 Uhr, verließen dann weitere acht Züge die Hauptstadt der Tschechoslowakei.

Noch mehr als bei der ersten Ausreisewelle versuchten Bürger in der DDR, auf die Züge aufzuspringen. Die Flüchtlinge in spe stammten aus allen Bezirken außer Rostock und Suhl – so die Feststellungen der Staatssicherheit. Wie die Staatssicherheit die Fluchtversuche einschätzte, zeigt ein Fernschreiben, das Oberst Bohl der MfS-Bezirksverwaltung Dresden an die Zentrale schickte: »Seit 03. 10. 1989 kam es im und um den Hauptbahnhof Dresden zur Zusammenrottung von Ausreisewilligen und Asozialen in Erwartung der von Prag kommenden Züge mit den auszusiedelnden Botschaftsbesetzern. Offenbar befanden sich unter diesen Personen auch konterrevolutionäre Elemente, die provozierend und brutal auftraten. Weit über 2.000 Personen traten zunehmend als aktiv handelnder Kern auf. In den späten Abendstunden des 04. 10. 1989 befanden sich im Bahnhofsgebäude ca. 5.000 Personen und um den Bahnhof weit über 10.000.«

Die ersten drei Sonderzüge aus Prag waren zur Zeit der »Krawalle« in Dresden bereits in Bad Schandau eingetroffen. Das MfS ließ sie nicht weiterfahren, bis mit Sicherheit ausgeschlossen werden konnte, dass Ausreisewillige Bahnanlagen besetzt halten. In einigen Fällen hatten Leute versucht, durch Blockieren der Gleise die Züge zum Halten zu bringen – zum Teil sogar, indem sie sich ins Gleis stellten. Es ist jedoch keine Situation bekannt, in der die Fluchtwilligen gegen Eisenbahner oder Polizisten tätlich vorgingen. Die Hoffnung, einen Platz in (oder auf) dem Zug zu bekommen, erfüllte sich gleichwohl nicht. Die Lokführer wurden mit schriftlichem Befehl angewiesen, an einigen Stellen schneller zu fahren als per Vorschrift zugelassen. Zudem lösten die »Einsatzkräfte« die so genannten Zusammenrottungen an den möglichen »Fluchtpunkten« durchweg auf.

In der Folge zeigten die Fluchtversuche Wirkung. Nach den ersten drei Zügen reduzierte man den Laufweg durch die DDR. Die restlichen fünf Züge am 4./5. Oktober 1989 nahmen den nur 94,6 Kilometer langen Weg von Bad Brambach über Plauen (Vogtl) nach Gutenfürst. Sie verließen Praha-Liben zwischen 19:28 Uhr am 4. Oktober und 01:35 Uhr am Morgen des 5. Oktober. Der DDR-Grenzbahnhof Gutenfürst wurde am

Bei der dritten Ausreisewelle fahren die Züge von Prag direkt in die Bundesrepublik. Am 4. November 1989 erreicht eine tschechische Diesellok T 466 mit ihrer Garnitur den deutschen Grenzbahnhof Schirnding; auf dem Bahnsteig haben sich Bundesgrenzschutz, Polizei, Eisenbahner und Sanitäter versammelt

Lokomotiveinsatz für die Flüchtlingszüge: In Schirnding stehen am 4. November eine tschechische T466 und verschiedene, von der DB eilig dorthin beorderte 218er-Diesselloks für die Sonderleistungen bereit Patrick Mindel (2)

5. Oktober 1989 zwischen 05:49 Uhr und 10:48 Uhr (nach anderer Quelle: 05:27 Uhr und 09:53 Uhr) Richtung Hof passiert. Insgesamt 6.242 Personen (nach anderen Quellen: 7.607 oder 8.270) kamen mit dieser zweiten Ausreisewelle in den Westen.

Ausbürgerung im Zug

Die DDR-Führung beabsichtigte, die Botschaftsflüchtlinge als Staatenlose ohne Papiere abzuschieben. Folglich waren ihnen die Pässe abzunehmen – möglichst unauffällig. Das Einziehen der Personalpapiere geschah anfangs bei dem rund 45-minütigen Zughalt in Reichenbach (Vogtl) oberer Bahnhof, der dem Lokwechsel diente. Bei den am 4./5. Oktober 1989 folgenden Zügen zog man die Personalausweise während der Fahrt zwischen Bad Schandau und Reichenbach (Vogtl) ein. Eingesetzt wurden dafür Angehörige der Staatssicherheit, die sich als Mitarbeiter der Abteilung Innere Angelegenheiten des Rates des Bezirkes Karl-Marx-Stadt bzw. Dresden ausgaben. Verweigerten die Reisenden die Abgabe der Papiere bzw. Angaben zur Person, mussten sich die »Einsatzkräfte« damit zufrieden geben; sie waren angewiesen, keine weiteren »Maßnahmen« einzuleiten. Das Verweigern der Personalien stellte aber die Ausnahme dar. Vielen Ausreisewilligen war offensichtlich nicht bekannt oder bewusst, dass aufgrund ihrer Personalien ihr Vermögen eingezogen werden sollte.

Während den ersten Zug am 30. September 1989 vorwiegend Menschen über 30 Jahre genutzt hatten, fuhren in den weiteren Zügen zunehmend so genannte Jungerwachsene zwischen 18 und 25 Jahren mit. Etwa die Hälfte der in den ersten sechs Zügen befindlichen Menschen war erst am 29./30. September 1989 in die CSSR eingereist! Diese »Jungerwachsenen« hielten bei der Fahrt durch die DDR auch nicht mit ihrer Meinung hinter dem Berg: Sie schwenkten aus den geöffneten Zugfenstern Fahnen der Bundesrepublik, Embleme mit dem Bundesadler und sangen das Deutschlandlied. Bei der Durchfahrt auf Bahnhöfen riefen sie außerdem anerkennend »Es lebe Genscher«,»Gorbi, Gorbi – wir wollen raus« oder »Freiheit«. Angehörige der Transportpolizei und andere Uniformierte wurden mit Abfallbeuteln, DDR-Münzen und anderen Gegenständen beworfen sowie beschimpft.

Bei den über Bad Brambach geleiteten fünf Zügen der zweiten Ausreisewelle gab es einen weiteren gelungen Fluchtversuch. Anlass dazu bot der Betriebshalt, den die Züge in Plauen (Vogtl) oberer Bahnhof einlegen mussten, um die Fahrtrichtung zu wechseln und die Lok umzuspannen. Während eines dieser Halte schafften es sieben Personen, auf den abgesperrten Bahnsteig vorzudringen; zwei von ihnen kamen in den Zug.

Die Flüchtlingszüge ab Warschau

Weniger im Blickpunkt der Menschen in der DDR und der westlichen Medien standen die Sonderzüge mit den Flüchtlingen aus der bundesdeutschen Botschaft in Warschau. Zwar berichtete das West-Fernsehen von der Abfahrt des ersten Zuges vom Bahnhof Warszawa Gdanska, doch dann wurde es still. Es waren nur zwei Züge (am 1. und 5. Oktober 1989), die anderen fuhren nach Hof, und Fluchtmöglichkeiten sahen hier verbliebene DDR-Bürger kaum.

Der erste Zug mit Ausreisewilligen aus der Botschaft in Warschau sollte ursprünglich durch West-Berlin fahren. Als Zugführer wurde der damalige Stellvertreter des Leiters des Reichsbahnamtes Berlin gebunden, der die entsprechende Berechtigung besaß. Er übernahm den Zug am 1. Oktober 1989 in Frankfurt (Oder), der Laufweg wurde jedoch über den Südlichen Berliner Außenring verändert. In Berlin-Köpenick, Stellwerk Ko,

Rotkreuz-Mitarbeiter kümmern sich um die Reisenden aus den Flüchtlingszügen. Freiwillige aus der Hofer Bevölkerung unterstützten die karitativen Verbände bei ihren Hilfsmaßnahmen Bernhard Ott

winkte der Stellwerksmeister den Insassen des Zuges zu und zeigte mit der Hand das V(ictoria-Sieges)-Zeichen. Der Zugführer meldete diesen Vorfall dem MfS.

Bei diesem »Flüchtlingsverkehr« hatten die Mitarbeiter der Staatssicherheit aus den Erfahrungen des Südens gelernt: Um das Zugpersonal zu wechseln, hielten die Züge nicht auf großen Bahnhöfen, wie zunächst in Dresden-Reick, sondern an der auf einer einsamen Waldlichtung gelegenen Blockstelle Detershagen zwischen Burg (b Mg) und Möser. Ein solches Umfeld war besser abzuschirmen.

Für den ersten Zug am 1. Oktober 1989 dokumentierte der Diensthabende der Abt. XIX (Verkehrswesen) der Bezirksverwaltung Magdeburg folgende Zeiten: 15:05 bis 15:07 Uhr planmäßiger Halt in Detershagen, 15:30 Uhr Magdeburg Hbf passiert, 15:57 bis 16:54 Uhr planmäßiger Halt in Eilsleben zur Übergabe der abgenommenen Personaldokumente, 17:04 bis 17:07 Uhr planmäßiger Halt in Marienborn.

Der zweite Zug, Sr 21345, fuhr am 6. Oktober 1989 von Frankfurt (Oder) kommend über den Nördlichen Berliner Außenring und passierte gegen 05:30 Uhr den Abzweig Karow West. Personalwechsel war wiederum auf freier Strecke in Detershagen. Weitere 124 DDR-Bürger, die später in Warschau die deutsche Botschaft besetzt hatten, durften am 17. Oktober 1989 per Flugzeug ausreisen.

Das wochenlange Hoffen und Bangen ist vorbei: Nach Verhandlungen zwischen Bundesregierung und DDR-Führung dürfen die in die bundesdeutsche Botschaft in Prag geflüchteten DDR-Bürger Anfang Oktober 1989 endlich ausreisen. Bei der Einfahrt in Hof an der Saale möchte jeder am Zugfenster die gewonnene Freiheit genießen Bernhard Ott

Die dritte Ausreisewelle

Das Kapitel Flüchtlingszüge über die DDR in die Bundesrepublik war damit zu Ende, nicht aber das anhaltende Absetzen ganzer Familien über die grünen Grenzen der CSSR und Ungarns. Am 1. November 1989 hob die DDR den Visazwang für Reisen in die CSSR wieder auf. Bis zum 3. November 1989 sammelten sich in der deutschen Botschaft erneut 5.000 Flüchtlinge. Sie durften ab 4. November 1989 mit neun Sonderzügen von Prag direkt ins Bundesgebiet ausreisen, und zwar über den tschechisch-deutschen Grenzübergang Cheb/ Schirnding. Fünf Tage später sollten die dramatischen Bemühungen Vergangenheit sein; am Abend des 9. November 1989 öffnete die DDR allgemein ihre Grenzen.

Bernd Kuhlmann/Rainer Heinrich/GM

Hof Hbf, 1. Oktober 1989: Um 06:14 Uhr ist der erste Zug mit Flüchtlingen aus der Prager Botschaft eingetroffen. Er steht auf Gleis 8 (im Bild der dritte Zug von links), die Reisenden steigen in einen Bundesbahn-Zug auf dem Nachbargleis um. Die Wohnung, aus der Markus Lohneisen in der Nacht zuvor die Szenerie verfolgte, befindet sich im linken Flügel des Empfangsgebäudes, oben Bilder des Kapitels, wenn nicht anders angegeben: Markus Lohneisen

Mitten im Geschehen

Eine Begegnung mit den Flüchtlingszügen ■ Markus Lohneisen hat ein Privileg: Sein Vater ist Hauptlokführer in Hof, die Familie wohnt im dortigen Hauptbahnhof. Das hat im Herbst 1989 ungeahnte Folgen. Aus nächster Nähe erlebt er die Ankunft der ersten Botschaftsflüchtlinge aus Prag

Um unsere Wohnung beneidet mich mancher Hobbyfreund. Mein Vater ist Hauptlokführer der Deutschen Bundesbahn beim Bahnbetriebswerk Hof, und deshalb haben wir, seine Familie, das Privileg einer Dienstwohnung im Hofer Hauptbahnhof. Das heißt nebst Bahn auch die zum Umfeld eines großen Bahnhofs gehörenden Busse und Taxen direkt vor der Tür und für mich ein Jugendzimmer, das zur Bahnsteigseite eines großen Bahnhofs zeigt. Wir wohnen im zweiten Stock. Im ersten befinden sich diverse Büros der DB, im Parterre darunter, am Bahnsteig, residieren der Aufsichtsbeamte und die Bahnpolizei.

Seit jeher habe ich die Interzonenzüge mit ihren großen russischen Dieselloks fasziniert beobachtet. Auch das politische Geschehen im Sommer 1989 geht an uns nicht vorüber: Wir lesen vom Geschehen in der DDR, sehen im Fernsehen die Flüchtlinge in der Prager Botschaft. Dass wir bald darauf direkt damit zu tun haben – viel früher als der Rest der Bundesrepublik –, hätte ich mir dagegen nicht träumen lassen.

Es ist der 30. September 1989. Im Zweiten Deutschen Fernsehen laufen die 19-Uhr-Nachrichten. Wieder Prag, wieder Flüchtlinge, wieder Beschwichtigungen der DDR-Führungsköpfe. Wieder Ungarn und Österreich.

Doch ab etwa 19:15 Uhr wird es drunten vorm Wohnzimmerfenster am Bahnsteig recht laut und unruhig. Die Eltern sind nicht daheim. Neugierig schaue ich zusammen mit meiner Schwester, was da unten vor sich geht. Minütlich werden die Polizei-Fahrzeuge mehr. Von überall her kommen Mitarbeiter des Roten Kreuzes, Helfer laden große metallene Suppenbehälter um. Bei der Bahnpolizei strömen die Beamten nur so herein und heraus. Das Technische Hilfswerk fährt auf und bringt erste Decken und Nahrungsmittel. Die landen kurzfristig in den gelben Postwägelchen, mit denen sonst die Pakete auf den Bahnsteigen transportiert werden.

»Frei! Nach Westen! Ich vermute, sie werden über Hof kommen«

Wir vermuten schnell, dass da ein Zusammenhang zu den Vorgängen in der DDR besteht. Also wieder den Fernseher eingeschaltet und auf Nachrichten gewartet. Draußen sind Polizeifahrzeuge mit Rundumleuchten aufgefahren, deren Schein nun von drei Seiten in die Wohnung dringt. In dem Blaulicht sehen wir die Tagesschau um 20:00 Uhr. Bundesaußenminister Genscher verkündet die Freiheit für die in der Prager Botschaft ausharrenden

Rückstau: Weil in Hof zwei Flüchtlings- und zwei Anschlusszüge stehen, muss Zug 3 am 1. Oktober 1989 in Feilitzsch warten. Immerhin befindet man sich schon im Westen und die Wagen sind aufgeschlossen; die örtliche Bevölkerung versorgt die Flüchtlinge mit Essen und warmen Getränken

Hof Hbf, 1. Oktober 1989, 06:34 Uhr: Der zweite Flüchtlingszug aus Prag ist gerade eben auf Gleis 2 angekommen. Rotkreuzler, Bundesgrenzschutz, Polizei und andere Hilfskräfte bevölkern den Hausbahnsteig. Die Flüchtlinge werden zum Großteil weitergeleitet

Flüchtlinge. Sie werden über DDR-Gebiet nach Westen fahren. Frei! Nach Westen! Ich vermute, sie werden über Hof kommen.

An Schlaf ist erst einmal nicht zu denken. Fast alle zehn Minuten schaue ich aus dem Fenster. Immer das gleiche Bild: Rotes Kreuz, Polizeibeamte, hie und da Eisenbahner. Und erste Presseleute, gewappnet mit Fotoapparat und Diktiergerät. Irgendwann nicke ich dann doch ein, wache ein paar Mal auf, ohne dass sich drunten auf den Bahnsteigen etwas verändert hat. Wie die Ruhe vor dem Sturm.

1. Oktober, 05:00 Uhr, mein Wecker klingelt. Die Arbeit ruft. Schade, denke ich, da kann ich das Geschehen wohl erst wieder ab 16:45 Uhr verfolgen, wenn mich der Zug von meiner Firma zurück nach Hof gebracht hat. Aber will ich das wirklich? »Meinen« Bahnhof in solch einem Moment alleine lassen?

Gegen 6 Uhr wird es auf den Bahnsteigen merklich unruhiger. Irgend etwas geschieht. Um 06:12 Uhr geht mein Zug – und er geht heute ohne mich. Ich habe mich entschlossen, hier zu bleiben und abzuwarten. Später will ich meinen Meister über mein Fernbleiben unterrichten und nachträglich um einen Tag Urlaub bitten. Derlei ist kein Problem.

»Achtung an Gleis 2, es hat Einfahrt der Sonderzug aus Prag«

Ich habe inzwischen den Platz aufgesucht, von dem aus ich den Zug wohl am besten sehe: den Luftsteg über die Bahnhofgleise. Gen Osten dämmert es rosa schimmernd. Und dann kommt der große Moment! »Achtung an Gleis 2, es hat Einfahrt der Sonderzug aus Prag«, ertönt es aus dem Lautsprecher. Wie zu jedem planmäßigen Zug, kurz und knapp in klarem Beamtendeutsch. Tatsächlich: Von Norden herein kommt das Zyklopenauge einer 132! Dahinter die Lichterkette von Schnellzugwagen. Unterm Bahnsteigdach flammen Scheinwerfer auf, die alles in gleißendes Licht tauchen. Die 132 fährt heulend mit ihrer elektrischen Bremse ein, Bremsklötze kreischen, und nun höre ich auch die Reisenden. »Freiheit!« rufen sie, beugen sich aus den Fenstern und winken. Für einen Moment frage ich mich, ob es gut war, dass sie in den Westen geflohen sind. So golden ist der nicht mehr.

Das Treiben rund um den Zug übertönt solche Zweifel. Ich sehe, wie die Leute massenweise aussteigen, ausgelaugt, aber erleichtert. Schließlich laufe ich zum nördlichen Bahnsteigausgang, jenem, der direkt unter unserer Wohnung liegt. Ich sehe Menschen von »drüben«, Beamte und Helfer, ein großes Durcheinander. Das behagt mir nicht. Mein Hobby ist Eisenbahn. Nicht das hier.

Rund 20 Minuten nach dem ersten Zug trifft ein zweiter ein – dasselbe Bild wie vorher. Und dann gibt mir ein Bahnpolizist, den ich gut kenne, den Tipp: Droben im Bahnhof Feilitzsch wartet schon der nächste Zug. Hof ist gerade dicht. Jetzt habe ich mein Ziel! Schnell die weitere Fotoausrüstung geholt, ab zum Auto und los geht's. In Feilitzsch gerate ich in die nächste Menschenmenge. Die Lok steht bis kurz vor dem Bahnübergang. Im Gutenfürster Streckengleis reicht die örtliche Bevölkerung Lebensmittel an die Flüchtlinge.

Ein kurzer Plausch mit dem Fahrdienstleiter und einem Bahnpolizisten verschafft mir Klarheit. Zug 3 ist wegen Überlastung des Hofer Bahnhofes hier »gestellt« worden. Zug 4 steht noch in Gutenfürst. In Hof müssen die Flüchtlinge den Zug wechseln; die Reichsbahn-Züge fahren zurück, die Bundesbahn-Züge bringen sie weiter zur Unterkunft. Damit sind vier Gleise belegt, nur eines bleibt noch für den regulären Zugbetrieb. Und fünf Flüchtlingszüge sollen es wohl werden, vielleicht auch sechs. Oder mehr.

Ich fahre eiligst zum Hofer Bahnhof zurück, um das weitere Geschehen zu betrachten. Mich interessieren fremde Loks. Mal eine andere 132 als vom Bw Reichenbach. Oder eine 218, die nicht aus Regensburg stammt. Doch erfüllt wird diese Hoffnung nicht: alles die üblichen Planloks, nur bei den Wagen hat die Reichsbahn die früher üblichen Spitzdachwagen statt der Halberstädter genommen. Schade.

Die zweite Ausreisewelle in der Nacht vom 4. zum 5. Oktober ist schon »professioneller« organisiert. Wesentlich mehr Presse tummelt sich auf den Bahnsteigen. Als weit nach Mitternacht der erste Zug auf Gleis 8 eintrifft, empfängt ihn ein Sommergewitter aus Blitzlichtern, initiiert von Bildjournalisten aus aller Welt. Bis der Wecker um 05:00 Uhr klingelt, werde ich in dieser Nacht noch zwei Mal von einrollenden Flüchtlingszügen aus dem Schlaf geholt. Die »Abfertigung« hat eine gewisse Routine erlangt.

Dann ist die Episode »Flüchtlingszüge« für Hof vorüber. Noch einige Tage steht das Rote-Kreuz-Inventar auf den Bahnsteigen, bis man es abholt. Was ich nicht weiß: Das ist erst der Anfang einer aufregenden Zeit. Den wahren Ansturm gibt es ab dem 10. November 1989. Nach dem Mauerfall.

Der Autor

Bild: Martin Hinzmann

Markus Lohneisen, Jahrgang 1967, absolvierte eine Lehre bei einer Maschinenfabrik nahe Hof und arbeitete dort als Maschinenschlosser, auch während der Wendezeit. Die Begeisterung für die Eisenbahn – unter anderem die sowjetischen Großdieselloks – ergab sich durch den Wohnsitz, von dem aus er das Geschehen auf den Gleisen des Hauptbahnhofs unmittelbar verfolgen konnte. Heute ist Markus Lohneisen als Betriebsschlosser in einer Porzellanfabrik tätig.

Dieses Vorhaben der DDR-Reise ist schon mal ein Erfolg: Am 31. Oktober 1989 gelingt im Betriebswerk von Freital-Hainsberg das Foto der Dampflok 99 1794 der Weißeritztalbahn

Bilder, wenn nicht anders angegeben: Dirk Höllerhage

Eine heikle Mission

Hilfe für geflüchtete DDR-Bürger ■ Ende Oktober 1989 reist Dirk Höllerhage in die DDR. »Offiziell« will er Eisenbahn fotografieren, doch es geht um mehr. Für Freunde, die über Ungarn in den Westen geflüchtet sind, soll er heimlich Dokumente in die Bundesrepublik schaffen

Fahr' nicht nach Sachsen, um Eisenbahnen zu fotografieren, es ist viel zu gefährlich! Jederzeit kann es zur Schießerei kommen, die in einem Blutbad enden wird! Denk an den Platz des Himmlischen Friedens in Peking!« Mit großer Sorge versuchen Familie und Freunde, mich Ende Oktober 1989 von der geplanten DDR-Reise abzubringen. Vergeblich. Schließlich habe ich ein gültiges Visum, das nicht ungenutzt verfallen soll. Wer hätte denn auch bei der Beantragung im Frühjahr 1989 geahnt, wie dramatisch sich die Zeiten nur Monate später im anderen Teil Deutschlands entwickeln würden! So starte ich am Abend des 25. Oktober 1989 – zugegeben, mit einem flauen Gefühl im Magen – die Reise vom Sauerland ins weit entfernte Erzgebirge.

Aber ich will in diesen abenteuerlichen Tagen nicht nur der Weißeritztalbahn einen Besuch abstatten. Mein weiteres Interesse gilt einer kleinen Wohnung in Lückersdorf bei Kamenz. Und das hat einen besonderen Grund: Ende September ist ein befreundetes Ehepaar aus der Lausitz über Ungarn in die Bundesrepublik Deutschland geflüchtet. Am 7. Oktober, dem 40. Jahrestag der DDR, standen sie völlig unerwartet vor unserer Haustür – die Freude war unbeschreiblich. Schnell war ein Matratzenlager im Wohnzimmer eingerichtet. Doch um eine Arbeit im »Westen« zu bekommen, werden dringend die Papiere und Zeugnisse der »Republikflüchtlinge« benötigt. Und genau die liegen noch in ihrer kleinen Wohnung in Lückersdorf! So gilt es neben der geplanten Dampflokjagd im Rabenauer Grund diese wichtigen Unterlagen in den Westen zu schmuggeln.

»Nur nicht auffallen, lautet die Devise!«

Die aufregende und nicht ungefährliche Mission beginnt in den Frühstunden des 31. Oktobers 1989 im Erzgebirge. Mit der dort lebenden Schwester der Geflüchteten und den Wohnungsschlüsseln starte ich in einem geliehenen Trabant in Richtung Lausitz. Mein Westauto bleibt in der Garage. Nur nicht auffallen, lautet die Devise! Zu gerne würde ich auf der Fahrt nach Kamenz einen Sonderzug in Dresden ablichten, der in den Morgenstunden nach Zittau dampfen soll. Doch aufgrund unserer heiklen Mission und der vielen Volkspolizisten, Transportpolizisten und Stasileute, die angesichts der anhaltenden Demonstrationen in diesen turbulenten Tagen den Dresdner Hauptbahnhof belagern, möchte ich nicht mit der Kamera am Bahnsteig die Blicke auf mich ziehen.

Gegen halb neun erreichen wir unser Ziel in Lückersdorf. Tausend Gedanken schießen mir durch den Kopf. Hat man die Flucht meiner Freunde schon bemerkt? Wird das Objekt von der Stasi

Ob die Tarnung funktioniert? Eingeklebt in Eisenbahn-Zeitschriften, sollen die persönlichen Dokumente über die DDR-Grenze geschmuggelt werden

überwacht? Wie wird man reagieren, wenn ich als »Wessi« und zudem Berufssoldat der Bundeswehr in der Wohnung von Republikflüchtlingen ertappt werde? Lauter als der Regen, der nun auf das Trabidach prasselt, ist mein Herzschlag zu hören. Auf Nummer sicher gehen, nur keinen Fehler machen! Schnell ist der Entschluss gefasst, zuerst das Haus eine Zeit lang aus sicherer Entfernung in Stasimanier zu observieren. Die Luft scheint rein zu sein. So unauffällig wie möglich schlendern wir über die Straße. Ein kurzer Blick nach links und rechts, schon sind wir im Hauseingang verschwunden und schleichen wie auf Samtpfoten die Treppe hinauf. Auch die Nachbarn sollen von der Aktion nichts mitbekommen. Schließlich bin ich noch einige Tage in der DDR und lege keinen gesteigerten Wert auf den überraschenden Besuch gewisser Staatsorgane…

Vor der Wohnungstür hat sich zwischenzeitlich eine Menge Post für den »Genossen« und die »Genossin« angesammelt. Am Türrahmen hängt noch die Nachricht meiner Freunde: »Komme gleich wieder«. Damit wollten sie vor ihrer Flucht eine falsche Fährte legen. Wie sehr doch diese Zeilen bereits überholt sind! Vielleicht werden meine Freunde nie wieder in ihre Heimat zurückkehren dürfen! War ihr Abschied von Eltern, Verwandten, Freunden hier womöglich für immer? Ein beklemmender Gedanke. Und ich stecke mitten drin in dieser absurden Geschichte. Doch genau das ist der deutsch-deutsche Alltag an diesem letzten Oktobertag des Jahres 1989. Wie lange noch?

»Schon verdrängt die Lust auf Schmalspurdampf die Angst«

Schnell sind die Unterlagen im Wandschrank gefunden. Plötzlich Geräusche im Hausflur. Unser Atem gefriert. Bewegungslos stehen wir im Wohnzimmer und starren uns an. Eine Tür wird zugeschlagen. Draußen entfernen sich tuckernde Trabigeräusche. Dann wieder Stille. Es waren nur die Nachbarn. Nun aber nichts wie raus aus der Wohnung und zurück zum Wagen. Auf dem Weg zur Autobahn macht sich die Freude über die geglückte Aktion Luft. Mit einem breiten Grinsen im Gesicht zieht meine Bekannte eine Flasche Rotkäppchensekt aus dem Rucksack, die sie vor langer Zeit irgendwo bei Karl-Marx-Stadt in einem HO-Laden erstanden hat. Jawohl, wir haben den »Genossen« ein Schnippchen geschlagen! Und schon verdrängt die Lust auf Schmalspurdampf die Angst, die mich noch Augenblicke zuvor gefangen hielt. Also nichts wie hin nach Freital-Hainsberg! Beschaulich steht die kleine »Neunundneunzig« an der Bekohlungsanlage, rumpelt sodann gemächlich zum Bahnsteig, kuppelt mit einem Ruck an die grüne Wagenschlange und verschwindet Augenblicke später mit einer weißen Dampffahne in Richtung Gebirge. So wie jeden Tag. So, als wäre alles wie immer. Friedlich, beschaulich, ruhig.

Der allererste Besuch »im Westen«. Ein Eisenbahnfreund mit Familie feiert die Ankunft am Bahnhof Altena (Westfalen)

Dabei ist die Welt um das Bimmelbähnchen herum alles andere als friedlich. Es brodelt im ganzen Land! Überall Demonstrationen für die Freiheit. Aufgebrachte Bürger. Uniformierte, die aufmunitioniert und einsatzbereit bereitstehen. Jede Sekunde kann der erste, folgenschwere Schuss fallen und ein Volk in Not und Elend stürzen. Und niemand weiß, was als nächstes kommt. Ich stehe wie ohnmächtig am Bahnsteig von Freital-Hainsberg, starre dem Schmalspurzug hinterher und kann nur beten, dass der Aufschrei nach Freiheit nicht in einer Tragödie endet.

Zurück im Erzgebirge gilt es, die wertvollen Dokumente aus Lückersdorf schmuggelsicher zu verstauen. Wird der Friede bis zu meiner Ausreise halten? Wird man mein Gepäck angesichts der Unruhen im Land gründlicher untersuchen als sonst? Fragen über Fragen. Wir versuchen, vorzusorgen. In mühevoller Kleinarbeit kleben wir die Schulzeugnisse, Gesellenbriefe, Urkunden und Impfausweise zwischen die Seiten meiner mitgebrachten Eisenbahn-Zeitschriften. Hoffentlich wird man das an der Grenze nicht entdecken …

Am 2. November 1989 fällt die Verabschiedung von meinen lieben Freunden im Erzgebirge intensiver und tränenreicher aus als sonst. Wird es ein Wiedersehen geben? Viele Sorgen begleiten mich auf meiner langen Fahrt durch die DDR in Richtung Westen, die ich wie nie zuvor äußerst bewusst wahrnehme und erlebe.

Die Grenzabfertigung ist an diesem Abend schärfer als üblich, doch meine »Schmuggelware« bleibt unentdeckt. Gott sei Dank! Ein letztes Mal verlasse ich als Ausländer Thüringen und überquere eine der tödlichsten Grenzen. Ich ahne nicht, dass sie nur sieben Tage später Geschichte sein wird …

Der Autor

Dirk Höllerhage, Jahrgang 1959, ging Anfang der 80er-Jahre zur Bundeswehr und studierte anschließend Theologie. Sein Vater arbeitete als Ermittlungsbeamter bei der Eisenbahn, die ersten Jahre wohnte die Familie im Bahnhof Altena. Die Wendezeit erlebte Dirk Höllerhage als Berufssoldat. Heute arbeitet er für das Blaue Kreuz Deutschland.

Bild: privat

Der Bahnhof Büchen am Tag Eins nach dem Mauerfall: Rund um den eingefahrenen D-Zug Leipzig – Hamburg herrscht unfassbare Freude über die plötzliche Grenzöffnung Heiko Focken

Das Geburtstagsgeschenk

Ein Westdeutscher erlebt den Mauerfall ■ Die DDR ist für Heiko Focken im Jahr 1989 keine Unbekannte. Mehrfach hat er von Hamburg aus die Verwandten »drüben« besucht, trotz der Hindernisse und Schikanen. Dann kommen der 9. November – sein Geburtstag – und eine schier unglaubliche Nachricht. Gleich am nächsten Morgen muss er sich vergewissern: draußen im Bahnhof Büchen beim Interzonenzug

Zwei Wochen Urlaub in der DDR? Ungläubiges Kopfschütteln ist zumeist die Reaktion meiner Mit-Bundesbürger, wenn ich solche Absichten verkünde. Der gewöhnliche Westdeutsche reist in den Ferien ans Mittelmeer, in die Alpen oder an die Nordseeküste. Doch da nahezu unsere gesamte Verwandtschaft in der DDR lebt, nehmen wir das zermürbende Einreiseprocedere immer wieder in Kauf: von der Beantragung eines Visums über den Zwangsumtausch (stolze 25 D-Mark pro Tag und Person) bis zur persönlichen An- und Abmeldung auf dem Volkspolizei-Kreisamt. Tiefpunkt einer jeden DDR-Reise ist stets die unsägliche Prozedur an jener Grenze, die aus einem Land zwei Staaten macht und die für rund 17 Millionen Deutsche bis zum Rentenalter nahezu unüberwindlich ist. 45 Minuten lang steht man in einem Waggon der Deutschen Reichsbahn zwischen Wachtürmen und Betonmauern in Schwanheide oder Oebisfelde, alternativ und je nach Form und Tagesbefehl der Grenzorgane zieht sich die Fahrt für die zehn Autobahnkilometer zwischen Helmstedt und Marienborn auch schon einmal über zweieinhalb Stunden hin.

Slg. Heiko Focken

Doch lernen wir die DDR auf diesen Urlauben auch abseits von Goethe in Weimar und dem Intershop an der Transitautobahn kennen. Innerhalb der DDR sind wir während unserer Besuche rege unterwegs, ob in den Harz, nach Leipzig oder Ost-Berlin. Als Eisenbahnfreund steuere ich von meinen Verwandten in Halle (Saale) aus mit der Reichsbahn weitere interessante Ziele an, etwa die mit Dampfloks betriebene Schmalspurbahn Radebeul Ost – Radeburg vor den Toren Dresdens. So etwas gibt es »im Westen« schon seit Jahrzehnten nicht mehr.

Natürlich bleibt uns zu Hause nicht verborgen, was sich da im Herbst 1989 jenseits der Demarkationslinie abspielt. Ein Volk steht auf und revoltiert gegen eine Staatsmacht, welche – so scheint es – inzwischen weniger Bezug zur Lebenswirklichkeit in der DDR besitzt als wir auf unseren Reisen in die DDR.

»In Berlin ist die Mauer offen. Die Grenze... offen?«

Der 9. November ist mein Geburtstag. Auch an diesem Tage des Jahres 1989 verfolgen wir gespannt, gebannt, wie sich die DDR plötzlich aus ihrer staatlich verordneten Lethargie zu befreien versucht und auf einmal das halbe Land auf die Straße geht. Doch

Kalter Krieg an einem warmen Julitag 1987: Zwei Beamte des Bundesgrenzschutzes machen auf einer Brücke, die zwischen Büchen und Schwanheide West von Ost trennt, eine kleine Pause (r.). Schon wenige Minuten später eilen zwei DDR-Grenzaufklärer vom nahen Wachtturm herbei, um alle Anwesenden im Westen als potenzielle Grenzprovokateure zu fotografieren Olga Bandelowa

der Höhepunkt dieses 9. Novembers, kurz vor dem Schlafengehen, nein, das ist selbst in unseren kühnsten Vorstellungen nicht möglich. Wir hören es zuerst im Rundfunk. In Berlin ist die Mauer offen. Die Grenze... offen? Diese unmenschliche, unüberwindliche Grenze, deren unerlaubtes Überqueren mit dem Tode geahndet wird... offen? Diese Grenze, an der wir ungezählte Stunden unseres Lebens bei peniblen, endlosen Kontrollen verbracht haben... einfach so offen? Unmöglich! Fernseher an – nein... doch ... Das kann nicht sein! Wir sehen Berlin, die Bornholmer Brücke: Jubelnde Menschen drängen durch die Grenzanlagen nach West-Berlin. Und die Grenzer, die sonst mit viereckigen Gesichtern über Schicksale entscheiden... sie schauen einfach nur zu! Nach und nach begreifen wir, dass da wirklich etwas passiert ist, was bis dato außerhalb unserer Vorstellungskraft lag!

Am nächsten Tag, sofort nach der Schule, treibt es mich von meinem Wohnort südlich Hamburgs nach Büchen, in eine kleine Stadt im Südosten Schleswig-Holsteins. Ich will mit eigenen Augen sehen, was ich da gestern im Radio gehört habe. Bei Büchen hebt sich einmal am Tag der Eiserne Vorhang ein winziges Stück, um den Interzonenzug D 436 von Leipzig nach Hamburg die Grenze von Ost nach West passieren zu lassen. Auf dem Bahnsteig herrscht gespanntes Treiben. Es sind mehr Menschen vor Ort als nur die sonst üblichen Abholer und die blau bekittelten Damen der Bahnhofsmission, die bei der Ankunft des Zuges immer Orangen durch die Fenster verteilen. Ein Reporter interviewt einige wartende Personen, Fotos werden geschossen.

Im Juli 1990 ist der Grenzzaun am Übergang Büchen – Schwanheide bloß noch ein unheimlicher Begleiter; unbehelligt kann der Interzonenzug ihn passieren ... Olga Bandelowa

Der D 436 ist mit »über 45 Minuten Verspätung« angekündigt. Ungeduldige Spannung liegt in der Luft, obwohl Verspätungen bei Interzonenzügen ja nicht unüblich sind. Doch warum kommt er heute nicht? Ist er »nur« überfüllt? Oder haben die »drüben« die Grenze doch wieder dicht gemacht? Kälte zieht in die Glieder. Endlose eineinhalb Stunden später kündigt der Lautsprecher schließlich den Zug an. In der Ferne taucht das markante Antlitz der mächtigen Reichsbahn-Diesellok 132 im Wald auf, die den D-Zug »in den Westen« befördert. Dann fährt der Zug ein – fast möchte man sagen: wie jeden Tag in den vergangenen Jahrzehnten. Doch: Trotz des kalten, grauen Novemberwetters sind sämtliche Fenster geöffnet, jubelnde Menschen hängen heraus, winken, recken die Arme ... Gänsehautstimmung am grauen Tag Eins nach dem Mauerfall. Die Türen öffnen sich, Menschen quellen auf den Bahnsteig. Freudentränen fließen, wildfremde Personen liegen sich in den Armen... »Wahnsinn« ist das Wort des Tages.

Was hier passiert, ist unbeschreiblich – aber es ist wahr! Die Grenze, diese eigentlich unüberwindliche Grenze, sie ist tatsächlich offen! Auch wenn sich die Kameras und Mikrofone der weltweiten Medien zu dieser Zeit längst in Berlin Friedrichstraße drängen, so ist mir auch im kleinen Bahnhof von Büchen in diesem Augenblick bewusst: Hier wird Geschichte geschrieben, und Du bist dabei! Und noch etwas wird mir klar:

Ich habe am 9. November 1989 das schönste Geburtstagsgeschenk meines Lebens erhalten!

Epilog: Im Oktober 1991 beginne ich als einer »der ersten acht West-Studenten in Dresden« (Dresdner Morgenpost) ein Studium an der Hochschule für Verkehrswesen. Bei einem älteren Eisenbahner-Ehepaar miete ich ein Zimmer im Dachgeschoss des Bahnhofes Radebeul Ost. Hätte mir 1988, beim Besuch der Radebeuler Schmalspurbahn, jemand gesagt, dass ich drei Jahre später in diesem Bahnhof wohnen würde ... ich hätte ihn wohl für verrückt erklärt.

Der Autor

Heiko Focken, Jahrgang 1970, wuchs nahe bei Hamburg auf, wo er als Schüler die Wende erlebte. 1991 zog es ihn zum Studium nach Sachsen, dort arbeitete er später auch im Verkehrsbereich. Im Jahr 2003 wechselte er nach Baden-Württemberg und ist seither als Planer bei der dortigen Nahverkehrsgesellschaft tätig.

Bild: privat

Die Reichsbahn nach der Grenzöffnung

Turbulente Zeiten

Immenser Reiseverkehr in die Bundesrepublik und nach West-Berlin, hohe Anforderungen im Güterverkehr: Die Reichsbahn stand im Herbst 1989 vor dem größten Spagat der DDR-Jahre überhaupt. Reichsbahner blicken zurück auf die Tage, Wochen, Monate nach dem Mauerfall

Ziemlich erschöpft von den Mühen einer Zwölf-Stunden-Schicht kam Eberhard Krauß, Chefdispatcher der Deutschen Reichsbahn, am 9. November 1989 nach Hause und hörte noch, was das SED-Politbüromitglied Günter Schabowski im Fernsehen über künftige Reiseregelungen sagte. Er maß der Erklärung in der später historisch genannten Pressekonferenz keine Bedeutung bei, denn er gehörte nicht zu denen, die »dauernd ausreisen« wollten. Er hatte anderes im Kopf. Nach einer kurzen Nacht fuhr er mit der S-Bahn wieder nach Spindlersfeld, wo die Hauptdispatcherleitung ihren Sitz hatte, um sich dort dem betrieblichen Geschehen bei der Deutschen Reichsbahn (DR) zu widmen.

In der Bahn sah er etwas Seltsames: »Da saß ein Mann, der ungeniert die Bild-Zeitung las«, so Krauß heute. »Jemand fragte den Leser, woher er die habe. Da erfuhr ich, dass er von West-Berlin kam; die Grenzübergänge seien jetzt geöffnet. Wir

in der Hauptdispatcherleitung bemerkten recht schnell, dass auf den Bahnhöfen und in den Zügen nichts mehr so zuging wie bisher.«

Eine zugespitzte Situation

Ohnehin hatte sich bereits Wochen vorher die Situation bei der Reichsbahn derart zugespitzt, dass es zu Veränderungen kommen musste. Die Züge aus Polen und der Tschechoslowakei waren stark verspätet. In Bad Schandau wurden aus jedem Zug Hunderte rumänischer Staatsbürger (Sinti und Roma) zurückgewiesen, die nach West-Berlin wollten. Der Aufenthalt der Züge während der Kontrollen auf dem Grenzbahnhof zog sich derart in die Länge, dass die Wagen- und Lokumläufe nicht mehr funktionierten.

Von Frankfurt (Oder) kamen die Züge permanent überbesetzt nach Berlin, bis zu 350 Prozent, und bis zu sechs Stunden verspätet. Denn die Polen reisten mit ihren Waren massenweise an, brachten sie zum Markt am Potsdamer Platz, tauschten das West-Geld um und kauften in den Warenhäusern von Ost-Berlin Teppiche, Wohnraumtextilien, Modelleisenbahnen, Fahrräder, Nähmaschinen, Handwerkszeug, Bereifung in großen Mengen. Dieser Massenbewegung waren die zwölf Regelzugpaare über die Oder nicht gewachsen. Dazu zog sich die Zollkontrolle in Frankfurt weit über die Aufenthaltszeit hin, erläutert Krauß.

Die Leitung der DR beschäftigte sich am 17. Oktober 1989 mit einem Ministerratsbeschluss »zur Abwehr von negativen Auswirkungen des Reiseverkehrs«. Gemeint waren die Einkäufe polnischer Bürger. Man erwog, vier zusätzliche Züge ohne Halt in Ost-Berlin direkt nach West-Berlin mit Lokomotivwechsel in Berlin-Köpenick und Wustermark zu fahren, davon einen Zug nach Berlin-Spandau. Diese Absicht wurde jedoch aufgegeben. Werner Löscher, Präsident der Reichsbahndirektion Berlin, meinte schon damals, alle Verhandlungen brächten nur beschriebenes Papier. Was die Eisenbahner hinnehmen mussten, »das hat mit zivilisierter Arbeit nichts zu tun. Lange geht das nicht mehr so.«

Sonderfall Flüchtlingszüge

Krauß erinnert sich auch an die Züge mit den »Botschaftsflüchtlingen«: »Die von Warschau nach dem Westen wurden über den Außenring gefahren. Das hat kaum jemand mitbekommen. Aber für die Rückführung der Flüchtlinge in Prag hatten wir die Betriebsmittel zu stellen. Die Reichsbahndirektion Schwerin wurde verpflichtet, dafür ... Leerzüge abzugeben. Irgendwer ganz oben hatte verlangt, die Züge müssten über Dresden fahren, wo es dann zu den bekannten Tumulten kam. Plötzlich hat jemand mit Prag vereinbart, die Züge doch direkt über Schirnding nach Hof zu fahren, aber wie bei uns ohne Ankündigung, sodass die Bundesbahn vor gewaltigen betrieblichen Problemen stand.«

Das Rollmaterial der Reichsbahn genügt kaum für den riesigen Ost-West-Reisebedarf, der nach dem 9. November 1989 entsteht. In Hof warten neun Tage später gleich vier Dieselloks der Baureihe 132 mit ihren Zügen auf die Rückfahrt Richtung Sachsen; die 132 164 (links) hat man frisch lackiert von der Hauptuntersuchung in den Reiseverkehr »abkommandiert« Markus Lohneisen

Am 16. Dezember 1989 steht in München Hauptbahnhof ein – gut gefüllter – Sonderschnellzug nach Berlin bereit. Die Wagen für die Züge nach dem Westen wurden in der ganzen DDR geliehen Thomas Wunschel

Einfahrt eines Schnellzuges aus Richtung Berlin in den Grenzbahnhof Helmstedt, Mai 1990. Die deutsch-deutsche Reisewelle hatte sich zu dieser Zeit schon etwas beruhigt Martin Weltner

Als »geordnetes Chaos« schildert Henry Hönemann, Stellwerksmeister auf dem Bahnhof Gutenfürst, was sich zwischen dem 1. und 5. Oktober 1989 bei ihm abspielte. Am 1. Oktober kamen sechs Flüchtlingszüge, am 5. Oktober (in seiner Schicht) weitere vier, aber nun über Bad Brambach, berichtete er 1999 der DB-Mitarbeiterzeitung. Am 1. Oktober 1989 war es auf dem Grenzbahnhof ruhig, bis zum 5. Oktober jedoch hatten sich die Sicherheitsorgane wieder auf ihre vermeintlichen Aufgaben besonnen und den ohnehin ziemlich abgeriegelten Bahnhof in eine Festung verwandelt. »Auf dem Weg zum Dienst wurde ich fünfmal kontrolliert. Auf den Dächern lagen Scharfschützen. Das sah aus, als hätten wir Krieg. Die Türen wurden verschlossen, damit wir ja nicht hinaus zu den Zügen gingen. Radiohören war ebenfalls nicht erlaubt. Die Züge waren mit einer Fahrplananordnung eingelegt, doch wann sie wirklich fuhren, war uns nicht bekannt. Wir erfuhren das erst aus der Vorausmeldung oder kurz vor der Einfahrt durch die Dispatcherleitung in Zwickau.«

Demonstrationen und Grenzöffnung

Wie hilflos, geradezu destruktiv sich die Partei- und Staatsführung zu der wachsenden Spannung in der Bevölkerung verhielt, macht Werner Löscher, ehemals Präsident der Reichsbahndirektion Berlin, deutlich. »Uns war bekannt, dass es am 4. November zu einer Großkundgebung auf dem Alexanderplatz kommt.« Dort hatte sich eine halbe Million Menschen versammelt. »Von oben erhielten wir die Order: keine Zusatzzüge bei der S-Bahn! Man wollte die Veranstaltung nicht aufwerten. Nach der Kundgebung wäre es auf dem Bahnhof zum Tumult gekommen, den dann die Eisenbahner auszuhalten hätten. Ich habe mich nicht an die Weisung gehalten, sondern mit der S-Bahn vereinbart, wir fahren die Züge wie nach der Großdemonstration zum 1. Mai.«

Doch was sich vom 10. November an, dem ersten Tag des Mauerfalls, auf dem Schienennetz abspielte, stellte das bislang in der DDR und bei der Reichsbahn Erlebte in den Schatten. Ex-Chefdispatcher Krauß: »Von diesem Tag an bis zum 31. Dezember 1989 fuhren wir nach West-Berlin und in die Bundesrepublik 4.600 zusätzliche Züge!«

Der Strom der Reisenden Richtung Westen war an den ersten Wochenenden nach Berlin am größten. Man fuhr nicht nur wegen der 100 Mark Begrüßungsgeld, sondern war hier am schnellsten im Westen, um sich dessen glitzernde Welt ansehen zu können. Weil andere öffentliche Verkehrsmittel noch nicht über die Grenze fuhren, strömten die Massen von 10. bis 12. November zum Bahnhof Berlin Friedrichstraße. Sie genossen das Gefühl, vor der Grenzkontrolle nicht mehr angehalten zu werden, sondern gleichberechtigte Bürger zu sein, die nun ebenfalls in den Westen reisen durften, mochten es auch nur wenige Kilometer sein.

Auch von Nordhausen über Ellrich nach Northeim, von Erfurt über Gerstungen nach Bebra, von Schwerin über Schwanheide nach Hamburg und von Rostock über Herrnburg nach Lübeck waren die Züge brechend voll. So voll, dass jemand am 12. November 1989 den Transitzug D 354 Berlin – Frankfurt (Main) in Erfurt, Gotha und Eisenach zum Einsteigen anhalten ließ – noch vor Tagen ein Sakrileg, das mindestens den Arbeitsplatz gekostet hätte.

Beispiel Bad Salzungen

Ausgerechnet an dem historischen Wochenende hatte Günter Paulick Dienst, Sonnabend und Sonntag jeweils von 6 bis 18 Uhr, als Fahrdienstleiter auf dem Bahnhof Bad Salzungen. »Ich konnte nicht rüber, musste am Sonnabend auch noch auf meine Ablösung warten. Denn der Kollege war mit dem Auto nach dem Westen gefahren und stand auf der Heimfahrt im Stau«, weiß er noch. »Aber am Montag bin ich mit meinem Vater nach Philippstal, das ist der Grenzort bei Vacha jenseits der Werra. Dort standen wir, es ging nicht mehr vorwärts und nicht mehr zurück. Da wurden ja noch fleißig die Ausweise kontrolliert. Ein Trabant-Fahrer konnte im Stau seelenruhig seinen Platten wechseln.« Gleich nach der Grenzöffnung fuhren die Eisenbahner von Bad Salzungen zu ihren Kollegen nach Vacha, die sie bisher im Grenzgebiet kaum treffen konnten. Es wurde eine fröhliche – und bisweilen ausgelassene – Begegnung.

Vom Befehlsstellwerk in Bad Salzungen sah Paulick so viele Menschen auf dem Bahnsteig wie sonst nie und später auch

Im westdeutschen Bahnhof Walkenried erwarten DDR-Bürger am 18. November 1989 den Reisezug für die Rückfahrt, den die DB-Diesellok 216 164 bespannt. Der Grenzübergang ist erst seit sechs Tagen für den Personenverkehr geöffnet
Josef Högemann

Die erste »Neueröffnung«: Ellrich – Walkenried

Der 4,5 Kilometer lange Abschnitt vom westdeutschen Walkenried ins ostdeutsche Ellrich ist ein Teilstück der 1869 eröffneten Hauptstrecke Herzberg (Harz) – Nordhausen. In diesem Abschnitt liegt auch der 269 Meter lange Walkenrieder Tunnel. Noch in den 30er-Jahren fuhren hier Fernzüge vom Ruhrgebiet nach Sachsen-Anhalt und Sachsen. Nach dem Zweiten Weltkrieg lag die Demarkationslinie unmittelbar an der westlichen Ausfahrt des Bahnhofs Ellrich. Dieser wurde im Laufe der Jahre gesichert durch hohe Drahtzäune, eine Beschaubrücke und ein Eisentor über die Strecke, das nur für Zugfahrten geöffnet wurde. Der unregelmäßige Personenverkehr nach Kriegsende wurde bald eingestellt. Am 12. Mai 1949 öffnete man den Grenzübergang offiziell für den Güterverkehr; der erste Zug fuhr am 3. Oktober 1949. Lokwechselbahnhof war Ellrich, wobei die DB bis Mai 1976 Dampfloks einsetzte. Unmittelbar nach dem Mauerfall öffneten untergeordnete Dienststellen der DB und der DR den Übergang auch für den Personenverkehr. Am 12. November 1989 passierte nach über 40 Jahren wieder ein Reisezug die deutsch-deutsche Grenze bei Ellrich. Heute wird die nunmehrige Strecke 357 zwischen Northeim und Nordhausen von Regionalbahnen im Stundentakt befahren.

Martin Weltner

nicht wieder. »Wir haben die Züge nach Eisenach verstärkt, aber dort brauchten die Leute viel Geduld, denn nach Bebra war nicht in die Züge zu kommen.« Schließlich bemerkten die Eisenbahner in Bad Salzungen, dass die Leute in die andere Richtung fuhren, nach Meiningen. Bayern lockte mit dem zweiten Begrüßungsgeld!

Beispiel Oberlausitz

Die Oberlausitz war weiter weg vom Geschehen. Deshalb erlebte Tino Kaden, Stellwerkswärter auf dem Bahnhof Bischofswerda, die Wende und den Mauerfall sehr ruhig. Hier sah er auch keinen solchen Andrang auf die Züge wie die Eisenbahner in Grenznähe. Er erinnert sich jedoch, dass vor dem Mauerfall, als die Züge mit den Botschaftsflüchtlingen das Thema in den West-Medien waren, die Kontrollen auf den Stellwerken und an den Sicherungsanlagen aus Angst vor Sabotage erhöht wurden. Was ihm haften geblieben ist, war das Verschwinden der Dampflokomotiven der Baureihe 52 aus dem Betriebsalltag. Das sieht er als den Beginn einer nicht endenden Umstrukturierung bei der Bahn. Er musste seitdem bereits zweimal den Arbeitsort wechseln, weil rationalisiert wurde.

Die Zeit nach dem Mauerfall war für ihn trotzdem angenehm. »Denn jetzt konnte ich ins kapitalistische Ausland reisen, sah eine ganz andere Welt der Eisenbahn, besonders in der Schweiz.« Wehmütig registrierte er, wie die Eisenbahn in der Oberlausitz schrumpfte. »Viele Strecken und Kleinode sind verschwunden, werden abgerissen oder sind durch Vandalismus zerstört worden. Von dem vor der Wende so glorreichen Güterverkehr, den vielen, vielen Arbeitern auf den Bahnhöfen ist nicht viel geblieben«, sagt Kaden. Ihm blieb nur die Erinnerung.

Beispiel Berlin

Was einmal kommen würde, daran dachten im November 1989 die Wenigsten. Auch kaum ein Eisenbahner in Berlin. Den gigantischen Reisendenstrom zwischen Ost und West in den Griff zu bekommen, war das Gebot der Stunde. Zwar fuhr die S-Bahn bereits die Nacht hindurch, lieh auch den Berliner Verkehrsbetrieben für deren Betrieb in West-Berlin am 10. November vier Halbzüge, aber im Fernverkehr reichten die Regelzüge nicht aus.

Von Brandenburg, Cottbus, Dresden, Halle und Leipzig fuhren Vor- und Nachzüge zu den regulären Schnellzügen. Aus dem Stilllager des Wochenendes hatte man die Züge des Berufsverkehrs verwendet, auch die abgestellten Städte-Expresszüge. Jürgen Henning, damals Direktionsdispatcher der Reichsbahndirektion Berlin, weiß noch, wie die Kollegen in den Nachbardirektionen dringend baten, die Wagen unbedingt zurückzu-

Bahnhof Berlin-Friedrichstraße, 10. November 1989: Die Grenze ist offen. Auf Bahnsteig B drängen sich die Leute um den S-Bahn-Zug, der in Kürze gen Westen fährt. Rechts erahnt man die Stahlwand, die bisher als Absperrung zu Bahnsteig C und den Ost-Berliner S-Bahnen fungierte Ullstein Bild/Ritter

schicken. Montag zum Berufsverkehr werden sie gebraucht!

»Die Regelzüge wurden auf bis zu 14, 15 Wagen verstärkt, Sonderzüge kamen ohne Fahrplan«, sagt Henning, »wir leiteten sie nach Lichtenberg, Schöneweide, Schönefeld und Königs Wusterhausen. Doch wie sollte die Rückfahrt organisiert werden? Wir wussten ja nicht, wann die Menschen wieder zu den Bahnhöfen kommen und wohin sie fahren möchten.« Den Eisenbahnern blieb nichts weiter übrig, als sich auf den Bahnsteigen unter die Leute zu begeben und zu fragen: »Wohin wollt Ihr?« Sagten viele »nach Dresden«, wurde eben ein Zug nach Dresden bereitgestellt.

Dann spielten sich unbeschreibliche Szenen der Rücksichtslosigkeit ab, wie nach dem Kriege. War das der Lohn für das Schaufenstergucken und den Westmark-Empfang? Rasch waren die Wagen derart überlastet, dass die Federböcke auf den Längsträgern auflagen und der Wagenmeister die Abfahrt verweigerte. Die Wagen zu räumen, wie es die Transportpolizei versuchte, blieb aussichtslos. »Dann half nur, eine Geschwindigkeit von höchstens 50 km/h anzuordnen«, erklärt Henning. Nach jeder Abfahrt eines Zuges blieben Tausende auf dem Bahnsteig zurück und mussten wieder warten.

»Mit dem ›operativen Fahren‹ kamen die Lokomotivführer gut zurecht, die hatten überall hin Streckenkenntnis«, versichert Henning, »aber was uns fehlte, waren geprüfte Zugführer. Wir mussten auf Verwaltungskräfte zurückgreifen. Selbst der Vertreter des Amtsvorstandes übernahm einen Zug.«

Das zweite Wochenende versprach noch turbulenter zu werden. Jetzt aber sollten die Berliner Bahnhöfe entlastet werden und die Sonderzüge Fahrpläne erhalten, wie es bereits am 12. November versucht worden war. Das war leichter gesagt als getan. Mit den üblichen Wachsmatrizen konnte man kaum die Fahrpläne schnell vervielfältigen. Gute Kopierer fehlten. Fahrplan-Chef Kunkel fuhr mit den Fahrplananordnungen und Sonderzugfahrplänen zum Bahnhof Zoologischer Garten, kopierte sie auf dem West-Gerät und verteilte sie gleich dort.

Neue Züge ab 17.11.

Auch im Verkehr DDR – Bundesrepublik verabschiedeten sich die Eisenbahner von der bisher bewährten Improvisation. Die Fahrplanbearbeiter der Direktionen erarbeiteten Fahr- und Umlaufpläne für 24 zusätzliche Zugpaare, die vom 17. November 1989 an verkehrten. Um die Grenzübergänge zu entlasten und die Besucher in West-Berlin besser zu verteilen, wurden vom 2. Dezember an Züge von Dresden, Leipzig, Güsten, Halle, Karl-Marx-Stadt, Magdeburg und Stendal nach Berlin eingelegt, und zwar nicht nur zu den üblichen Bahnhöfen. Für die Züge, wie 14571 von Karl-Marx-Stadt, die in Berlin-Charlottenburg enden sollten, andere auf dem Bahnhof Zoologischer Garten, mussten provisorische Kontrollpunkte geschaffen werden. Denn bis Mitte 1990 schaute der Pass- und Fahndungsdienst weiter in die Personalausweise und wollte Visum-Stempel sehen. Die Österreichischen Bundesbahnen und einige weitere Staatsbahnen halfen jetzt auch der Reichsbahn mit Wagen.

Während die Präsidenten der Reichsbahndirektionen in Foren und bei Diskussionen wie Angeklagte Rede und Antwort stehen oder auf Streikankündigungen reagieren mussten, verhandelten Fahrplanmitarbeiter, jetzt ohne die bisher obligatorische Reise-Direktive, mit ihren Kollegen bei der Deutschen Bundesbahn (DB) über die Aufstockung des Ost-West-Zugverkehrs. Der zusätzliche Entlastungsverkehr zwischen dem 21. Dezember und dem 2. Januar bestand aus 200 Zügen im Binnen-

verkehr und 150 im Verkehr DDR/Bundesrepublik. Auf die Frage, ob jeder Reisende damit rechnen könne, befördert zu werden, antwortete Krauß in der Eisenbahnerzeitung »Fahrt frei«: »Diese Frage kann ich nicht beantworten. Wir tun, was wir können. Wir sind aber an den Grenzen unserer Kapazitäten angelangt. Auf den großen Bahnhöfen stehen Verstärkungswagen, aber bedeutend weniger als in den Vorjahren. Wenn wir diese ins Geschäft geworfen haben, und es kommt eine große Zahl Reisender auf den Bahnsteig, dann kann es auch zum Zurückbleiben kommen.«

Im Ost-West-Verkehr wurden schließlich 202 Reisezüge vereinbart und in den öffentlichen Fahrplänen bekanntgegeben. Auch die Laufweite der DR-Lokomotiven war rasch über die Grenzbahnhöfe hinaus verlängert worden, schon, um einige Umspannhalte zu vermeiden. Dass es nun wieder direkte Züge aus allen Teilen der DDR nach West-Berlin gab und weitere Züge in die Bundesrepublik einschließlich Nahverkehr, wurde von den DDR-Bürgern schnell als normal empfunden. Kaum jemand weiß heute noch, dass West-Berliner erst zu Weihnachten 1989 ohne Visum in die DDR reisen durften.

Am 25. Dezember 1989 rollt der planmäßige D 469 aus Richtung Hof in den Grenzbahnhof Gutenfürst ein. Wenige Tage später richtet sich die Rache der örtlichen Bevölkerung gegen die Überwachungsanlagen der staatlichen »Organe«: In der Silvesternacht 1989 werden beide hölzernen Wachttürme niedergebrannt Markus Lohneisen

Im Sommer 1990 verlässt eine »Taigatrommel«, eine Diesellok der DR-Baureihe 120, mit ihrem Güterzug den Grenzbahnhof Schwanheide Richtung Westen. Die »Beschaubrücke« hinten ist nun ohne Funktion. Mit dem Frachtverkehr auf der Schiene geht es allerdings abwärts Olga Bandelowa

Engpässe im Güterverkehr

Schon zum Jahresende 1989 sahen die Dispatcher der Reichsbahn, wie der Güterverkehr nachließ und zusammenbrach. Vorerst wegen der unerwarteten Reisewelle. Eberhard Krauß, der Chefdispatcher, meint: »Die Grenzöffnung hat uns auf dem falschen Fuß erwischt. Denn sie kam, als wir bei der Reichsbahn mit unendlichen Schwierigkeiten kämpften. Die höchste Beladung des Vorjahrs mit 349 Millionen Tonnen verfehlten wir 1989 um 10 Millionen Tonnen. Wir fuhren 35 Prozent der Züge auf Gleisen von 2.200 Kilometer Länge, also auf nur sechs Prozent des Netzes. Und das war durch die Alkalischäden der Betonschwellen sowie viele andere Störungen beeinträchtigt. Für 70 Bauvorhaben, dazu gehörte auch die Streckenelektrifizierung im Cottbuser Raum, waren 220 Sperrpausen vorgesehen. Die Umleitungen der Güterzüge wegen dieser Bauarbeiten machten 1,4 Milliarden Bruttotonnenkilometer aus und kosteten täglich 33 Triebfahrzeugführer.«

Weitere Anforderungen entstanden durch den Herbstspitzenverkehr mit zusätzlichen Erntetransporten, die Winterbevorratung mit Kohlen, flüssigen Brenn- und Treibstoffen, den Transport von Baustoffen und den Militärverkehr. Der Auftrag an die Dispatcher lautete außerdem, unbedingt den Export abzudecken. Das Erz musste von Rostock über Bad Schandau in die Tschechoslowakei gefahren werden. Die Nachbarn sollten keinesfalls abspringen und die Valuta statt der DDR dem Hamburger Hafen bezahlen. Der Personalmangel auf den Rangierbahnhöfen drückte. Er konnte kaum noch mit den so genannten Verwaltungskräften gelindert werden.

»Die zusätzlichen Reisezüge fuhren an den Wochenenden, an denen eigentlich gebaut werden sollte«, bemerkt Krauß, »die Lokomotiven und Lokführer fehlten uns im Güterverkehr.« Die Modrow-Regierung rief den Transport-Notstand aus. Sämtliche Lastkraftwagen wurden von einer Kommission, geleitet von Verkehrsminister Heinrich Scholz, disponiert, auch 700 Fahrzeuge der Nationalen Volksarmee. Selbst Transportkolonnen der sowjetischen Streitkräfte in Deutschland und ausländische Lastzüge wurden geholt, um die Versorgung der Bevölkerung zu sichern und um einen Produktionsstillstand in den Betrieben zu verhindern.

Am 1. Dezember 1989 standen im Reichsbahndirektionsbezirk Halle 530 Güterzüge wegen Rückstaus oder waren unbespannt. Krauß musste die Krise beenden; Reiner Enders, Stellvertreter des DR-Generaldirektors, begleitete ihn zur Unterstützung nach Halle. Was konnte Krauß tun? Er erklärt es: »Kohlen und die Leerwagen wurden nicht mehr über Halle – Magdeburg gelenkt, sondern in Richtung Berlin über den Rangierbahnhof Wustermark. Auch die Nebenbahn Belzig – Neustadt (Dosse) musste zusätzliche Züge aufnehmen: Leerwagen, Getreide zu den Häfen, die Erzzüge von Rostock nach Unterwellenborn.« Stolz berichtet er: »Die Versorgung West-Berlins mit Benzin aus Leuna und von Buna in Schkopau war an keinem Tag unsicher. Wir haben ›Doppelzüge‹ von 3.800 Tonnen mit einer Lokomotive der Baureihe 250 bespannt und dafür gesorgt, dass die Signale auf der Elbebrücke und auf dem Berliner Ring ›Fahrt frei‹ zeigten. Die schweren Züge durften nicht anhalten.«

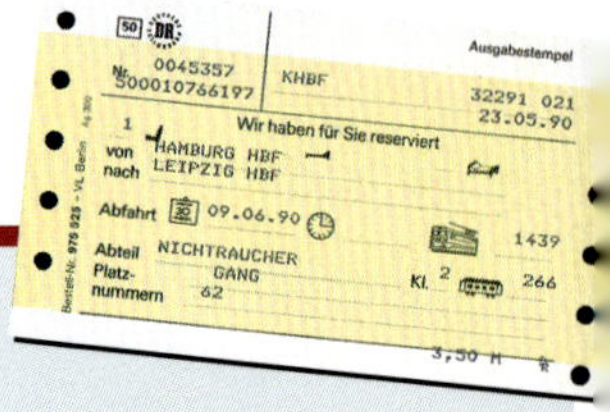

Deutsch-deutscher Zugverkehr ab 17. November 1989

Reisezüge zwischen der BRD und der DDR sowie Berlin; Zugverzeichnis geordnet nach Grenzübergängen

Lübeck/Herrnburg
D 438 Stralsund – Köln
D 439 Köln – Stralsund
D 1132 Rostock – Hamburg
D 1133 Hamburg – Rostock
D 1438 Güstrow – Hamburg
D 1439 Hamburg – Güstrow
E 2030 Schwerin – Hamburg
E 2031 Hamburg – Schwerin
E 2038 Schwerin – Hamburg
E 2039 Hamburg – Schwerin

Büchen/Schwanheide
D 331 Hamburg – Berlin
D 332 Berlin – Hamburg
D 333 Hamburg – Berlin
D 336 Berlin – Hamburg
D 337 Hamburg – Berlin
D 338 Berlin – Hamburg
D 339 Hamburg – Berlin
D 436 Leipzig – Hamburg
D 437 Hamburg – Leipzig
D 1136 Dresden – Hamburg
D 1137 Hamburg – Dresden
D 1138 Berlin – Hamburg
D 1139 Hamburg – Berlin
D 1334 Berlin – Hamburg/ Westerland
D 1337 Hamburg – Berlin

Wolfsburg/Oebisfelde
D 440 Zwickau – Düsseldorf
D 441 Düsseldorf – Zwickau
D 442 Dresden – Köln
D 443 Köln – Dresden
D 446 Leipzig – Köln
D 447 Köln – Leipzig
D 448 Görlitz – Köln
D 449 Köln – Görlitz
D 1446 Leipzig – Köln
D 1447 Köln – Leipzig
E 2140 Stendal – Hannover
E 2141 Hannover – Stendal
E 2142 Stendal – Braunschweig
E 2143 Braunschweig – Stendal

Helmstedt/Marienborn
D 240 Berlin – Köln
D 241 Köln – Berlin
D 424 Berlin – Aachen
D 243 Aachen – Berlin
D 244 Berlin – Aachen
D 245 Aachen – Berlin
D 246 Berlin – Köln
D 247 Köln – Berlin
D 342 Berlin – Hannover
D 343 Hannover – Berlin
D 344 Berlin – Bad Bentheim
D 345 Bad Bentheim – Berlin
D 346 Berlin – Köln
D 347 Köln – Berlin
D 348 Berlin – Köln
D 349 Köln – Berlin
D 444 Görlitz – Köln
D 445 Köln – Görlitz
D 1444 Magdeburg – Köln
D 1445 Köln – Magdeburg
D 1448 Berlin – Köln
D 1449 Köln – Berlin
E 2040 Magdeburg – Braunschweig
E 2041 Helmstedt – Eilsleben
E 2048 Eilsleben – Helmstedt
E 2049 Braunschweig – Magdeburg

Walkenried/Ellrich
E 2654 Nordhausen – Northeim
E 2655 Northeim – Nordhausen
E 2656 Nordhausen – Northeim
E 2657 Northeim – Nordhausen
E 2658 Nordhausen – Northeim
E 2659 Northeim – Nordhausen
E 6718 Ellrich – Northeim
E 6737 Northeim – Ellrich
E 6740 Ellrich – Northeim
E 6761 Herzberg – Ellrich

Bebra/Gerstungen
D 350 Berlin – Frankfurt (M)
D 351 Frankfurt (M) – Berlin
D 354 Berlin – Saarbrücken
D 355 Saarbrücken – Berlin
D 358 Berlin – Basel
D 359 Basel – Berlin
D 450 Görlitz – Frankfurt (M)
D 451 Frankfurt (M) – Görlitz
D 452 Leipzig – Mönchengladbach
D 453 Mönchengladbach – Leipzig
D 454 Görlitz – Frankfurt (M)
D 455 Frankfurt (M) – Görlitz
D 456 Frankfurt (O) – Frankfurt (M)
D 457 Frankfurt (M) – Frankfurt (O)
D 458 Leipzig – Frankfurt (M)
D 459 Frankfurt (M) – Leipzig
D 1150 Dresden – Frankfurt (M)
D 1151 Frankfurt (M) – Dresden
D 1152 Karl-Marx-Stadt (Chemnitz) – Düsseldorf
D 1153 Düsseldorf – Karl-Marx-Stadt (Chemnitz)
D 1154 Erfurt – Duisburg
D 1155 Duisburg – Erfurt
D 1158 Berlin – Frankfurt (M)
D 1159 Frankfurt (M) – Berlin
D 1452 Karl-Marx-Stadt (Chemnitz) – Düsseldorf
D 1453 Düsseldorf – Karl-Marx-Stadt (Chemnitz)

Ludwigsstadt/Probstzella
D 300 München – Berlin
D 301 Berlin – München
D 302 München – Berlin
D 303 Berlin – München
D 306 Nürnberg – Berlin
D 307 Berlin – Nürnberg
D 402 Nürnberg – Leipzig
D 403 Leipzig – Nürnberg
D 1100 München – Berlin
D 1101 Berlin – München
E 2002 Ludwigsstadt – Saalfeld
E 2003 Rudolstadt – Lichtenfels
E 2006 Lichtenfels – Rudolstadt
E 2007 Saalfeld – Lichtenfels

Hof/Gutenfürst
D 308 München – Berlin
D 309 Berlin – München
D 408 München – Rostock
D 409 Rostock – München
D 464 Görlitz/Dresden – München
D 465 München – Dresden/Görlitz
D 466 Görlitz – München
D 467 München – Görlitz
D 468 Dresden – Stuttgart
D 469 Stuttgart – Dresden
D 1102 Stuttgart – Leipzig
D 1103 Leipzig – Stuttgart
E 2062 Plauen – Hof
E 2064 Zwickau – Hof
E 2065 Hof – Zwickau
E 2066 Plauen – Hof
E 2067 Hof – Plauen
E 2069 Hof – Plauen

Nach wenigen Wochen normalisierte sich die Lage für die Eisenbahner. Die in der Hauptdispatcherleitung wurden nun gewahr, wie sehr sie ihre psychische Leistungsgrenze erreicht hatten. Manche erkrankten nach den heißen Tagen im November und fielen erst einmal aus.

Der Güterverkehr machte nicht erst seit der Währungsunion am 1. Juli 1990 schlapp. Bereits im Januar waren über 500 Leerwagenzüge auf Bahnhöfen und auf für strategische Zwecke gebauten Verbindungskurven abgestellt. Die DR verlor ihre vorherrschende Stellung im Gütertransport. Zum Jahresende 1990 transportierte sie 100 Millionen Tonnen weniger als im stürmischen Vorjahr. Auch die Zahl der Reisenden nahm 1990 um 122 Millionen ab.

Die Reichsbahner reisten in der ruhiger gewordenen Zeit in den Westen, um sich hier und bei ihren Kollegen umzusehen, was diesen bald lästig wurde. Bei dem Kennenlernen stellte man viele Gemeinsamkeiten und ebenso viele Unterschiede fest. »Hier wird auch nur mit Wasser gekocht«, war ein häufig gesprochenes Wort. Trotzdem fiel auf, dass anders als in der DDR

Improvisation bei der Reichsbahn: Die kurzfristig im Dezember 1989 eingerichteten Schnellzüge zwischen Dresden und Berlin-Charlottenburg werden mangels eigener Fahrzeuge mit angemieteten »Jaffa«-Wagen der Österreichischen Bundesbahnen gebildet (links). Im Verkehr nach Westdeutschland fahren auch leihweise Wagen der Ungarischen Staatsbahn MAV (rechts, mit DB-Ellok 151 032 bei Kronach) Friedhelm Ernst (links), Rolf Schierer (rechts)

Unweit der deutsch-deutschen Grenze ist im Mai 1990 die DR-Diesellok 112 640 mit einem Personenzug unterwegs. Auf der Strecke Leinefelde – Geismar durchfährt sie Lengenfeld
Josef Högemann, Slg. Uwe Miethe (Fahrkarte S. 86)

häufig vom Kundennutzen und vom Geld die Rede war. Manche Bundesbahner nahmen kein Blatt vor den Mund, wenn sie nach »A und L«, den Arbeits- und Lebensbedingungen, also nach sozialen Wohltaten in ihrem Unternehmen gefragt wurden. So toll war es nicht damit im Westen.

Auf höherer Ebene traf man sich ebenfalls und besichtigte. Wolfhard Noack, Präsident der Reichsbahndirektion Greifswald, erhielt Besuch vom Kollegen Heise und dessen Vizepräsidenten Wenk aus Hamburg. Noack zeigte ihnen sein Sorgenkind, den Fährbahnhof Mukran. Er wurde zum Gegenbesuch eingeladen. Noch 20 Jahre später ist er von der Form, wie man ihn und seinen Vizepräsidenten in Hamburg empfing, äußerst angetan. Merkwürdig empfand er den Ratschlag, er möge für den zweigleisigen Ausbau von Strecken die Flächen kaufen. Denn bald gehöre alles der Bundesrepublik, und dann werde es schwierig...

Spannungen DB – DR

Werner Löscher, der frühere Präsident in Berlin, erinnert sich an die Zusammenkunft mit dem Vorstand der Bundesbahn im Schloss Zabeltitz, wo über die Zukunft der beiden Bahnen diskutiert wurde. Bundesverkehrsminister Friedrich Zimmermann war empört, dass ein Bahnvorstand sich anmaßte, über eine gemeinsame Verkehrspolitik nachzudenken. Er untersagte dem DB-Vorstandsvorsitzenden Reiner Gohlke derartige Alleingänge.

Diese Spannung blieb Löscher nicht so sehr in der Erinnerung wie das, was er bei der abendlichen Bierrunde hörte. Dort redeten die höheren Dienstgrade der Bundesbahn mit Zabeltitzer Einwohnern nicht gerade schmeichelhaft über ihre Ost-Kollegen. Sein Fazit: Noch vor der Vereinigung ziehst Du Dich zurück. Noack hingegen erlebte, wie er und andere Leiter der Reichsbahn am 3. Oktober 1990, dem Tag der Wiedervereinigung, zur »persona non grata« wurden. Man sprach nicht mehr mit ihnen, man brauchte sie nicht.

Eberhard Krauß blieb derweil an den Schalthebeln der Betriebsführung. Er hieß zwar nicht mehr Chefdispatcher, sondern Betriebsleiter Ost. Die Tätigkeit war aber im Prinzip gleich, wenn auch nicht mehr in Spindlersfeld und von anderer Quantität als bis Jahresende 1989. Genauso erging es Jürgen Henning, der bald Betriebsleiter der Niederlassung Ost hieß. Die vormalige Reichsbahndirektion Berlin wurde mit Teilen der Reichsbahndirektion Cottbus vergrößert. Er erlebte die Eröffnung des Hochgeschwindigkeitsverkehrs Berlin – Hannover und die neue Betriebszentrale Ost. Ob aber die Eisenbahn heute, unter der Ägide der Deutschen Bahn AG und 25 Jahre nach dem Mauerfall, besser dasteht als bei der DR, das lässt sich zumindest mit einem Fragezeichen versehen.

ERICH PREUSS

Am 28. Mai 1990 reisen sowjetische Soldaten mit einem Schnellzug von Erfurt nach Brest, Richtung Heimat. Diese Transportaufgabe bleibt der Reichsbahn noch einige Jahre erhalten
Ludwig Rotthowe

Um die Massen der Reisenden zu »kanalisieren«, führt man in Hof die »Einbahnregelung« ein: Vom Zug zur Stadt geht es oberirdisch über die Gleise, von der Stadt zu den Zügen durch die Unterführung. Das Bild entsteht am 19. November 1989, dem Tag der Tage: Insgesamt 42 Züge, der längste mit 19 Wagen, sind im Ost-West-Reiseverkehr unterwegs. Unten: eine Bescheinigung für das Begrüßungsgeld Manfred Lohneisen, Slg. Herbert Ott (u.)

Hof und der Zugverkehr Ost-West

Im Brennpunkt

Jahrelang ist Hof Zonenrandgebiet, führt mehr oder weniger ein Schattendasein. Der Herbst 1989 holt die oberfränkische Stadt ins Rampenlicht. Mit einem Mal ist sie Nahtstelle zwischen Ost und West: erst für die Flüchtlingszüge, dann für die gigantische Reisewelle und schließlich für den deutsch-deutschen Lokführereinsatz

Zum Schlafen kommt Jutta Lohneisen in dieser Nacht nicht. Zu groß ist der Lärm, der vom Bahnsteig des Hofer Hauptbahnhofs zu ihr hinauf schallt. Ehemann Manfred arbeitet als Hauptlokführer bei der Bundesbahn, die vierköpfige Familie hat eine Dienstwohnung im zweiten Stock des Empfangsgebäudes. Und jetzt, vom 4. auf den 5. Oktober 1989, erleben die Lohneisens live, wie weitere DDR-Flüchtlinge mit Zügen aus der Prager Botschaft eintreffen. Die Freude über die geglückte Ausreise ist bis hier oben zu spüren. So sehr, dass sich Jutta Lohneisen entscheidet, mitzuhelfen. Ab dem frühen Morgen steht sie am Bahnsteig und gibt für das Rote Kreuz Wolldecken an die Ankömmlinge aus.

Mit einem Mal ist die oberfränkische Stadt in den Brennpunkt des Geschehens gerückt. Weil sie nahe bei der DDR liegt und es hier einen Eisenbahnübergang gibt – Fakten, die Hof an der Saale bislang kaum Vorteile brachten. Zwölf Kilometer weiter verläuft die innerdeutsche Grenze, die fast jeden Kontakt zwischen Sachsen und Bayern unterbindet. Die nicht nur bei Gästen aus westlicheren Regionen der Bundesrepublik den deprimierenden Eindruck hinterlässt, hier sei die Welt zu Ende. Hof gehört zum Zonenrandgebiet, erhält Fördermittel und bleibt doch eine strukturschwache Region, irgendwo »hinten drin« in Bayern und Westdeutschland.

Für die Flüchtlingszüge aus Prag dagegen braucht man einen gut organisierten Bahnhof nahe ebendieser Grenze. Das macht Hof zum Drehkreuz. Im Hauptbahnhof enden die aus Prag kommenden Züge der Reichsbahn (DR); Züge der Bundesbahn (DB) bringen die Flüchtlinge im Regelfall weiter ins Land.

Für Hilfskräfte, Medien und auch die Bundesbahn steht Hof im Mittelpunkt. Das Rote Kreuz organisiert hier seine Hilfsleistungen, auf den Bahnsteigen stehen Tische und Bänke, Nahrungsmittel und Hygieneartikel bereit. Wolldecken sollen die Ausreisenden während des Aufenthalts außerhalb der Wagen wärmen. Selbst an Süßigkeiten hat man gedacht.

Als am 1. Oktober 1989 die ersten Züge ankommen, sind aber auch die erprobten Helfer und Helferinnen vom Geschehen ergriffen. »Wir stehen erschöpft und aufgewühlt am Gleis und empfangen weinend die ebenfalls weinenden Flüchtlinge«, berichtet Heidemarie Rauth, die Organisatorin, später. Eine Stimmung, die sich auf die Bevölkerung überträgt. Hofer Bürger stellen Sachspenden zur Verfügung, vermitteln Adressen für die Unterkunft, geben Tipps für Behördengänge. Dennoch: »Der Vorgang Flüchtlinge war wohl keinem so recht bewusst«, sagt Markus Lohneisen, der Sohn der Familie. »Das

Verkaufsschlager Apfelsine: Südfrüchte gehören zu den begehrtesten Produkten der DDR-Bürger bei ihrer Reise in die Bundesrepublik Bernhard Ott

Am 22. Dezember 1989 überquert 132 059 mit dem Zusatzzug D 10471 Richtung Plauen den Saale-Viadukt bei Hof. Hinter der Lok laufen 14 Vierachser-Umbauwagen 2. Klasse und ein Schnellzugwagen 1./2. Klasse; die Wagen sind zumeist aus dem Militärverkehr entliehen Markus Lohneisen (3)

Grenze der Eisenbahn-Direktionen: Zuständigkeiten im Frühsommer 1990 nahe bei Hof

Mit der »Ferkeltaxe« 172 150 erhalten Hofer Lokführer im Frühsommer 1990 Streckenkenntnis im Reichsbahn-Netz. Zum Erinnerungsfoto haben sich von links aufgestellt: B-Gruppenleiter Rammensee vom Bw Hof, Rudolf Bär, Lokführer des Bw Hof, Manfred Heinel vom Bahnhof Plauen (Vogtl), Hans Hörath und Karl Simacek, beide Lokführer des Bw Hof, Karl-Heinz Brandl, Lokleiter des Bw Hof, DR-Ausbilder Christian Stier, Eberhard Müller, Lokführer des Bw Hof, sowie DB-Ausbilder Werner Pahl

wurde auch regelrecht überlagert von der Öffnung der Grenze.«

Die Nachricht vom 9. November 1989 versetzt Hof in einen monatelangen Ausnahmezustand: Unzählige DDR-Bürger wollen die urplötzlich gewonnene Reisemöglichkeit auskosten. »Hof hatte 50.000 Einwohner«, erläutert Markus Lohneisen. »An einem normalen Reisetag kamen aus der DDR 50.000 Leute per Zug und 50.000 Leute per Auto dazu.«

Die ersten Reisenden treffen bereits mit dem Nachtschnellzug ein. Das heißt Ankunft um 2 Uhr und im Bahnhofsgebäude warten. Aber was macht das? Die Euphorie über den Ausflug in den Westen hilft über die Zeit hinweg – und wer weiß, wie lange die DDR-Führung die Reisefreiheit gestattet. Außerdem ist man einer der Ersten, wenn um 8 Uhr die Post nebenan öffnet und die 100,- DM Begrüßungsgeld auszahlt. Auch über den Tag hinweg ebbt der Reisestrom nicht ab. Bis in den Nachmittag folgen weitere Züge, stets bis zum Bersten gefüllt und überlang. 17 Wagen sind normal, immer wieder fahren auch Garnituren mit 21 Wagen ein.

Die Euphorie und die immense Neugierde der Gäste aus der DDR kann man fast mit Händen greifen. »Typische Worte waren ›unglaublich‹ oder ›Wahnsinn‹«, erinnert sich Markus Lohneisen. »In den ersten Tagen hupten die Ost-Autos den Einheimischen zu, die ihrerseits zurückwinkten. Hof war nicht mehr am Ende der Welt, sondern das Tor zum Osten. Die meisten DDR-Bürger wollten übrigens nicht im Westen bleiben. Sie wollten es sich einfach nur einmal ansehen.«

Improvisation bei der Bahn

Die gigantische Reisewelle beansprucht die beiden deutschen Bahnverwaltungen aufs Äußerste. Der Bahnhof Hof ist häufig bis an die Kapazitätsgrenze belegt, Reichsbahn wie Bundesbahn schaffen zusätzliches Rollmaterial für die Sonderzüge herbei. Sogar Vierachser-Umbauwagen der DB fahren im Ost-West-Verkehr. Improvisation braucht es häufig: So weigern sich an einem Novembertag 1989 die Insassen eines aus Doppelstockwagen gebildeten Nahverkehrszuges, am Zielbahnhof Glauchau auszusteigen. Sie fordern, dass man sie weiter nach Hof bringt. Mitarbeiter der Reichsbahn vereinbaren daraufhin mit den Bundesbahn-Kollegen, dass der Zug dorthin fahren darf. In Hof sind die Rangierdieselloks der Baureihe 260 zu schwach, um die leeren Wagenschlangen des Sonderverkehrs aus dem Bahnhof zu drücken. Die Bundesbahn ersetzt sie durch Maschinen der stärkeren Baureihe 212. Und weil die Hofer Bahnsteigunterführungen nicht ausreichen, um Ein- und Aussteigende gleichzeitig aufzunehmen, ersinnt man die »Einbahnregelung«: Reisende, die von den Sonderzügen in die Stadt wollen, werden auf einem eigentlich für den Posttransport gedachten Steg über die Gleise geleitet. Derweil dürfen die Leute aus der Stadt durch die Unterführung zum Zug laufen.

Dank des Begrüßungsgelds profitieren die Hofer Geschäfte von einem beispiellosen Konsumrausch. Obst, Kaffee, selbst einfache Haushaltswaren wie Kartoffelschäler finden reißenden Absatz. Manche Läden sind schon am Vormittag ausverkauft. Die Kaufhof-Filiale in Hof, erzählt Markus Lohneisen, verbucht in jenen Tagen die besten

Personalschulung für Lokführer des Bw Reichenbach auf der DB-Diesellok 218 204; sie ist einer planmäßigen DR-Diesellok 132 bei einem Güterzug Richtung Hof vorgespannt. Das Emblem am Grenzpfahl haben sich bereits Souvenirjäger unter den Nagel gerissen
Markus Lohneisen (2), Manfred Lohneisen (1, u.r.)

Ungewöhnlicher Gast: Der Doppelstock-Gliederzug soll eigentlich in Glauchau enden. Doch weil die Insassen auf die Weiterfahrt bestehen, wird er verstärkt und mit einem zusätzlichen Zug nach Hof geführt (November 1989)

Lange Schlangen bilden sich im November/Dezember 1989 am Hofer Postamt, in dem das Begrüßungsgeld ausgezahlt wird. Teilweise stehen die Menschen über den Bahnhofsvorplatz hinweg bis ins Empfangsgebäude

Umsätze aller deutschen Niederlassungen. Die Begeisterung hat jedoch auch ihre Schattenseiten. Einige Produkte, wie Südfrüchte oder Benzin, werden zeitweise zur Mangelware. Manche Händler versuchen, mit überteuerten Angeboten die schnelle Mark zu machen. Für die Hofer Bürger indes wird der deutsch-deutsche Tourismus bald zur Belastungsprobe; kein Wunder angesichts der Menschenmassen, Autoabgase, chaotischen Zustände. Es kommt vor, dass die Züge abends nicht mehr alle Reisenden aus der überfüllten Stadt mitnehmen können. »Dann haben die Leute in den Gängen und Hallen des Bahnhofs und sogar im Treppenhaus bei unseren Dienstwohnungen übernachtet«, denkt Markus Lohneisen zurück.

Kontakte DB – DR

Ab Januar 1990 flaut der Reisestrom langsam ab. Das gibt Bundesbahn-Lokführern in Hof die Gelegenheit, die Kontakte zu Kollegen bei der Reichsbahn enger zu knüpfen. »Für uns bestanden am Anfang kaum Verbindungen«, berichtet Manfred Lohneisen. »Man winkte mit der Hand oder nickte mit dem Kopf. Aber wir fuhren ja ins Bundesgebiet, hatten also wenig mit den Kollegen aus der DDR zu tun.«

Lehrlokführer Werner Pahl wagt nun den Anfang. »Ich habe vermutet, dass wir bei der Entwicklung des Zugverkehrs bald auf den Loks der jeweils anderen Bahn fahren würden. Deshalb bin ich im Januar 1990 in Hof zu einem Reichsbahn-Lokführer gegangen, habe ihn gegrüßt – und durfte auf die Lok.« Auf dem kleinen Dienstweg stellt Pahl die Verbindung zum Betriebswerk Reichenbach her. In Abstimmung mit der DB-Regionaldienststelle lädt er im Februar 1990 den dortigen Lehrlokführer (DR-Bezeichnung: Instrukteur) nach Hof ein. Sie sprechen über Fahrzeugeinsätze, Störlisten und vereinbaren, die Zusammenarbeit zu intensivieren. Besuche zwischen den Lokführern aus Hof und Reichenbach werden die Regel. Es entwickelt sich ein herzliches Verhältnis unter gestandenen Eisenbahnern. »Das wurde ein sehr guter Kontakt«, so Werner Pahl, »fachlich wie menschlich. Als würden wir uns schon seit Jahren kennen. Zu einigen Leuten habe ich heute noch Verbindung, obwohl ich längst in Rente bin.«

Im Mai 1990 steht fest, dass der Austausch zwischen beiden Bahnen kommt. »Reichsbahn-Lokführer sollten auf der 218 für die Strecke bis Regensburg ausgebildet werden. Bundesbahn-Lokführer sollten auf der 132 bis Reichenbach, später Zwickau fahren«, erläutert Pahl. »Die Kontakte für diese offizielle Entscheidung haben wir Lokführer hergestellt.« Im Juli beginnen die Schulungs- und Streckenkenntnisfahrten, zum Fahrplanwechsel am 29. September 1990 wird das Vorhaben Realität. DB-Lokführer fahren planmäßig auf DR-Gebiet und umgekehrt. Dabei liegt die Ankunft der Flüchtlingszüge gerade einmal ein Jahr zurück ... THD

Vielen Dank für die Unterstützung an Familie Lohneisen und Herrn Werner Pahl

Die Eisenbahn ist zurück!

Der erste Lückenschluss: Arenshausen – Eichenberg

■ Nach der Grenzöffnung 1989 genügen die acht Übergänge zwischen beiden deutschen Schienennetzen für den Reiseverkehr nicht mehr. Es braucht neue Verbindungen. Bereits im Mai 1990 geht die erste Strecke in Betrieb: Arenshausen – Eichenberg. Rainer Heinrich nimmt an der Eröffnungsfeier teil

Glückliche Gesichter im Bahnhof Arenshausen: Nach 45 Jahren gibt es hier wieder deutsch-deutschen Bahnbetrieb. Am 26. Mai 1990 ist der erste Zug aus Eichenberg zurückgekehrt Bilder, wenn nicht anders angegeben: Rainer Heinrich

Der letzte Zug datiert aus dem Jahr 1945. Infolge des Krieges hat man die Strecke 1952 sogar abgebaut. Doch am 26. Mai 1990, einen Tag vor dem Wechsel zum Jahresfahrplan 1990/91, gibt es die umjubelte Rückkehr. Der Zugverkehr zwischen den Bahnhöfen Arenshausen (Deutsche Reichsbahn) und Eichenberg (Deutsche Bundesbahn) wird wieder aufgenommen. Eine alte Ost-West-Verbindung der Eisenbahn zwischen Halle und Kassel geht ein zweites Mal in Betrieb. Der Jubel hat noch einen weiteren Grund: Der neu aufgebaute Streckenabschnitt ist der erste Lückenschluss über die einstige innerdeutsche Grenze. Die Maueröffnung liegt zu der Zeit ein halbes Jahr zurück.

Reiseverkehr als Initiativgeber

Wie ist es zu dem schnellen Lückenschluss gekommen? Die neu gewonnene Reisefreiheit in Richtung Bundesrepublik hat nach dem 9. November zu einer ungeheuren Belastung der wenigen Grenzübergänge zwischen beiden deutschen Staaten geführt. Nur acht Verbindungen stehen zur Verfügung, die ursprünglich allein im Güterverkehr genutzte Relation Ellrich – Walkenried ist dabei schon mitgerechnet.

Zwei 628er-Triebwagen der DB pendeln am Eröffnungstag abwechselnd mit dem Zwickauer Traditionszug auf der neuen Strecke. Sie müssen zusätzliche Fahrten einlegen, so groß ist das Interesse (Foto in Arenshausen)

So herrschen in den ersten Tagen und Wochen nach der Grenzöffnung teilweise chaotische Verhältnisse im Zugverkehr. Das zwingt das Ministerium für Verkehrswesen der DDR, die Reichsbahn (DR) und die Hauptverwaltung der Bundesbahn (DB) rasch zu Überlegungen, wie die Übergangsmöglichkeiten per Eisenbahn zwischen DDR und Bundesrepublik ausgebaut und durch

Besonderer Zug für einen besonderen Anlass: Zur Wiedereröffnung der Strecke Arenshausen – Eichenberg setzt die Reichsbahn die Dampflok 01 1531 und den Zwickauer Traditionszug ein (Aufnahme in Arenshausen)

Zur Streckeneröffnung reist DDR-Verkehrsminister Horst Giptner aus Berlin im Regierungszug an. Zuglok ist die »Ludmilla« 132 020

Im Pendelbetrieb hat der Zwickauer Traditionszug Eichenberg erreicht. Rechts die Strecke Göttingen – Kassel (26. Mai 1990)

neue Eisenbahnübergänge erweitert werden können. Pressemeldungen vom 24. November 1989 zufolge erörtern beide Bahnverwaltungen die Möglichkeit, einen Grenzübergang zwischen Arenshausen und Eichenberg neu zu errichten. Damit kann man die historische Strecke Halle – Kassel wieder auf ihrer ursprünglichen Länge für den Eisenbahnverkehr nutzbar machen. Dieser Übergangspunkt bietet sich an, weil die Strecke Halle – Kassel eine verkehrsgünstig gelegene Ost-West-Verbindung mit guten Anbindungsmöglichkeiten in das Streckennetz sowohl der DB als auch der DR ist. Ein weiterer Vorteil: Die zu schließende Gleislücke beträgt lediglich 3,5 Kilometer.

Daraufhin vereinbaren DR und DB Ende 1989 den Wiederaufbau dieses Übergangs. Am 31. Dezember teilt der DB-Vorstandsvorsitzende, Dr. Reiner Gohlke, in der »Welt am Sonntag« mit, »daß zu den acht bisherigen Grenzübergängen ab Fahrplanwechsel im Mai 1990 der Übergang Eichenberg –Arenshausen geöffnet wird.«

Dann geht alles sehr schnell. Als Oberbauleiter für den Grenzübergang Arenshausen – Eichenberg wird der bisherige Leiter der Bahnmeisterei Mühlhausen, Reichsbahn-Hauptrat Adolf Rhein, berufen und eingesetzt. Am 6. Januar 1990 beginnen die Vermessungsarbeiten, am 5. Mai ist das Gleis verbunden. Vom 19. Mai 1990 datiert der Abschluss der Arbeiten für das vorerst eingleisige Streckenstück Eichenberg – Arenshausen. In diese Zeit fallen außerdem die Abnahme des Abschnitts, die Erprobungen sowie der Erwerb von Strecken- und Bahnhofskenntnis für DR- wie DB-Personal.

Eröffnung mit Traditionszug Zwickau

Das Eröffnungsspektakel am 26. Mai wird von Reichsbahn und Bundesbahn perfekt inszeniert. Tausende zieht es per Auto, per Rad oder zu Fuß an den Bahndamm im hessisch-niedersächsisch-thüringischen Grenzgebiet, um bei dem historischen Ereignis dabei zu sein. Für die offizielle Eröffnungsfahrt hat die DR den Traditionszug Zwickau samt Gepäck- und Speisewagen nach Arenshausen beordert, gezogen von der Saalfelder Dampflok

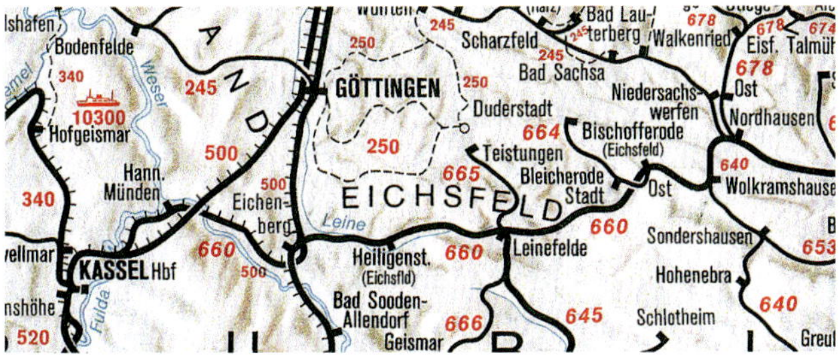

Die Strecke (Nr. 660) in der Kursbuchkarte 1991/92 Slg. Thomas Wunschel

01 1531. An der Spitze der Ehrengäste steht DDR-Verkehrsminister Horst Giptner, der eigens mit vier Wagen des Regierungszuges, gezogen von der Diesellok 132 020, nach Arenshausen gekommen ist. Begleitet wird er vom Präsidenten der Reichsbahndirektion Erfurt, Siegfried Knüpfer. Die bundesdeutsche Seite ist vertreten durch Dr. Wilhelm Knittel, Staatssekretär im Bundesverkehrsministerium, sowie Landräte und Bürgermeister der Region. Und da Kassel der Anfangspunkt der Strecke nach Halle ist, hat sich auch der dortige Oberbürgermeister Hans Eichel eingefunden.

Die Wiedereröffnung der Bahnlinie – sie ist ein gewaltiges Medienereignis: Nicht weniger als 100 Journalisten von Presse, Rundfunk und Fernsehen aus beiden Teilen Deutschlands berichten über den Start in ein neues Kapitel Eisenbahngeschichte. Hunderte Fotografen postieren sich direkt am Gleis in Grenznähe, auf den Wiesen, auf Brücken. Als dann um 11:08 Uhr der Eröffnungszug mit gellenden Pfiffen und Schrittgeschwindigkeit die Grenze passiert, Hunderte Luftballons in den blauen Himmel aufsteigen, Motorflieger das Geschehen umkreisen, kann man sich kein schöneres Bild vorstellen. Die Eisenbahn ist wieder zurück! Die Menschen sind wie sehr oft in den vergangenen Monaten überwältigt, lassen ihren Gefühlen freien Lauf.

Die Deutsche Bundesbahn setzt am Eröffnungstag zwischen Eichenberg und Arenshausen zwei neue Dieseltriebwagen der Baureihe 628/928 aus Karlsruhe (darunter 628 316) ein. Die 3,5 Kilometer lange Reise zwischen den beiden Gemeinden schafft das moderne Fahrzeug in knapp zehn Minuten. Die zweiteilige Garnitur pendelt nach einem Fahrplan bis zu zweimal in jeder Stunde, aber der starke Andrang macht zusätzliche Fahrten erforderlich. Die Grenzkontrollen fallen zur Premiere ohnehin weg, und Fahrkarten werden zwar zum Preis von einer Mark verkauft, doch ist das mehr ein symbolischer Wert. Die kurze Reisezeit und die dicht gefüllten Züge machen eine Fahrkartenkontrolle unmöglich, und sie ist wohl auch gar nicht beabsichtigt. Reichsbahn und Bundesbahn feiern gemeinsam, da gibt man sich den Gästen gegenüber spendabel. Auf beiden Bahnhöfen spielen Kapellen, es gibt Würstchen, Bier und Limonade und wer will, kann zur Gaudi einen Wein mit dem Namen »Grenzdurchbruch« erwerben.

Alltag mit D-Zügen

Der Alltag auf der Neubaustrecke Arenshausen – Eichenberg zieht mit Beginn des neuen Fahrplans am Sonntag, dem 27. Mai 1990, in den Morgenstunden ein. Der erste reguläre Zug aus der DDR erreicht um 03:40 Uhr Eichenberg. Neben Güterzügen verkehren von nun an täglich fünf D-Zugpaare über die Strecke (siehe Kasten). Damit haben Bundesbahn und Reichsbahn einen Anfang gemacht; weitere Lückenschlüsse folgen.

Die Strecke Halle – Eichenberg gehört ab 1991 zu den Verkehrsprojekten Deutsche Einheit und wird dort als Nummer 6 geführt. Seit dem Fahrplanwechsel am 29. Mai 1994 ist sie vollständig elektrifiziert und zweigleisig in Betrieb. Heute fahren auf der als Kursbuchstrecke 600 (Nordhausen – Leinefelde – Eichenberg) Regionalzüge der Deutschen Bahn AG und der Erfurter Bahn; Regionalexpress-Züge stellen dabei auch die Verbindung Halle – Kassel her.

Reisezüge Eichenberg – Arenshausen, Jahresfahrplan 1990/91

Die Verbindung ist Teil der KBS 25 A Kassel – Eichenberg – Nordhausen – Halle

Zugnummer:	**D 1061**	**D 1053**	**D 1055***	**D 1057**	**D 1059***
Startbahnhof	Kassel Hbf (ab 06:35)	Kassel Hbf (ab 10:24)	Düsseld. Hbf (ab 14:00)	Kassel Hbf (ab 18:25)	Frankfurt (M) Hbf (ab 20:55)
Eichenberg an	07:16	11:05	18:05	19:06	00:03
Eichenberg ab	07:31	11:20	18:20	19:20	00:18
Arenshausen an	07:41	11:30	18:30	19:30	00:28
Arenshausen ab	08:12	12:03	19:13	20:05	00:55
Zielbahnhof	Nordhsn. (an 09:32)	Leipzig Hbf (an 16:11)	Leipzig Hbf (an 23:21)	Leinefelde (an 20:45)	Cottbus (an 07:04)

*verkehrt nicht täglich

Zusammenstellung: M. Schwarz

Festansprache nach Ankunft des Eröffnungszuges in Eichenberg. In Bildmitte Dr. Wilhelm Knittel, Staatssekretär im Bundesverkehrsministerium, rechts daneben DDR-Verkehrsminister Horst Giptner; rechts am Bildrand Kassels Oberbürgermeister Hans Eichel

Großer Andrang hüben wie drüben: Hunderte Schaulustige erwarten im DB-Bahnhof Eichenberg die Ankunft des Eröffnungszuges

Der Autor

Rainer Heinrich, Jahrgang 1953, hat bei der Deutschen Reichsbahn Wagenmeister erlernt und arbeitet heute als Lokführer bei der Deutschen Bahn AG. Mit der Eisenbahn ist er seit frühester Kindheit verbunden. Die Wende erlebte Rainer Heinrich als Wagenmeister in Zwickau.

Bild: privat

Freudige Stimmung in Berlin: Am 24. Juli 1990 unternimmt der IC »Max Liebermann« seine Einweihungsfahrt nach Hamburg. Im Bahnhof Zoologischer Garten geben führende Vertreter von Politik und Bahn symbolisch den Abfahrtsauftrag. Von links: Bundesbahn-Vorstandsmitglied Hemjö Klein, die Stellvertretende Bürgermeisterin und Senatorin für Soziales in West-Berlin, Ingrid Stahmer, der frei gewählte Oberbürgermeister für Ost-Berlin, Tino Schwierzina, und der Vorstandsvorsitzende der Deutschen Reichsbahn, Hans Klemm Ingrid Migura/Histor. Slg. der DB AG

Berlins neue Bedeutung für die Bahn

Phönix aus der Asche

Als geteilte Stadt war Berlin nur für die DDR eine wichtige Verkehrsdrehscheibe. Nach dem Mauerfall sollte sie wieder insgesamt eine zentrale Bedeutung erlangen. Viele Projekte dafür wurden in den Jahren 1990/91 angestoßen

Die Mauer stand noch in Berlin, da berieten Fachleute des Verkehrswesens intern und öffentlich, wie der Eisenbahnverkehr künftig zu organisieren sei, wie man der alten Reichshauptstadt nach der Grenzöffnung zum Wiederauferstehen als Eisenbahn-Metropole verhelfen könne. Zu dieser Zeit bestand eine einzige Schienenverbindung zwischen Ost- und West-Berlin über den Bahnhof Friedrichstraße, wiesen die Zufahrtstrecke zum Beispiel infolge der Alkalischäden an den Betonschwellen schwere Mängel auf, waren die Strecken von Berlin in die Bundesrepublik nicht elektrifiziert.

Gesetze, Planungen, Projekte

Am 20. Juni 1991 beschloss der Bundestag, seinen Sitz und nach einer Übergangszeit den der Regierung vom Rhein an die Spree zu verlegen. Mit dem Berlin-Bonn-Gesetz, das die Grundsätze für den Umzug bestimmte, wurde zumindest in der Exekutive die Einheit Deutschlands vollzogen. Für Berlin und seine Eisenbahn war das Gesetz ein Signal, nicht nur die beiden Stadthälften verkehrstechnisch zu vereinen, sondern die Stadt auch zum zentralen Punkt des Fernreiseverkehrs zu entwickeln. Die Entwicklung, die im Herbst 1989 begonnen hatte und 1990/91 vorangetrieben wurde, setzte sich kontinuierlich fort: Ende 1992 beschloss das Führungsgremium deutsche Eisenbahnen (FdE), bereits Anfang 1993 den Hauptsitz in Berlin einzurichten. Auch die Gründungsurkunde der Deutschen Bahn vom 15. Dezember 1993 bestimmte Berlin zum Sitz des Unternehmens.

Signal aus Bonn: Der Umzug der Regierung nach Berlin wertete die Stadt verkehrstechnisch auf

Der Aufstieg zu Beginn der 90er-Jahre wird als beispiellos bezeichnet. Mit 50 Millionen Fernreisenden und 85 Millionen regionalen Fahrgästen rechneten die Verkehrsplaner im Bundesverkehrsministerium bis 2010. 1992 entstand der erste Bundesverkehrswegeplan, der das gesamte wiedervereinigte Deutschland erfasste und in dem der Standort Berlin eine wichtige Rolle spielte. Die Projekte für den

Generationen von Eisenbahnfans haben von der Brücke an der Warschauer Straße aus den Betrieb auf den Gleisen des Berliner Ost- bzw. Hauptbahnhofs (links am Bildrand) und des Wriezener Güterbahnhofs (rechts) verfolgt. Auch im Oktober 1990 pulsiert hier das Verkehrsgeschehen; unter anderem kommt einer der moderneren S-Bahn-Züge vorbei Thomas Wunschel

Grenzen fallen, Teil 1: Seit 2. Juli 1990 fahren S-Bahn-Züge der Reichsbahn wieder nach West-Berlin Manuel Jacob, Sven Klein (r.)

Grenzen fallen, Teil 2: Personenzug im S-Bahn-Verkehr (Ps) Berlin-Wannsee – Potsdam in Griebnitzsee bei den alten Sperranlagen (Aug. 1990)

Verkehrsträger Schiene umfassten die Neu- und Ausbaustrecken sowie den Ausbau von Personenverkehrsknoten und Anlagen des kombinierten Ladungsverkehrs. Das Ziel war es, den Schienenverkehr zwischen alten und neuen Bundesländern vollständig anzupassen. Dazu gehörte auch der Beschluss der Bundesregierung im April 1991 zu den Verkehrsprojekten Deutsche Einheit (VDE) mit milliardenschweren Investitionen.

Sämtliche VDE-Projekte hatten politische Priorität, die Planungszeiten wurden gesetzlich drastisch verkürzt. 1993 stimmten die Bundesländer schließlich über einen Bedarfsplan zum Ausbau der Schienenwege ab, der im Bundesschienenwegeausbaugesetz (BschwAG) niedergelegt wurde. Dadurch erhielten erstmals die Eisenbahnprojekte eine verbindliche Rechtsgrundlage. Die Region Berlin/Brandenburg bekam dadurch leistungsfähige Bahnanlagen, zumal Bund, Länder und der Senat von Berlin bestimmten, dass die Regierungsgebäude zu 80 Prozent mit öffentlichen Verkehrsmitteln problemlos auch aus dem Umland erreichbar sein müssen.

Neubauten in und um Berlin

Die größte Investition in Berlin waren sicherlich der Nord-Süd-Tunnel mit dem neuen Hauptbahnhof, über den unter den Stich-

Bis zum Mauerfall war Berlin Friedrichstraße der hermetisch abgeriegelte Grenzbahnhof, in dem Reisende argwöhnisch kontrolliert wurden. Im April 1991 gibt es andere Ziele: Nachdem die Begrenzungen abgebaut sind, ertüchtigt man nun die Gleise Volker Emersleben

Am 27. Mai 1990 um 12:41 Uhr ist es soweit: Mit IR 343 aus Köln fährt der erste InterRegio in Berlin Zoo ein. Die Spreestadt bekommt mehr Anschluss an den DB-Fernverkehr Ingrid Migura/Histor. Slg. der DB AG

Nach der Grenzöffnung darf der Hauptbahnhof seinen Namen zunächst behalten; erst in den späten 90er-Jahren, im Vorfeld des Baus eines neuen Hauptbahnhofs, wird er wieder zum Ostbahnhof Heiko Focken

worten Achsenkreuz oder Ringmodell bereits unmittelbar nach dem Mauerfall heftig gestritten wurde. Der Kompromiss lautete dann: Pilzkonzept, das schließlich von 2006 an die Reisezeiten Hamburg – Berlin – München wesentlich verkürzte.

Die Hochgeschwindigkeitsstrecke Berlin – Oebisfelde mit anschließender Schnellbahn nach Braunschweig und Hannover war eine Geburt, die vor dem Mauerfall lag und damals lediglich den Berlin-Verkehr von und nach der Bundesrepublik verbessern sollte. Erste Planfeststellungsverfahren begannen 1991, die Bauarbeiten selbst setzten 1992 ein. Die 1998 vollendete Verbindung wurde zu einer schnellen Magistrale für die Züge zwischen Berlin und Frankfurt (Main) sowie Köln.

Neue Zugangebote

Der erste Schritt vom bisherigen Fahrplan der Fernzüge zu so genannten Qualitätszügen nach dem Muster der Bundesbahn wurde am 1. August 1990 mit dem gemieteten Dieseltriebwagen (DB-Baureihe 601) getan, der als IC »Max Liebermann« nach Hamburg verkehrte (siehe S. 114ff.). Um die zulässige Geschwindigkeit von 140 km/h zwischen Berlin und Braunschweig zu erreichen, wurden von 1991 an einige Dieselloks der Baureihe 132 im Reichsbahnausbesserungswerk Cottbus mit einer geänderten Getriebeübersetzung versehen.

Bereits vom 1. April 1991 an fuhren im Zweistundentakt InterCity-Züge von Berlin über Köln nach Basel SBB und mit vier Zugpaaren nach Hamburg. Im am 2. Juni beginnenden Jahresfahrplan 1991/1992 verkehrten außerdem jeweils zweistündlich InterCity-Züge Berlin – Frankfurt (Main) – Karlsruhe, seit dem Fahrplanwechsel 1992 auch zweistündlich Dresden – Berlin – Hamburg und Berlin – Leipzig – Nürnberg. Seit 22. Mai 1993, also noch im letzten Jahr der Deutschen

Reichsbahn, wurden statt der InterCity-Züge nach Karlsruhe InterCity-Express-Züge über Stuttgart nach München eingesetzt, wobei sich die Reisezeit nach Frankfurt (Main) um eine Stunde verkürzte. Die ICE fuhren allerdings in Berlin-Lichtenberg ab und über den Außenring, weiter über Michendorf (hier Pendelzüge von und zum Bahnhof Zoologischer Garten) – Güterglück – Magdeburg. Denn der Bahnhof Zoologischer Garten war noch nicht an das elektrifizierte Netz angeschlossen.

Bei den IC-Zügen experimentierte man mit der Traktion anders: Der EuroCity »Thunersee« mit der DB-Ellok der Baureihe 103 wurde von Berlin-Rummelsburg bis Berlin-Wannsee von einer DR-Diesellok geschleppt, die IC nach Braunschweig fuhren entweder über den Außenring oder wurden bis Beelitz Heilstätten geschleppt. Wegen des Ausbaus der Strecke nach Leipzig mussten die InterCity-Züge teilweise Umwege über Dessau, Falkenberg (Elster) oder Elsterwerda benutzen.

Schließlich erfuhren die Verbindungen nach Budapest, Prag, Warschau und Wien eine Verbesserung, indem die Schnellzüge zu EuroCity-Zügen hochgestuft wurden; sie führten nun bequemere Wagen und hatten kürzere Grenzaufenthalte. 1993 wurde von Berlin aus auch der EuroCity »Alexander von Humboldt« nach Brüssel eingelegt.

Berlin hatte zwar – immer noch – Defizite im Eisenbahnverkehr nach dem Osten, aber auch die mit 2.683 Kilometer weiteste von Deutschland ausgehende Verbindung nach Saratow an der Wolga, inzwischen mit einem Wagen sogar bis Novosibirsk jenseits des Urals reichend. Mit nostalgischer Stimmung oder mit einem Hauch Weltläufigkeit verkehrte seit 9. August 1991 zunächst unregelmäßig, dann an jedem Wochenende der »Königsberg-Express« eines Reiseveranstalters.

Fortschritte und Rückschläge

Während sich in der alten-neuen Hauptstadt der Eisenbahnverkehr normalisierte, auch durch die Durchleitung der Regionalzüge, statt sie am Stadtrand enden zu lassen, wurden größere Objekte vorbereitet: die Sanierung und Elektrifizierung der Stadtbahn zwischen Berlin Hbf (der 1998 wieder zum Ostbahnhof werden sollte) und Zoologischer Garten, die

Trotz aller Neuerungen erinnert im August 1991 noch manches Zugangebot mit seinem Fahrzeugpark an den Berlin-Verkehr der Zeit vor der Wende. So etwa dieser D-Zug, der aus Richtung Westen den Bahnhof Zoologischer Garten erreicht hat Slg. Willy Grübner

Elektro- wie Dieselloks sind im Frühjahr 1991 in der Rotunde des Bahnbetriebswerks Berlin-Rummelsburg untergebracht. Kurz darauf wird diese Dienststelle als erstes der Berliner Bahnbetriebswerke geschlossen Volker Emersleben

STICHWORT **AUFSCHWUNG BEI DER BERLINER S-BAHN**

Ebenso wie der Fernbahnbetrieb erlebte der Berliner Nahverkehr mit dem Mauerfall einen ungeahnten Aufwärtstrend, insbesondere die S-Bahn. Diese war, wie die Stadt selbst, im Herbst 1989 geteilt. In West-Berlin führten seit 1984 die Berliner Verkehrsbetriebe (BVG) den Betrieb, in Ost-Berlin war die Deutsche Reichsbahn dafür zuständig.

Unmittelbar nach dem Mauerfall (und mit der überwältigenden Reisewelle von Ost nach West) begann eine intensive Zusammenarbeit zwischen beiden Seiten. Die DR lieh der BVG Fahrzeuge für den Verkehr aus, der West-Berliner Senat und die Reichsbahn vereinbarten Lückenschlüsse und teilweise Streckenneubauten, um die S-Bahn-Netze baldmöglichst zusammen zu führen – Ende 1989 bestand lediglich eine Verbindung mit Stromschiene, und zwar auf der Stadtbahn über den Bahnhof Friedrichstraße.

Ein Symbol für die Normalisierung waren die S-Bahn-Züge auf ebendieser Stadtbahn, die vom 2. Juli 1990 an wieder von Erkner/Königs Wusterhausen nach Wannsee und vom Flughafen Berlin-Schönefeld nach Charlottenburg verkehrten. Das hatte es seit 1961 nicht gegeben. Ebenfalls 1990 wurden Baumaßnahmen eingeleitet, welche die mit dem Mauerbau im Netz entstandenen Lücken schlossen (siehe auch S. 83-85). Zwar mussten die Bürger (und Besucher) Berlins gerade in den ersten Jahren immer wieder mit Provisorien im Betriebsablauf leben, angesichts der sichtbaren Verbesserung des städtischen Verkehrsangebots ließ sich das aber verschmerzen.

Beide S-Bahn-Bereiche wurden 1994 bei der Deutschen Bahn AG zur Berliner S-Bahn GmbH zusammengeführt; die Zeit der Teilung war endgültig überwunden.

M. Jacob/W. Grübner

Die Stadtbahn, im Bild beim Alexanderplatz, stellt die wichtigste Verbindung von Ost- nach West-Berlin dar. Die Ertüchtigung der Strecke ist ein vorrangiges Ziel bei den Projekten in der Spreestadt Volker Emersleben

Zukunftsmusik: Der Ausbau der Strecke Berlin – Magdeburg – Helmstedt beginnt 1991; der auf dem Baustellenschild angekündigte ICE fährt ab 1993 auf der Strecke Volker Emersleben

Im Jahr 1993 ist die Westseite des Berliner Hauptbahnhofs noch nicht elektrifiziert. Eine Rangierlok wie »Rita 19« zieht die Ellok vom Zug und schiebt sie zurück unter Fahrdraht Slg. Felix Walther

grundlegende Modernisierung der Empfangsgebäude von Berlin Hbf, Alexanderplatz, Friedrichstraße, Lichtenberg und Zoologischer Garten.

Umsetzung älterer Ideen

Was nach 1994 an Neuem entstand, ist keineswegs die Frucht der Bahnreform, sondern der bereits vor 1990 in Ansätzen bestehende und danach reifende Wille, Berlin wieder zur Eisenbahnmetropole zu machen. Freilich blieb manches unvollendet (Gesundbrunnen, die Nordbahn, die Strecke nach Dresden), erreichte nicht mehr den früheren Glanz (Verbindungen nach Osten, zum Beispiel nach Stettin, Danzig, Königsberg, St. Petersburg, nach dem Süden wie Rom, Genua) oder ging verloren (Bahnbetriebswerke Berlin-Schöneweide, -Pankow, Hbf, die Rangierbahnhöfe). Die Bahnindustrie gelangte ebenfalls nicht mehr zu alter Größe. Immerhin kam zur Siemens-Außenstelle in Spandau das ehemalige Werk für Signal- und Sicherungstechnik Berlin (WSSB) in Treptow hinzu, und die Deutsche Waggonbau-Anstalt (DWA), später Adtranz bzw. Bombardier Transportation, behielt ihren Sitz in Berlin.

Dass aber die Stadt einmal wieder ein Zentrum des Eisenbahnverkehrs und schneller Züge werden sollte, das war den Beteiligten, den Verkehrsplanern und auch den Einwohnern schon früh mehr oder weniger bewusst. Gleich nach 1990. *Erich Preuß*

Das D-Zug-Paar 1100/1101

Ein »Wendezug«

Wenige Tage nach der Grenzöffnung versuchten Bundesbahn und Reichsbahn, die enorme Ost-West-Reisewelle mit einem erweiterten Zugangebot aufzufangen. Zu den neuen Verbindungen gehörte der D 1100/1101 zwischen Berlin-Lichtenberg und München. Seine Markenzeichen: ein ungewöhnlicher Fahrplan und Wagen aus dem Reichsbahn-»Städteexpress«

Kaum ein Datum der deutschen Geschichte nach 1945 hat so große Bedeutung erlangt wie der 9. November 1989. Die unerwartete Öffnung der innerdeutschen Grenze und die plötzliche Reisefreiheit für die Bürger der DDR lösten eine gigantische Verkehrswelle aus – binnen weniger Tage strömten Hunderttausende nach Westen, viele davon in Zügen. Lief der deutsch-deutsche Grenzverkehr bis dahin eher in gemächlichem Rahmen, so wurde der Reisendenansturm nun zu einer Herausforderung für die beiden Bahnverwaltungen Deutsche Reichsbahn (DR) und Deutsche Bundesbahn (DB).

Um den Verkehr zu ordnen, vereinbarten sie am 15. November 1989 eine Reihe von Zügen, die ab 17. November 1989 planmäßig zwischen Ost und West rollen sollten. Eines dieser neuen Zugpaare war der D 1100/1101 zwischen Berlin-Lichtenberg und München Hauptbahnhof mit dem Laufweg über Probstzella – Nürnberg. Das Besondere dabei war der Wagenpark mit den orange-elfenbein lackierten »Städteexpress«-Wagen der DR, die dadurch planmäßig München erreichten.

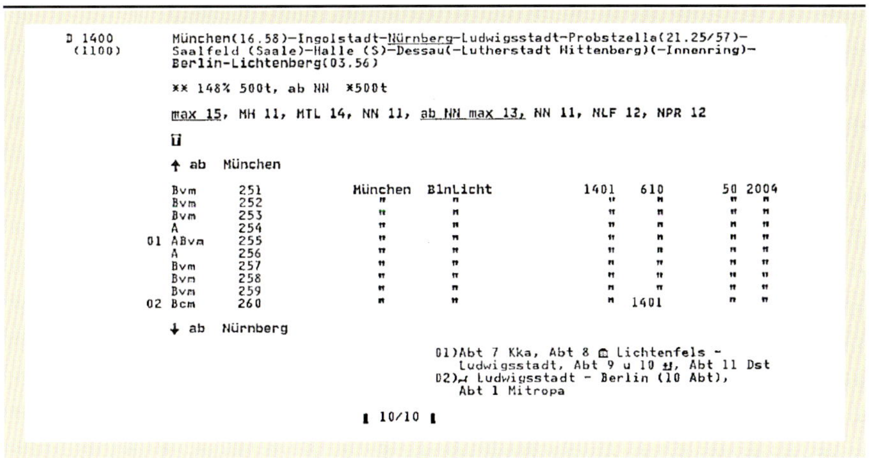
D 1400 (1100) München(16.58)-Ingolstadt-Nürnberg-Ludwigsstadt-Probstzella(21.25/57)-Saalfeld (Saale)-Halle (S)-Dessau(-Lutherstadt Wittenberg)(-Innenring)-Berlin-Lichtenberg(03.56)

** 148% 500t, ab NN *500t

max 15, MH 11, MTL 14, NN 11, ab NN max 13, NN 11, NLF 12, NPR 12

↑ ab München

	Bvm	251	München	BlnLicht	1401	610	50	2004
	Bvm	252	"	"	"	"	"	"
	Bvm	253	"	"	"	"	"	"
	A	254	"	"	"	"	"	"
01	ABvm	255	"	"	"	"	"	"
	A	256	"	"	"	"	"	"
	Bvm	257	"	"	"	"	"	"
	Bvm	258	"	"	"	"	"	"
	Bvm	259	"	"	"	"	"	"
02	Bcm	260	"	"	"	1401	"	"

↓ ab Nürnberg

01)Abt 7 Kka, Abt 8 Lichtenfels - Ludwigsstadt, Abt 9 u 10, Abt 11 Dst
02) Ludwigsstadt - Berlin (10 Abt), Abt 1 Mitropa

10/10

Der Zugbildungsplan für den D 1400 (vormals D 1100), Stand 1990. Bis zu neun Städteexpress- und ein Liegewagen sind für diese Leistung vorgesehen Slg. Josef Mauerer

Der Fahrplan der Züge war ungewöhnlich, damals aber keine Seltenheit: D 1101 verließ Berlin-Lichtenberg um 0:59 Uhr und erreichte München Hbf um 11:16 Uhr. Der Gegenzug D 1100 fuhr in München Hbf um 18:19 Uhr ab mit Ankunft in Berlin-Lichtenberg um 4:39 Uhr. Das reichte für einen Tagesaufenthalt (oder auch Wochenendaufenthalt) in der bayerischen Landeshauptstadt, die ein bevorzugtes Ziel war – dort bekamen Besucher aus der DDR zu den 100 DM allgemeines Begrüßungsgeld noch 40 DM bayeri-

Ein D-Zug mit Städteexpress-Wagen gehört auch auf der im DR-DB-Verkehr erprobten Frankenwaldbahn nicht zum Alltäglichen; auf dem Weg nach München kommt D 1101 im Frühjahr 1990 durch Kronach Rolf Schierer

sches und 50 DM kommunales Begrüßungsgeld dazu, also 90 DM mehr. Aus eisenbahnbetrieblicher Sicht dürfte der Fahrplan ein Kompromiss gewesen sein, um die Folgeeinsätze der Garnituren zu sichern.

Die Entwicklung ab Sommer 1990

Ab Sommer 1990 hießen die Züge D 1400/1401 mit geänderten Fahrplänen. D 1401 erhielt nachtzuggerechte Zeiten mit der Ankunft in München Hbf um 8:41 Uhr; D 1400 hingegen fuhr über eine Stunde früher und erreichte Berlin-Lichtenberg laut Plan um 3:56 Uhr. Im DB-Zugbildungsplan von 1990 kann auch der weitere Einsatz der Garnituren verfolgt werden: Der Wagenpark des D 1400 lief nach drei Stunden mit D 610 weiter nach Saßnitz (über Neubrandenburg), Abfahrt in Berlin-Lichtenberg um 7:00 Uhr, Ankunft in Saßnitz um 11:53 Uhr. Aus der Gegenrichtung kam die Garnitur mit D 317 »Berlinaren« Malmö – Saßnitz – Berlin mit Laufweg über Pasewalk; Abfahrt in Saßnitz 13:37 Uhr, Ankunft in Berlin-Lichtenberg 17:25 Uhr. Der komplette Wagensatz dürfte sicher nicht von Malmö aus im Einsatz gewesen sein. Die Züge nach Saßnitz führten einen Speisewagen, bei den Münchner Zügen gab es diesen nicht. Dafür wurde in diese ab Sommer 1990 zusätzlich ein Liegewagen eingereiht.

Kurze Episode: Der Zug verschwand schon 1991

Der Fahrplan 1991 brachte schließlich das Ende für dieses D-Zugpaar, da der Bereich der DR in den Taktverkehr mit InterCity- und InterRegio-Linien voll integriert wurde. Aus diesem Grund bedeutete 1991 auch das definitive Ende der Städteexpress-Züge der DR.

Die Wagen im charakteristischen orange-elfenbeinfarbenen Anstrich kamen noch weiterhin nach München und bis ins Allgäu. Sie liefen bevorzugt in den nun im Takt verkehrenden D-Zügen der Linie 25 über Hof. Mit der Umstellung der Linie auf InterRegio-Wagen bis 1994 verschwanden die Städteexpresswagen endgültig, zumal man sie selbst inzwischen einem Umbauprogramm unterzog. Ihr vorübergehender »Auftritt« auf der Strecke Berlin – München bleibt aber in guter Erinnerung, auch und gerade im Zusammenhang mit der euphorischen Zeit der Wende.

Josef Mauerer/GM

Foto: privat

DER AUTOR

Josef Mauerer, Jahrgang 1958, begann 1974 seine Laufbahn bei der DB und arbeitet heute bei DB Regio München in der Fahrplangestaltung. Er interessiert sich auch privat für die Eisenbahn, u. a. die historische Zugplanung und die Diesellloks der V-160-Familie.

HINTERGRUND – ZUGANGEBOT MÜNCHEN – NÜRNBERG – BERLIN 1989/90

Zugverkehr München/Nürnberg – Berlin 1989/90

Zug-Nr.		D 302	D 308	D 306	D 1100	D 300	D 408
Verkehrsart		T	T	T	DB/DR	T	DB/DR
München Hbf	ab	7:36	10:44		18:19	22:15	22:34
Augsburg Hbf	ab	8:15	~		~	22:56	~
Ingolstadt Hbf	ab	~	~		19:08	~	~
Nürnberg Hbf	ab	10:06	~	15:32	20:30	0:29	~
Ludwigsstadt	ab	12:00	~	17:29	22:16	2:13	~
Probstzella	an	12:07	~	17:36	22:23	2:20	~
Saalfeld (Saale)	an	|	~	|	23:28	|	~
Halle (Saale) Hbf	an	|	~	|	2:13	|	~
Regensburg Hbf	ab	~	12:16	~	~	~	0:05
Hof Hbf	ab	~	14:51	~	~	~	2:36
Gutenfürst	an	~	15:06	~	~	~	2:48
Leipzig Hbf	an	~	~	~	~	~	6:06
Potsdam Hbf	an	~	~	~	~	~	8:35
Berlin-Wannsee	an	17:16	20:24	23:00	~	7:43	
Berlin Zool Garten	an	17:30	20:38	23:15	~	7:59	
Berlin Friedrichstraße	an	17:49	21:10	23:55	~	8:35	
Flugh. Berlin-Schönefeld	an				4:14		
Berlin-Lichtenberg	an				4:39		
							nach Rostock

Zugverkehr Berlin – Nürnberg/München 1989/90

Zug-Nr.		D 1101	D 303	D 309	D 307	D 409	D 301
Verkehrsart		DB/DR	T	T	T	DB/DR	T
Berlin-Lichtenberg	ab	0:59					
Flugh. Berlin-Schönefeld	ab	1:27					
Berlin Friedrichstraße	ab	~	5:54	8:05	11:05		20:51
Berlin Zool Garten	ab	~	6:16	8:23	11:36		21:10
Berlin-Wannsee	ab	~	6:30	8:36	11:50		21:24
Potsdam Hbf	ab	~	~	~	~	19:50	~
Leipzig Hbf	ab	~	~	~	~	22:35	~
Gutenfürst	ab	~	~	14:01	~	1:48	~
Hof Hbf	an	~	~	14:15	~	2:00	~
Regensburg Hbf	an	~	~	16:44	~	4:28	~
Halle (Saale) Hbf	ab	3:23	|	~	|	~	|
Saalfeld (Saale)	ab	5:59	|	~	|	~	|
Probstzella	ab	6:56	11:41	~	17:08	~	3:10
Ludwigsstadt	an	7:03	11:48	~	17:15	~	3:17
Nürnberg Hbf	an	9:13	13:37	~	19:07	~	5:08
Ingolstadt Hbf	an	10:31	~	~		~	~
Augsburg Hbf	an	~	15:17	~		~	6:45
München Hbf	an	11:16	15:59	18:21		6:20	7:27
						von Rostock	

Die Transitzüge (T) dienten in erster Linie dem Verkehr mit West-Berlin, nur über die Grenzübergangsstellen (Güst) Probstzella bzw. Gutenfürst sowie über Berlin Friedrichstraße war auch die Ein-/Ausreise aus/in die DDR möglich.

Der Status »Transitzug« galt bis zum 1. Juli 1990. Von diesem Zeitpunkt an bekamen die Züge über Probstzella einen Verkehrshalt in Halle (Saale) Hbf, das Zugpaar über Gutenfürst einen Halt in Reichenbach (V) ob Bf. Ferner wurden die Laufwege der Züge verlängert bis/ab Berlin Hauptbahnhof (vormals Ostbahnhof).

Das Zugpaar D 408/409 (München – Rostock) hatte mit dem Berlin-Verkehr grundsätzlich nie etwas zu tun, konnte bis/ab Potsdam aber ebenfalls für diesen Zweck benutzt werden.

DR-Ellok 243 302 eröffnet mit einem Sonderzug am 28. September 1991 die Neubaustrecke von Sonneberg nach Neustadt b. Coburg. Fast 40 Jahre lang fuhr hier kein Zug Volker Emersleben

Ralf Roman Rossberg

Lückenschlüsse und Ausbaumaßnahmen DR/DB

Mehr Vernetzung

Nur noch neun Bahnstrecken waren bei der Öffnung der DDR-Grenze zwischen Reichsbahn und Bundesbahn in Betrieb. Umgehend gingen beide Bahnverwaltungen daran, die Verbindungen zu verbessern; der Beginn für umfangreiche Neubau- und Ausbaumaßnahmen

Die Teilung Deutschlands und der Hauptstadt Berlin in vier Besatzungszonen bzw. zwei Staaten und eine geteilte Stadt hatten dazu geführt, dass nach 1945 nicht weniger als 44 Strecken unterbrochen wurden. Lediglich neun blieben zwischen Ost und West in Betrieb. In beiden deutschen Staaten verlagerten sich die Verkehrsströme in die Nord-Süd-Richtung, was erhebliche Investitionen erforderte oder zur Überlastung von Strecken führte, die bis 1945 wenig belegt waren. Daneben wurden nun bedeutungslose Ost-West-Strecken stillgelegt, auf Busbedienung umgestellt oder es wurden vereinfachte Betriebsverfahren eingeführt.

Das musste sich rasch nach der Öffnung der deutsch-deutschen Grenze am 9. November 1989 ändern, denn die Verkehrsbedürfnisse entwickelten sich wieder in die Ost-West-Richtung. Die beiden deutschen Bahnen veranlassten Sofortmaßnahmen wie die Umstellung der Signalanlagen auf den Bahnhöfen Ellrich und Walkenried, wo der Personenverkehr wieder aufgenommen worden war, stellten in Berlin Friedrichstraße die durchgehende S-Bahn-Verbindung wieder her, setzten auf dem Bahnhof Büchen Bahnsteige instand, bauten im Bahnhof Obersuhl Außenbahnsteige für den Nahverkehr Gerstungen – Bebra und stellten die Fernmeldeverbindungen zwischen den beiden Bahnnetzen wieder her.

Lückenschlussmaßnahmen DB – DR

Parallel bzw. unmittelbar danach kam es zu Untersuchungen, wie und in welcher Reihenfolge unterbrochene Strecken wieder aufgebaut, bestehende ausgebaut oder neu gebaut werden sollten. Das Ergebnis dieser Untersuchungen wurde 1990 den Regierungen der Bundesrepublik und der DDR für deren »Verkehrswegekommission« übermittelt, die am 6. Juli 1990 dann 22 so genannte Lückenschlussmaßnahmen beschloss. Dabei handelte es sich nicht nur um Neubauten, sondern auch um Ausbaumaßnahmen. Diese waren (jeweils in Ost-West-Richtung gesehen):

– Berlin – Hamburg mit Schwerpunkt zwischen Schwanheide und Büchen;
durchgehend zweigleisiger Ausbau mit Elektrifizierung, Ausbau für 160 km/h Geschwindigkeit, Option 200 km/h, Optimierung der Blockteilung und Gleiswechselbetrieb; in Betrieb genommen 1997

– Berlin – Magdeburg – Helmstedt mit Schwerpunkt zwischen Marienborn und Helmstedt; Elektrifizierung und Ausbau auf 160 km/h, Option 200 km/h zwischen Werder (Havel) und Biederitz, Spurplanvereinfachungen, längere Überholungsgleise, Zentralstellwerke; in Betrieb genommen 1995

Auch zwischen Mellrichstadt und Rentwertshausen wird am 28. September 1991 eine Lücke im Netz geschlossen. Dampflok 01 1531 bespannt dazu einen Sonderzug Ralf Roman Rossberg

– Stapelburg – Bad Harzburg; Wiederaufbau mit eingleisiger (und veränderter, nicht mit der Kommission »Verkehrswege« abgestimmter) Streckenführung nach Vienenburg; in Betrieb genommen 1992
– Halle (Saale) – Kassel mit Schwerpunkt Leinefelde – Eichenberg; durchgehend zweigleisiger Ausbau zwischen Bernterode und Eichenberg, Elektrifizierung; in Betrieb genommen 1994
– Halle – Erfurt – Gerstungen – Kassel mit Schwerpunkt zwischen Neudietendorf und Bebra; durchgehend zweigleisiger Ausbau zwischen Eisenach und Gerstungen in früherer Streckenführung über Wartha, Ausbau für 160 km/h Geschwindigkeit, Elektrifizierung, Wiederinbetriebnahme der »Berliner Kurve« zwischen der Abzweigstelle Faßdorf und Blankenheim, Neubau der Tunnelröhre des Hönebacher Tunnels sowie Ersatzbau des Viaduktes in Gotha; in Betrieb genommen 1995
– Meiningen – Schweinfurt mit Schwerpunkt Rentwertshausen – Mellrichstadt; eingleisiger Wiederaufbau mit Option für zweigleisigen Ausbau, Anpassen der Signalanlagen auf den Zwischenbahnhöfen; in Betrieb genommen am 28. September 1991
– Sonneberg (Thür) – Neustadt (b Coburg); eingleisiger Wiederaufbau, Elektrifizierung, Anpassung der Signalanlagen in Sonneberg; Inbetriebnahme am 28. September 1991
– Bamberg – Camburg mit dem Schwerpunkt Camburg – Hochstadt-Marktzeuln; durchgehend zweigleisiger Ausbau mit Elektrifizierung zwischen Camburg und Probstzella, Linienverbesserungen für 10 bis 20 km/h höhere Geschwindigkeiten, Bahnsteigunterführungen, elektronische Stellwerke, Gleiswechselbetrieb; Inbetriebnahme 1995

Bis 1995 war das Lückenschlussprogramm DR/DB verwirklicht

– Plauen (Vogtl) ob Bf – Hof; zweigleisiger Ausbau; in Betrieb genommen 1993

Baumaßnahmen in Berlin

Weitere Lückenschlüsse bzw. Ausbaumaßnahmen bezogen sich auf Berlin. Sie waren für folgende Verbindungen vorgesehen:
– Seddin – Berlin-Charlottenburg mit dem Schwerpunkt Michendorf – Berlin-Grunewald;
– zweigleisiger Ausbau Rehbrücke – Abzweigstelle Kohlhasenbrück, Elektrifizierung, elektronisches Stellwerk in Berlin-Wannsee; in Betrieb genommen 1995
– Berliner Stadtbahn; zweigleisiger Wiederaufbau Alexanderplatz – Friedrichstraße, Elektrifizierung, elektronische Stellwerke, Bahnsteigverlängerungen, zweites Wagenbehandlungssystem in Berlin-Rummelsburg; in Betrieb gegangen 1998
– Lückenschlüsse S-Bahn Berlin; eingleisig Neukölln – Baumschulenweg, eingleisig Lichtenrade – Mahlow, zweigleisig Wannsee – Potsdam Stadt (Hbf), zweigleisig Frohnau – Hohenneuendorf, eingleisig Lichterfelde Süd – Teltow, zweigleisig Treptower Park – Sonnen-

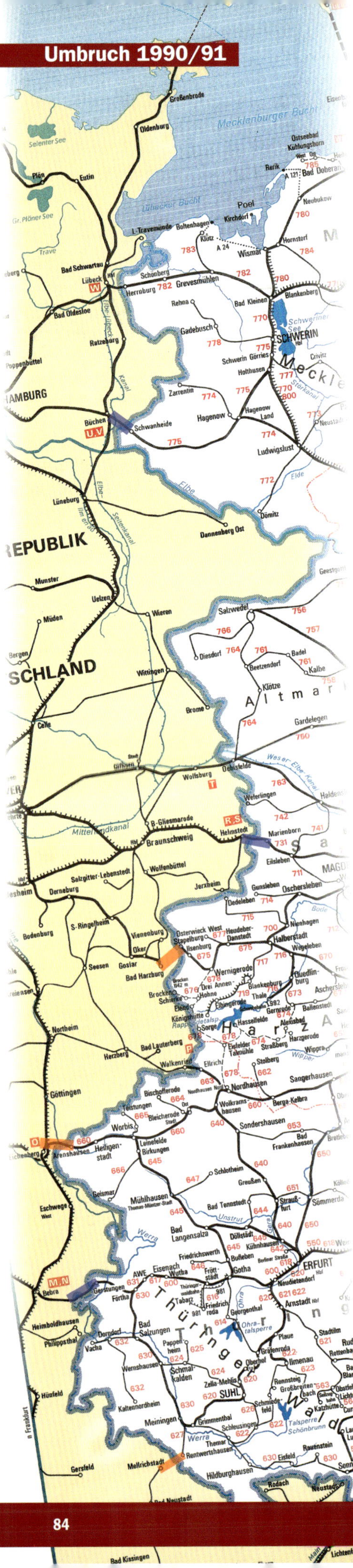

Die Übergänge von DB zu DR, Stand 1990. Farbig eingezeichnet die bereits bzw. in der Folge vorgenommenen Lückenschlüsse (Neubaumaßnahmen, rot) und Ertüchtigungen (Ausbaumaßnahmen, blau) Slg./Bearb.: R. Oehme

Seit 1962/63 fuhren die Züge zwischen Eisenach und Gerstungen auf einer Neubaustrecke über Förtha, um kein Bundesgebiet zu berühren. Am 25. Mai 1991 wird als Teil der Verkehrsprojekte Deutsche Einheit die alte, einfachere Streckenführung über Wartha wieder eröffnet. Reichsbahn-Vorstandsvorsitzender Hans Klemm durchschneidet vor dem Sonderzug das Einweihungsband Thomas Bär/Historische Slg. der DB AG

Zur Feier des Lückenschlusses nach Neustadt (b. Coburg) veranstaltet die Reichsbahn am 28. September 1991 in Sonneberg auch eine Fahrzeugschau Slg. Willy Grübner

allee, zweigleisig Schönhauser Allee und Pankow – Gesundbrunnen, Sanierung Nord-Süd-Strecke, provisorischer Bahnsteig Bornholmer Straße, Rekonstruktion Friedrichstraße.

Umsetzung mit Hindernissen

Die genannten Lückenschlüsse ohne Details vieler weiterer Maßnahmen ermöglichten Reisezeitverkürzungen, besseres Fahrplanangebot, höhere Zuverlässigkeit, aber auch den Wegfall von Lokomotivwechsel und Arbeitsplätzen. Für das künftige Verkehrsaufkommen, wie man es 1990 erwartete, reichte der Strecken- und Bahnhofsausbau nicht aus. Deshalb wurden Verkehrskorridore untersucht und im Auftrag des Bundesverkehrsministeriums, ob die Maßnahmen des Lückenschlussprogramms in jedem Fall wirtschaftlich seien. Das waren sie mit Ausnahme der Elektrifizierung der Strecke Berlin – Helmstedt nicht. Trotzdem, aus politischer Opportunität durfte die Bundesbahn auf dem Kapitalmarkt die Mittel aufnehmen, um das Lückenschlussprogramm zu finanzieren. Mit Investitionszuschüssen aus Steuermitteln durfte die Bundesbahn dagegen nicht rechnen.

Das ist auch der Grund, warum nicht alle früher bestehenden Streckenverbindungen über die Grenze wiederhergestellt wurden, einige der Vorhaben des Lückenschlussprogramms sich verzögerten und auch die S-Bahn in Berlin nicht vollständig auf ihren früheren Stand gebracht wurde. Zu den offen gebliebenen Lücken, deren Schließung von den Bürgern und auch Abgeordneten immer noch gefordert werden, gehören zum Beispiel die Strecken Berlin Gesundbrunnen – Birkenwerder (Nordbahn), Blankenstein (Saale) – Höllenthal (– Hof) oder die Verlängerung der Berliner S-Bahn von Spandau bis Falkensee, von Hennigsdorf bis Velten (Mark) und von Blankenfelde nach Rangsdorf. Andererseits erwiesen sich manche Vorstellungen vom auflebenden Schienenverkehr als irrig. So trat auf bayerischer Seite der Strecke Schweinfurt – Meiningen kein Mehraufkommen auf; auch der Fernverkehr Berlin – Würzburg über diese Verbindung blieb schwach und wurde aufgegeben.

Verkehrsprojekte Deutsche Einheit

Nach dem Beitritt der DDR zur Bundesrepublik am 3. Oktober 1990 wurden auch die längerfristigen Maßnahmen zum Ausbau der Verkehrswege begonnen, die in den Verkehrsprojekten Deutsche Einheit zusammengefasst worden sind und für die Schienenwege neun Aufgaben enthielten. Dass unter ihnen wie beim Lückenschlussprogramm einige sind, die sich bis zu ihrem Abschluss erheblich verzögern, wie die Hochgeschwindigkeitsstrecke Leipzig/Halle – Erfurt – Nürnberg, der Ausbau der Strecken Leipzig – Dresden und Hagenow Land – Stralsund, liegt meist an der fehlenden Finanzierung. Einem Problem, das nach der Euphorie um Wende und Wiedervereinigung immer öfter zum Begleiter der Planungen wurde. *Erich Preuß/GM*

Weitere Maßnahmen plante man als Verkehrsprojekte Deutsche Einheit

Streckenkarte 1990

DR-Netz nach der Wende

Neue Strecken nach Westen über Ellrich und Arenshausen und eine »Ballung« im Südwesten: Das ist der Stand der Dinge im Sommer 1990

Die Magistrale Berlin – Hamburg: P 7386 in Neustadt/Dosse, Juli 1990 Heiko Focken

Abfahrtsauftrag für den Nahverkehrszug Weimar – Bebra in Förtha, Sept. 1991
Jürgen Krantz, Karte rechts: Slg. Rico Oehme

Dienst in Stendal: 211 808 mit P 5328 nach Wittenberge, Februar 1991 H. Focken

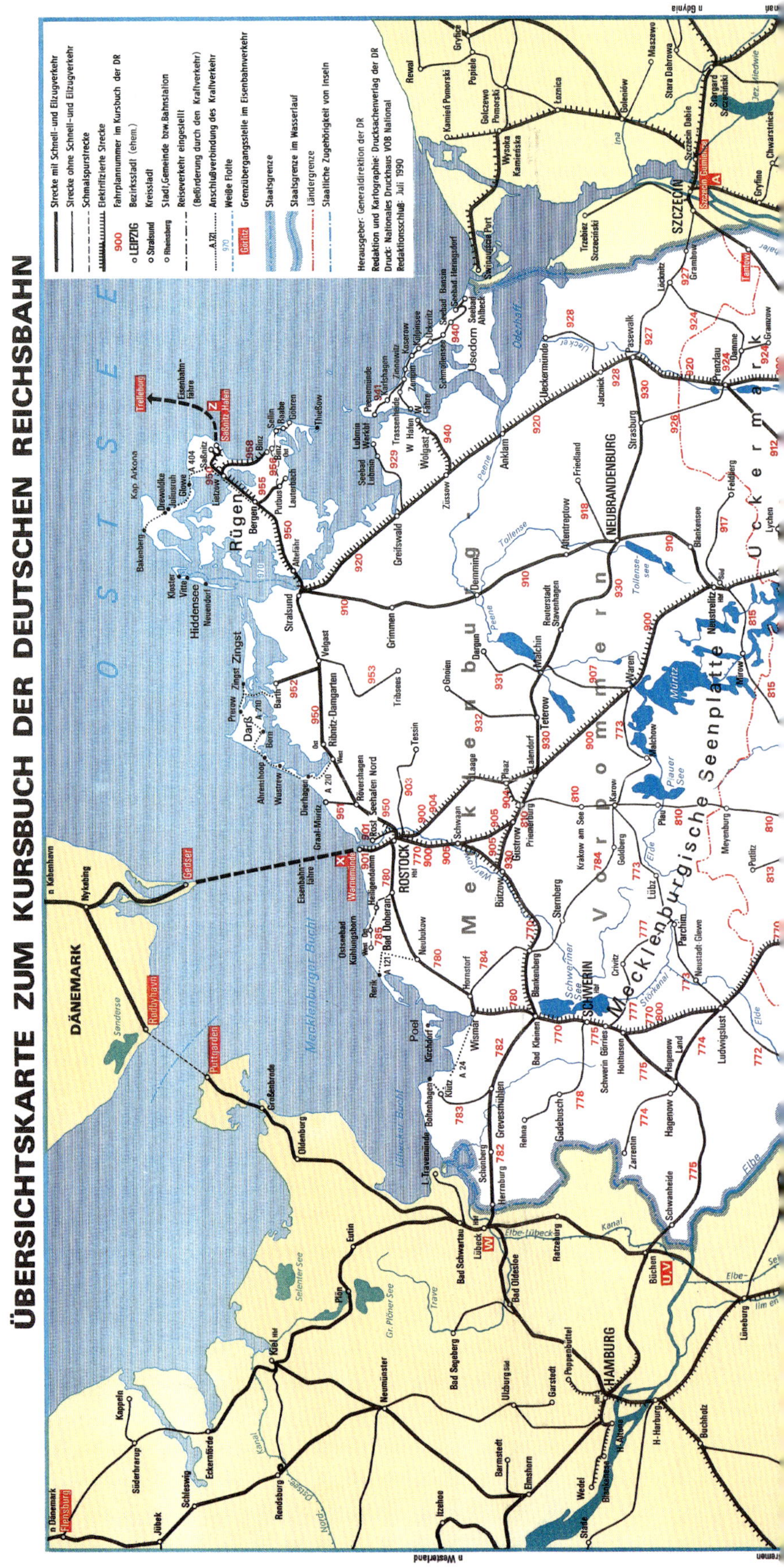

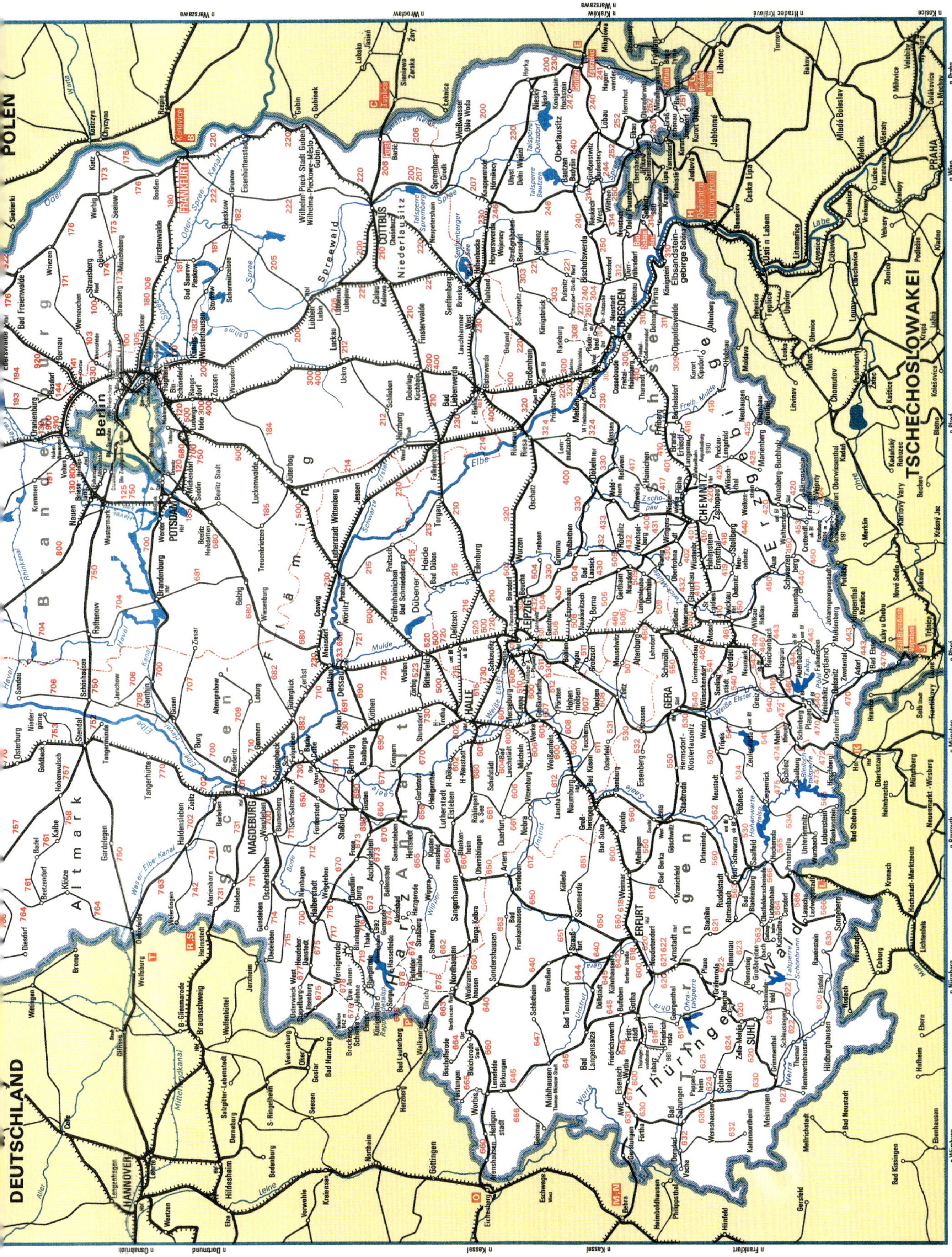
POLEN
DEUTSCHLAND
TSCHECHOSLOWAKEI
Berlin
POTSDAM
FRANKFURT
COTTBUS
DRESDEN
LEIPZIG
HALLE
MAGDEBURG
ERFURT
GERA
SUHL
CHEMNITZ
HANNOVER
PRAHA

Zusammenarbeit veranschaulicht: Im Frühjahr 1990 hat eine Bundesbahn-Diesellok der Baureihe 218 Reichsbahn-Wagen an den Haken genommen. Mit dem Zug passiert sie die Grenze an der Strecke Gutenfürst – Hof
Markus Lohneisen

Die Kooperation von Reichsbahn und Bundesbahn

Hand in Hand

Die Grenzöffnung forderte von den Bahnverwaltungen der beiden deutschen Staaten zügige Zusammenarbeit. Das gelang in bemerkenswerter Weise – jedoch bald auch unter anderen Vorzeichen

Völlig unvorbereitet traf der Mauerfall die Bahnverwaltungen der beiden deutschen Staaten – Grenzöffnung, das war jahrelang ein Tabu. Um den jetzt hereinbrechenden Verkehrsströmen Herr zu werden, mussten Reichsbahn und Bundesbahn umgehend reagieren und kooperieren. Das taten sie in nicht für möglich gehaltener Weise. In den ersten Tagen nach dem 9. November legten sie kurzfristig Sonderzüge ein und öffneten den Übergang Ellrich – Walkenried für den Personenverkehr. Nach erstaunlich schnell abgeschlossenen Verhandlungen boten Deutsche Reichsbahn (DR) und Deutsche Bundesbahn (DB) ab 17. November 1989 insgesamt 22 neue Verbindungen und 20 zusätzliche Züge des grenznahen Verkehrs an.

Verbesserungen für Berlin

In den Blickpunkt der Zusammenarbeit geriet sofort Berlin, dessen S-Bahn- und Nahverkehrsnetz wie die Stadt als solche geteilt war. Am 22. Dezember 1989 trat erstmals ein Regionalausschuss aus Vertretern der beiden Stadtregierungen Berlins, der umliegenden DDR-Bezirke und beider deutscher Staaten zusammen, um neue Verkehrskonzepte zu erörtern. Die Verhandlungen schlugen schon bald zu Buche: So richtete man direkte Vorortzüge über die Fernbahn Richtung Potsdam ein; die Verbindung Wannsee – Potsdam nahm am 22. Januar 1990 den Betrieb auf. Weiterhin wurden auf Ost-Berliner Gebiet S-Bahnhöfe wieder eröffnet und ein durchgehender S-Bahn-Ost-West-Verkehr über die Stadtbahn eingerichtet (S 3 Wannsee – Erkner ab 2. Juli 1990). Zudem schloss man die Lücken zwischen bereits befahrenen West-Berliner S-Bahn-Strecken und dem Umland.

Im Februar 1990 tauchten übrigens auch die ersten Ideen zur zukünftigen Gestaltung der Schienenwege in Berlin auf und damit die Frage nach einem Zentralbahnhof – für die eventuelle neue Bundeshauptstadt. Die heutige Lösung einer Nord-Süd-Tunnelstrecke mit Kreuzung der Stadtbahn am Lehrter Bahnhof stand von Anfang an zur Diskussion.

Kurz vor Weihnachten 1989 hatten Bundeskanzler Helmut Kohl und DDR-Ministerpräsident Hans Modrow vereinbart, dass die bereits seit einigen Jahren angedachte Schnellverbindung Hannover – Stendal – Berlin errichtet werde. Im Januar setzten beide Staaten die Verhandlungen fort, am 28. Juni 1990 wurde der Vertrag zum Bau der Strecke unterzeichnet.

Mittlerweile arbeiteten Reichsbahn und Bundesbahn Hand in Hand weiter. Ein langfristiges Konzept für die 1990er-Jahre sah die Reaktivierung der meisten Berliner S-Bahn-Strecken und die Elektrifizierung weiterer Strecken nach Berlin vor. Außerdem wollte man das Wagenmaterial den Bedürfnissen nach komfortablerem Reisen anpassen. Möglichst bald sollten die Lücke in der Strecke Kassel – Halle zwischen Eichenberg und Ahrenshausen geschlossen und die alte Streckenführung

OBEN Improvisation ist Trumpf beim deutsch-deutschen Reiseverkehr Ende 1989. In Kronach bespannt die DB-Ellok 140 580 eine Garnitur mit DR-Doppelstockwagen Rolf Schierer

Diese Art der »Kooperation« mit westdeutschen Institutionen hätten sich ostdeutsche Behörden lieber erspart. Am 28. April 1990 müssen Volkspolizei und Transportpolizei Rechtsradikale bewachen, die mit dem Zug von Westen nach Nordhausen gereist sind. Schon kurz nach der Grenzöffnung haben Rechtsparteien aus der Bundesrepublik Kontakte in die DDR geknüpft Dirk Höllerhage

Bebra – Gerstungen – Eisenach über Wommen wieder in Betrieb genommen werden. Zum Sommerfahrplan 1990 stockten DR und DB das innerdeutsche Zugangebot um rund 200 Züge auf, davon 112 im Fernverkehr Bundesrepublik – DDR, 48 im Berlin-Verkehr und 36 grenznahe Verbindungen.

Die beiden Staatsbahnen kooperierten so gut, dass sie zum 1. April 1990 eine gemeinsame Planungsgesellschaft »Neue Bahn« gründen wollten. Ab dem Jahresfahrplan 1991 beabsichtigten beide Bahnen, wie ein Unternehmen zu arbeiten. Ein wichtiger Satz in dem Papier zur Gründung lautete: »Aktuelles Ziel ist es, seitens der Bahnen alles zu tun, um die jeweils teils unterschiedlichen, teils gemeinsamen Fehler von 40 Jahren in der Verkehrspolitik der DDR wie in der Bundesrepublik Deutschland vermeiden zu helfen.« Doch da fürchtete Bundesverkehrsminister Friedrich Zimmermann (CSU), dass der Politik das Steuer aus der Hand glitt und die Bahnverwaltungen sich zu einer eigenständigen Verkehrspolitik aufschwängen. Er verbot der Bundesbahn schlichtweg die unerwünschte Eigeninitiative. Den Chefs beider Bahnen, Reiner Gohlke (DB) und Herbert Keddi (DR), blieb nur, auf einer Pressekonferenz am 22. März zu bekunden, dass beide Bahnverwaltungen nach einem Dreistufenplan zusammenwachsen sollen. In den folgenden Monaten stellten beide Bahnen und die Politik folgende Kooperationen vor:

- Weiterbeschaffung von DR-Elloks und -Triebwagen (Reihen 243, 270) sowie Beschaffung von Neuentwicklungen (Reihen 210, 212 und 252) durch das Werk KLEW Hennigsdorf.
- Vorstellung der Projektstudie der »Kommission Verkehrswege«; sie enthielt unter anderem Pläne zu weiteren Lückenschlüssen und die weitere Elektrifizierung der Fernbahnen nach Berlin
- gemeinsames deutsches Kursbuch 1991
- ab Herbst 1990 Planspiele für ein einheitliches Kennzeichnungsschema der Triebfahrzeuge bzw. eine Integration der Reichsbahnfahrzeuge ins DB-Schema (realisiert zum 1. Januar 1992)

Am 3. Oktober 1990 feiert Deutschland die Wiedervereinigung und auch die Berliner S-Bahn ist zusammengerückt. Vom Alexanderplatz (Foto) fährt die S 3 seit Juli bis hinüber nach Wannsee

Mit »Johann Sebastian Bach« hält im Mai 1990 der InterCity Einzug im Reichsbahnnetz. Von Erfurt bis Leipzig übernimmt eine DR-Ellok der Baureihe 243 die Bespannung (Bild in Erfurt, Juni 1990). Ab September 1990 fährt die 243 probeweise auch im Schwarzwald Friedhelm Ernst, Thomas Wunschel (Bild M.)

- Einrichtung von IC-Linien nach Berlin ab Sommerfahrplan 1991.

Auf gleicher Augenhöhe geschah die Kooperation jedoch nicht in allen Fällen. 1990, als die DDR in Agonie lag, griffen das Bundesverkehrsministerium und die Bundesbahn-Zentrale bereits in die Angelegenheiten der Reichsbahn ein. Sie forderten die Auflösung der Reichsbahndirektionen Cottbus und Greifswald sowie die Zusammenlegung der Direktionen Halle und Magdeburg (vollzogen am 15. Oktober 1990). Außerdem sollte die Reichsbahn ihr Streckennetz und ihren Personalbestand kritisch überprüfen; das hieß letztlich, sich von circa 6.000 Kilometern Strecke und von 68.000 Mitarbeitern in Ostdeutschland zu verabschieden.

PETER SCHRICKER

Am 3. Juli 1990 verlässt der DB-Triebwagen 614 059 den (DR-)Grenzbahnhof Ellrich. Im Betriebsablauf ist die deutsch-deutsche Trennung kaum noch zu spüren Jürgen Sieger

Fahrzeugeinsätze nach der Wende

Die Wochen nach der Öffnung der innerdeutschen Grenze erforderten von DB und DR eine besondere Zusammenarbeit, mussten doch zahlreiche Sonderzüge bespannt werden. Unabhängig davon wechselte man die Lokomotiven zunächst weiter in den bekannten Grenzbahnhöfen, wie es im Sommer 1989 der Fall gewesen war (siehe Tabelle unten).

Nach November 1989 sollte sich das langsam ändern. Für den Sommerfahrplan 1990 waren weiterreichende Einsätze von DR- und DB-Loks ins jeweilige deutsche (Noch-)Nachbarland geplant. Zu Versuchszwecken weilte daher die in Berlin beheimatete Diesellok 132 425 beim BZW München. Durch Modifikationen an der elektrischen Anlage sollte die »Ludmilla« für den Einsatz vor IR- und IC-Wagen hergerichtet werden.

Am 27. Mai 1990 wurde der InterCity-Verkehr zwischen der Bundesrepublik und der DDR aufgenommen; dieses Datum markiert auch den Beginn des planmäßigen Einsatzes von DB- und DR-Loks auf fremdem Territorium. So wurde IC 154/155 »Johann Sebastian Bach« Frankfurt (M) – Leipzig am ersten Betriebstag zwischen Bebra und Erfurt nicht von einer 132 der DR, sondern von den Kemptener DB-Dieselloks 218 439 und 436 bespannt. Schon einen Tag später hatte aber die 132 wieder die Traktion übernommen. Die 216 des Bw Kassel fuhren von nun an nicht mehr nur bis zum bisherigen Grenzbahnhof Gerstungen, sondern erreichten im Schnellzugdienst planmäßig Erfurt. Ab Winterfahrplan übernahmen die Loks sogar Leistungen im Binnenverkehr in Thüringen.

Auch andere Grenz- und Lokwechselbahnhöfe verloren an Bedeutung: Die Baureihe 132 des Bw Wittenberge bespannte nun – wie schon bis 1973 ihre Vorgängerin der Dampflok-Baureihe 01.5 – Schnellzüge bis nach Hamburg. Über den für den Reiseverkehr neu eröffneten Grenzübergang Walkenried – Ellrich blieben Nordhausener DR-Dieselloks der Baureihe 112 bis Northeim oder gar Altenbeken am Zug. Umgekehrt fuhren Braunschweiger 216 vor Eilzügen bis Nordhausen durch.

Mit der Eröffnung der wieder aufgebauten Strecke Arenshausen – Eichenberg zum Sommerfahrplan 1990 begannen Durchläufe von DR-132 bis Kassel und DB-216 bis Leinefelde. Da es noch immer Probleme mit den 132ern vor IR- und IC-Wagen gab, fuhren die neuen InterRegios zwischen Helmstedt und Berlin Stadtbahn mit 218-Doppeltraktion. Versuchsweise gab es in dieser Relation auch Einsätze von 132 und 119 der DR: Die 132 war für die Traktion zuständig, die am Zugschluss mitlaufende 119 für die Stromversorgung des Wagenzuges. Noch während der Fahrplanperiode übernahmen dann 119-Doppel die Beförderung dreier IR-Paare zwischen Berlin und Helmstedt.

Einen ganz besonderen gesamtdeutschen Einsatz stellte die Verwendung des einstigen TEE-Triebzuges 601 015/006 im August und September 1990 dar. Als IC 130/139 »Max Liebermann« pendelte er zwischen Berlin und Hamburg – nach zwei Monaten wurde das Zugpaar ab Winterfahrplan 1990/91 lokbespannt gefahren. Technische Probleme, vor allem aber die große Nachfrage der Reisenden hatten die Umstellung erforderlich gemacht.

Der stark rückläufige Güterverkehr wiederum bescherte der DR schon im Sommer und Herbst einen Lok-Überschuss. Warum also sollte man keine Triebfahrzeuge an die DB ausleihen, wo diese doch moderne Elloks dringend benötigte? So trafen am 15. September 1990 die 243 925 und 926 vom Bw Halle zu Personalschulungszwecken in Offenburg ein, um anschließend in Plänen der Baureihe 139 im Schwarzwald eingesetzt zu werden. Im Vorgriff auf das zu schaffende einheitliche Nummernsystem waren die beiden Loks bereits zu 143 925 und 926 mutiert. Damit begann, was später Alltag wurde: der Einsatz von elektrischen Reichsbahn-Lokomotiven auf Gleisen der Bundesbahn ... Martin Weltner

Blickpunkt DB
Zeitung der Deutschen Bundesbahn
April 1990
Stufenweise zur Einheit der Eisenbahnen:
Die Engpässe schnell und gezielt beseitigen
Deutsche Bundesbahn und Deutsche Reichsbahn haben die Weichen auf Gemeinsamkeit gestellt. Das betonten der Generaldirektor der DR, Herbert Keddi, und der Vorstandsvorsitzer der DB, Dr. Rainer Gohlke, jetzt in Lahnstein. Dabei streben beide Eisenbahnen schrittweise auf die Einheit zu, die jeweils entsprechend den politischen Rahmenbedingungen umzusetzen ist.
Arbeiten am neuen Preissystem - Konzepte für den Kombinierten Verkehr:
Weiter hohe Investitionen geplant

Die Zusammenarbeit mit der Reichsbahn ist im April 1990 das Aufmacherthema der Bundesbahn-Zeitung »Blickpunkt«. Allerdings schränkt Bundesverkehrsminister Zimmermann die Pläne der beiden Bahnen bald ein Slg. Max Esser

Grenzverkehr DR/DB, Stand: Sommer 1989

Grenzbf. (DDR)	Grenzbf. (BRD)	Betriebs- (Lok-)wechselbf.	Regel-Lokwechsel
Herrnburg	Lübeck	Lübeck	DR-120/DB-218
Schwanheide	Büchen	Büchen	DR-132/DB-218
Oebisfelde	Vorsfelde	Oebisfelde	DR-132/DB-216
Marienborn	Helmstedt	Helmstedt	DR-132/DB-110/140
Ellrich	Walkenried	Ellrich	DR-120/132/DB-216 (nur Güterv.)
Gerstungen	Bebra	Gerstungen	DR-132/DB-103/110/140/150/151
Probstzella	Ludwigsstadt	Probstzella	DR-132/DB-140/151
Gutenfürst	Hof	Hof	DR-132/DB-218

Unterstrichene Bahnhöfe sind elektrifiziert. Bei den unter den Lokwechseln genannten Triebfahrzeugtypen handelt es sich um Beispiele; daneben kamen auch andere Baureihen – etwa im »kleinen Grenzverkehr« – zum Einsatz.

Die Embleme von Reichsbahn und Bundesbahn zieren das neue Kursbuch im Sommer 1991. Im Format entspricht es den bisherigen DB-Ausgaben, nur: Es enthält erstmals die Reisezüge beider Bahnen Archiv GM

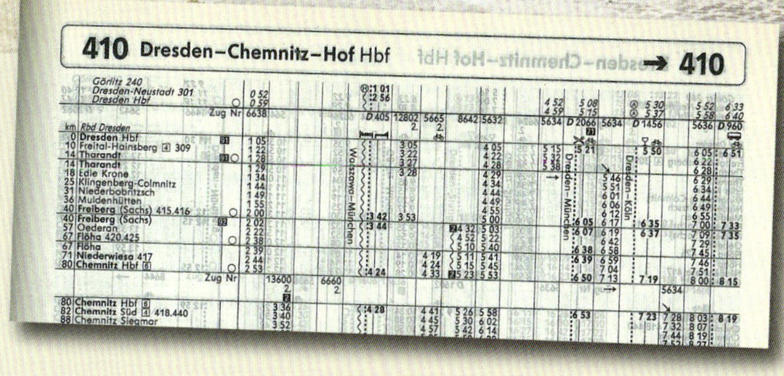

410 Dresden–Chemnitz–Hof Hbf

km		6638	13600 2.	6660 2.	D 405	12802 2.	5665 2.	8642	5632	5634	D 2066	5634	D 1456	5634	5636	D 960
	Görlitz 240				1 01											
	Dresden-Neustadt 301	0 52			2 56					4 52	5 08		5 30		5 52	6 33
	Dresden Hbf	0 59								4 59	5 15		5 37		5 58	6 40
	Rbd Dresden				Warszawa–München						Dresden–München		Dresden–Köln			
0	Dresden Hbf	1 05				3 05			4 05	5 15	5 21		5 50		6 05	6 51
10	Freital-Hainsberg 309	1 22				3 22			4 22	5 32					6 22	
14	Tharandt	1 28				3 27			4 28	5 38					6 28	
14	Tharandt	1 29				3 28			4 29			5 46			6 29	
18	Edle Krone	1 34							4 34			5 51			6 34	
25	Klingenberg-Colmnitz	1 44							4 44			6 01			6 44	
31	Niederbobritzsch	1 49							4 49			6 06			6 49	
36	Muldenhütten	1 55							4 55			6 12			6 55	
40	Freiberg (Sachs) 415.416	2 00			3 42	3 53			5 00		6 05	6 17	6 35		7 00	7 33
40	Freiberg (Sachs)	2 02			3 44			4 32	5 03		6 07	6 19	6 37		7 09	7 35
57	Oederan	2 22						4 52	5 22			6 42			7 29	
67	Flöha 420.425	2 38						5 10	5 40		6 38	6 58			7 45	
67	Flöha	2 39					4 19	5 11	5 41		6 39	6 59			7 46	
71	Niederwiesa 417	2 44					4 24	5 15	5 45			7 04			7 51	
80	Chemnitz Hbf	2 53			4 24		4 33	5 23	5 53		6 50	7 13	7 19		8 00	8 15
80	Chemnitz Hbf				4 28											
82	Chemnitz Süd 418.440		3 36				4 41	5 26	5 58		6 53		7 23	7 28	8 03	8 19
88	Chemnitz Siegmar		3 40				4 45	5 30	6 02					7 32	8 07	
			3 52				4 57	5 42	6 14					7 44	8 19	

Personenzug Zwickau – Dresden in Niederbobritzsch, April 1992 (o. r.). Der Abschnitt ist Teil der Reichsbahn-Kursbuchstrecke 410 Hof – Chemnitz – Dresden (r.: Tabelle in Gegenrichtung). Eine Kursbuchstrecke 410 gibt es im Fahrplan 1991/92 aber auch bei der Bundesbahn, nämlich die Verbindung Wuppertal – Remscheid – Solingen-Ohligs Heiko Focken (Foto), Archiv GM (Tab.)

Gemeinsames Kursbuch DR/DB

Alles in einem

Bei ihrer Kooperation gingen Reichsbahn und Bundesbahn im Sommer 1991 den nächsten Schritt. Erstmals gaben sie ein gesamtdeutsches Kursbuch heraus; auf rund 2.000 Seiten listete es die Strecken und Reisezüge beider Bahnverwaltungen auf

Die Aufbruchstimmung war noch immer mit Händen zu greifen, als die Spitzenvertreter von Reichsbahn und Bundesbahn, Herbert Keddi und Reiner Gohlke, am 22. März 1990 vor die Presse traten. Beide Bahnverwaltungen, erklärten sie den versammelten Journalisten, sollten in einem dreistufigen Plan zusammenwachsen. Zwar hatte Bundesverkehrsminister Friedrich Zimmermann die Führungen von DR und DB kurz zuvor in ihrem Elan ausgebremst; der Vereinigungswille der beiden Bahngesellschaften erschien ihm allzu eigenmächtig, mehr jedenfalls, als die Bundesregierung zugestehen wollte. Doch gab es nach wie vor genügend Arbeitsgebiete zur Kooperation.

Zwei Bahnen, ein Kursbuch

Eines davon betraf das Kursbuch, das bislang jede der Bahnen für sich aufgelegt hatte. Auch wenn DR und DB zunächst noch nebeneinander bestanden, sollte 1991 ein gemeinsames Werk herauskommen. Und so erhielten die Kunden zum Jahresfahrplan 1991/92 eine völlig neuartige Gesamtausgabe, die den Reiseverkehr der Reichsbahn und der Bundesbahn auflistete. Im (für den Bahnkunden aus Westdeutschland vertrauten) DB-Format, mit rund 2.000 Seiten Umfang und stattlichem Gewicht.

Die Euphorie der Verantwortlichen konnte man dabei nach wie vor spüren. Fast feierlich heißt es: »Vom Fahrplanjahr 1991/92 an werden die Fahrpläne der Deutschen Bundesbahn und der Deutschen Reichsbahn in gemeinsamen Kursbüchern veröffentlicht. Dazu war es erforderlich, die Ferntabellen numerisch und inhaltlich neu zu gliedern, um ein in sich abgestimmtes Gesamtwerk zu schaffen. ... Die Konzeption des Fahrplans 1991/92 ist geprägt vom Zusammenwachsen eines deutschen Staates, von der Inbetriebnahme der Neubaustrecken Hannover – Fulda und Mannheim – Stuttgart mit weitausstrahlenden Auswirkungen auf das gesamte Fahrplangefüge ..., vom Hinarbeiten auf die Ziele Regelmäßigkeit der Zugverbindungen (Takt), merkbare ... Führung der Züge (Linien), Systemhalte mit kurzen Aufenthaltszeiten, Verknüpfung der Linien ...«

Präsentation mit Euphorie, aber das Kursbuch zeigt auch: Das Zusammenwachsen dauerte noch an

Neben allem Anspruch dokumentierte das Kursbuch aber auch, dass das Zusammenwachsen beider Bahnen noch längst nicht abgeschlossen war. Die Einbindung der DR in den DB-Fernverkehr begann gerade erst, die Streckennummerierungen von DB und DR waren nur bei den Fernverbindungen zusammengeführt, ansonsten getrennt – Doppelungen im Nummernschema nicht ausgeschlossen. Entsprechend teilte sich das Kursbuch auf in die Sparten A (Einleitung), B (Fernverbindungen), C bis E (Streckenfahrpläne der DB) und F (Streckenfahrpläne der DR). Die Vereinheitlichung aller Kursbuchstreckennummern und die »Vermischung« der Strecken von Ost und West sollte 1992 folgen.

Nichtsdestotrotz war ein weiterer Schritt in Richtung Vereinigung getan. Als im Januar 1994 Bundesbahn und Reichsbahn in der Deutschen Bahn AG aufgingen, fiel den Kunden das »gesamtdeutsche Kursbuch« schon kaum mehr auf. *Willy Grübner*

Altes und Neues bei der Deutschen Reichsbahn

An der Zeitenwende

Mit der Grenzöffnung hat für die DR eine turbulente, schwierige Ära begonnen. Zugverkehr und Streckennetz werden verbessert, die wirtschaftliche Entwicklung verläuft dagegen ernüchternd. Der Faszination der Reichsbahn tut der Zwiespalt keinen Abbruch

Im September 1991 hat Diesellok 119 079 den Personenzug 18001 Saalfeld – Sonneberg übernommen und rollt damit über den Viadukt von Lichte. Die Strecken im Thüringer Wald sind nach wie vor beschaulich; nur befördern die Züge weniger Fahrgäste als früher Georg Wagner

»Good bye Lenin« bei der Reichsbahn: Eine Doppelstock-Einheit des Bahnbetriebswagenwerks Dresden geht im Sommer 1991 mit der Zeit und trägt Coca-Cola-Komplettwerbung Sven Klein

Aufbruchstimmung

Reisefreiheit und neue Angebote prägen die Monate nach der Wende und die frühen 90er-Jahre. Die Reichsbahn präsentiert sich engagiert und innovativ, wird aber nur selten dafür belohnt

Wohnlich-entspannte Atmosphäre herrscht am »Runden Tisch« der Eisenbahn. Am 18. Januar 1990 besucht DB-Vorstandsvorsitzender Dr. Reiner Gohlke (2. v. l., vorne) DR-Generaldirektor Herbert Keddi (3. v. r., hinten am Schrank sitzend) Carl-Ernst Zimmer/Histor. Slg. der DB AG

Im Mai 1991 hält Ellok 243 607 mit P 9110 Stralsund – Saßnitz in Bergen. Erst eineinhalb Jahre ist es her, dass Bürger aus dem Westen nur mit Visum und Zwangsumtausch nach Ostdeutschland kamen. Eine gefühlte Ewigkeit ... Ludwig Rotthowe

118 390-4

»Plandampf« macht's möglich: Dank finanzieller Unterstützung von Eisenbahnfans bespannt die DR planmäßige Züge mit Dampflokomotiven. Auf diese Weise kommt im Dezember 1990 auch wieder eine 86er-Tenderlok auf der Strecke Schlettau – Crottendorf zum Einsatz Dirk Höllerhage

Nahverkehrszüge heißen bei der DR noch »Personenzüge«: Fahrkartenkontrolle im P 14444 Nordhausen – Ilfeld, März 1991
Ludwig Rotthowe

Das Tor zu Ihrer Reise: Ein schmucker Backsteineingang begrüßt die Kunden am Bahnhof Saalfeld (Sept. 1991)
Slg. Felix Walther

Reisen mit der Reichsbahn

Für Eisenbahnfreunde ist die DR ein Schatzkästlein. Nostalgie gepaart mit Reichsbahn-Moderne ergibt eine magische Mischung. Und das Größte dabei: Es fahren noch Dampfloks!

Die Komfortwagen der Reichsbahn laufen im Sommer 1991 im D 326/327 Berlin – Kopenhagen zwischen Berlin und Rostock. Im August des Jahres rangiert eine 243er-Ellok die Wagen in Rostock Hauptbahnhof Heiko Focken

Im Mai 1990 trifft die »Dicke Babelsbergerin« 118 390 mit einem Reisezug in Dresden ein. Vor allem Neubauwagen des Typs Bmhe aus dem Reichsbahnausbesserungswerk Halberstadt bringen die Fahrgäste ans Ziel Thomas Wunschel

Auch abseits der Ost-West-Verbindungen geht der Streckenausbau voran. Im Mai 1992 setzt ein Hubschrauber an den Güterzuggleisen in Magdeburg-Neustadt Masten für den elektrischen Betrieb Volker Emersleben

Zwischen Eichenberg und Arenshausen wird im Mai 1990 die erste Neubaustrecke zwischen DB und DR eröffnet. Aber noch existiert die innerdeutsche Grenze, gibt es im Reichsbahn-Bahnhof Arenshausen Grenzkontrollen Ralph Lüderitz

Neue Züge, neue Strecken

InterCity und InterRegio, Streckenausbau und -erneuerung: Im Eiltempo krempelt die Reichsbahn ihr Angebot auf den Ost-West-Relationen um. Auch auf der Schiene wird die deutsche Einheit Realität

Das Orchester der Deutschen Reichsbahn spielt auf! Der Tusch gilt dem ersten InterRegio in Berlin; am 27. Mai 1990 ist der Zug aus Köln im Bahnhof Zoologischer Garten angekommen
Ingrid Migura/Historische Slg. der DB AG

Rangierbetrieb in Eisenach 1991 mit einer Diesellok der Baureihe 106
Volker Emersleben

Sie sind Verlierer der Wende: Wegen des Verkehrsrückgangs kommen DR-Triebfahrzeuge »auf den Rand«. Von Juni 1991 bis Oktober 1994 stehen in Werdau bis zu 30 Loks abgestellt R. Heinrich

Im Juli 1991 hat Blumenberg südwestlich von Magdeburg noch regionale Bedeutung. Drei Nahverkehrstriebwagen (»Ferkeltaxen«) stehen bereit, um die Nebenbahnen nach Schönebeck, Staßfurt und Eilsleben zu bedienen. 20 Jahre später wird davon keine einzige mehr befahren werden Dieter Lindenblatt

Erinnerung an die DDR-Zeit im Bahnbetriebswerk Hagenow Land im Januar 1992. Die Bw-Struktur bei der Reichsbahn wird in den Folgejahren erheblich verringert Heiko Focken

Vor der Schrumpfung?

Nach der Wirtschafts- und Währungsunion bekommt die Reichsbahn vermehrt den rauen Wind des freien Marktes zu spüren. Die Zahl der Reisenden sinkt, ebenso das Aufkommen im Güterverkehr. Dennoch hält die DR vielerorts den Betrieb aufrecht

Am 1. April 1990 hat Schmalspur-Dampflok 99 1542 einen langen Güterzug auf der Strecke Oschatz – Mügeln am Haken. Zu DDR-Zeiten spielt die Bahn eine wichtige Rolle im Güterverkehr, doch schon bald sinkt der Bedarf und steigt die Konkurrenz durch Lkw-Speditionen

Sven Klein

Der Bahnhof Berlin Friedrichstraße etwa Ende der 60er-Jahre; der neuzeitliche Glas-Beton-Vorbau diente der Passkontrolle bei der Ausreise und hatte im Volksmund den bezeichnenden Namen »Tränenpalast« – wegen vieler rührender Abschiedsszenen Slg. Michael Reimer

Entdeckungen in Berlin Friedrichstraße

Hinter den Stahltüren

Im Sommer 1990 wechselte Michael Reimer in den Betriebsdienst der Deutschen Reichsbahn. Die neue Karriere begann in Berlin Friedrichstraße. In jenem Grenzbahnhof, der einstmals so gefürchtet war und der auch jetzt noch manches Geheimnis verbarg

Mein Ziel war klar: ein Neuanfang. In meiner bisherigen Abteilung der Reichsbahn waren wir viel zu viele Mitarbeiter, und es zeichnete sich ab, dass das nicht so bleiben könnte. Wenige Monate nach der Wende gab es schon erste Ansätze für eine gemeinsame Bahn mit der DB. Außerdem rechnete ich mir als frisch gebackener Diplom-Ingenieur gute Chancen für einen Neuanfang im Betriebsdienst aus. Also ging ich im Frühjahr 1990 zum nächstgelegenen Bahnhof – Berlin Friedrichstraße – und bewarb mich. Das erste Angebot war das als Ausbilder für Fahrdienstleiter; so ging es los am 1. Juli. Nachdem die ersten Leute dort die Möglichkeit zum Vorruhestand ergriffen hatten, berief mich der Leiter zum Schichtleiter.

Unheimlich und bedrückend

Was war das für ein Bahnhof, der einstige Grenzbahnhof bzw. die Grenzübergangsstelle? Schon zu DDR-Zeiten war er unheimlich, allein durch die riesige und unüberbrückbare Stahlwand zwischen den Bahnsteigen C (Ost) und B (der S-Bahn West). Wer waren die Leute im Aufsichtsturm, wer beobachtete Dich von woanders, wer bezog im Postenhäuschen am Bahnsteigende Stellung? Ehrlich gesagt, darüber dachte man vor 1989/1990 nicht nach! Man eilte durch die Halle – von der S-Bahn zur Straßenbahn, zu den Theatern oder zum Flanieren auf der Straße »Unter den Linden«.

Noch im Frühjahr 1990, nach der Grenzöffnung, war die Situation bedrückend. Als ich mich dort vorstellen wollte, gelangte ich über einen Seitengang zum Personaltrakt. Im großen Unterraum unter allen drei Bahnsteigen standen überall noch Grenzorgane und schlossen die Personenaufzüge zu den vier Bahnsteigen ab, auch zu dem unterirdischen Bahnsteig D. Sie verwendeten Vorhängeschlösser und spezielle Zugangstürschlüssel. All diese Aufzüge konnten nicht allein bedient werden. Das blieb so bis zum 30. Juni 1990 und war umso erstaunlicher, da nahezu an allen übrigen Grenzübergängen bereits seit dem Frühjahr durchgewunken wurde oder gar keiner mehr kontrollierte.

Nach dem Abzug aller Grenzorgane und Passkontrolleinheiten (PKE) sowie dem Zoll war die Reichsbahn über Nacht Besitzer von mehreren Baracken sowie des »Tränenpalastes« geworden, jenes Abfertigungsgebäudes zum Grenzübergang, bei dem es so viele schmerzliche Abschiedsszenen gegeben hatte. Die Generalschlüssel lagen beim Schichtleiter im riesigen Schlüsselkasten. Und in den zumeist ruhigen Nachtschichten, während der Betriebsruhe der S-Bahn, machten wir neugierige Eisenbahner uns auf Entdeckungstour.

Sich selbst überlassene Räume in Berlin Friedrichstraße, 1990. Im verwaisten Fahrkartenschalter hängt noch ein Theaterplan vom August 1961! Michael Reimer

Hinter dem Friseur die PKE

Im Kellergeschoss, hinter dem Friseur, ging es zu den Räumen der PKE. Gesichert durch eine dicke Schleuse mit Kontrolle. Jetzt standen die Tore auf, nur die Türen waren verschlossen. Es gab einige Nebenräume und am Ende einen riesigen Raum, den Umkleideraum. Noch zahlreiche Uniformteile lagen nach dem Niedergang und raschen Abgang der Grenzorgane herum. Damals dachte niemand an »Beute« und mögliche Weiterverkäufe. In einem weiteren Raum lagerten zahlreiche Monitore. Offensichtlich hatten die Organe jeden Winkel, jeden Gang auf diesem Bahnhof observiert. Das war nun vorbei!

In den nächsten Unterkünften fanden sich Schulungsunterlagen, etwa, um gefälschte Reiseunterlagen zu erkennen. Fotos dokumentierten Stempelabdrucke und anderes in den Pässen. Doch was am Ende des Ganges hing, verwirrte jeden. Ein Münztelefon der DDR-Post – das nicht nur mit DDR-Kleingeld funktionierte, sondern auch schon mit D-Mark! Die Währungsunion war erst zum 1. Juli 1990 gekommen, also nach dem Abzug der Organe. Für wen war der Apparat umgestellt worden? Offenbar rechnete man damit, dass trotz offener Grenzen die Übergangsstelle bleibe …

Ende der 80er-Jahre wuchs die Grenzübergangsstelle teilweise zur Barackenstadt heran. Wer hätte gedacht, dass sie wenig später überflüssig sein würde? Slg. Michael Reimer

Was war hinter den weiteren Türen? Der Übergang vom Tränenbunker zu den Bahnsteigen B und A (Fernbahn) bestand aus nüchternem Stein. Im Eingang zur Halle war oben ein Spiegel in die Wand eingelassen. Oder ein Beobachtungsstand? Wo war der Zugang dazu? Eine einfache geöffnete Stahltür offenbarte Bauschutt und eine Leiter. Die führte zu einer einfachen Plattform in fünf Meter Höhe. Dort oben hatte also auch ein Beobachter der Staatssicherheit gestanden.

Blindtunnel, Beobachtungsstände, Uniformen und andere Relikte

Normalität und der Umbau

Das Interesse für Blindtunnel, Verbindungsgänge, Schotttore gegen die Spree und anderes wich bald der Normalität. Der Betrieb im Bahnhof Friedrichstraße nahm zu, bald kamen erste wieder eröffnete S-Bahn-Stationen hinzu. Im Frühjahr 1991 stellten sich bei mir zwei Zivilisten vor – sie waren vom Grenzschutz. Bundesgrenzschutz durften sie sich noch nicht nennen. Sie müssten zu ihren Rechnerräumen im Keller. Da sei nichts, meinte ich. Aber da hatte ich mich geirrt. Hinter dem PKE-Bereich verbarg eine nahezu unbedeutende Stahltür weitere Gänge! In einem der abzweigenden Räume standen die großen Robotron-Rechner, die eher mannshohen Kleiderschränken glichen. Die Bänder drehten sich. Was nahm der Grenzschutz hier noch auf?

Wenig später stand fest, dass der Bahnhof Friedrichstraße umgebaut werden sollte. Zum IC-Bahnhof. Zwei Damen vom Vermessungsamt der Reichsbahn besuchten mich nun täglich. Anhand alter Pläne wurde jeder Weg nachgemessen, jede zusätzlich erstellte Zwischenwand für die Wegeführung bei der einstigen Ein- und Ausreise ermittelt und im Plan mit ihren Maßen markiert. Der Umbau dauerte lang.

Heute erinnert nur noch wenig an einstige Wege und Geschehnisse. Die »Kommandantentreppe« – der Antrittsplatz der Grenzer und ihres Kommandeurs – sind noch am Abgang vom Bahnsteig C zu finden. Am Bahnsteig A kann man erahnen, dass dort einst drei Stahltüren den Verwaltungstrakt des Bahnhofs mit dem Westen verbanden – unkontrolliert von Grenzern, nur für diensttuende Eisenbahner und für die Spionage gedacht. Der einst noch als Kulturplatz genutzte Tränenpalast steht seit Jahren leer. Vorbei ist die Zeit von Schrecken und Angst an der einstigen Grenze. *Michael Reimer*

DER AUTOR
Michael Reimer, Jahrgang 1963, kam 1979 zur Deutschen Reichsbahn. 1990 schloss er das Diplomstudium für Eisenbahntransportbetriebstechnik ab und wechselte von der Eisenbahnerzeitung »Fahrt frei« zum Bahnhof Berlin Friedrichstraße, wo er bis 1993 leitende Funktionen innehatte. Seit 2003 ist er Referent für Betriebsüberwachung bei der DB Netz AG.

Der Güterverkehr bis 1993

Auf dem absteigenden Ast

Vor der Wende war die Reichsbahn der wichtigste Güterverkehrsträger der DDR. Nach der Wende, erst recht mit Wirtschafts- und Währungsunion, knickte die Nachfrage ein. Es begann der drastische Niedergang

Nagelneue Autos transportiert eine Diesellok 232 im August 1992 über die Göltzschtalbrücke (Strecke Hof – Reichenbach). Die Autofirmen aus dem Westen zählen zu den wenigen neuen Güterkunden der Reichsbahn. Viele andere sind dagegen weggefallen, trotz umfangreich zugeschnittener Transportangebote (kl. Abb.)

G. Wagner (gr. Bild), Slg. O. Strüber (kl. Bild)

Eine Ellok der Baureihe 143 schleppt 1993 einen Kesselwagenzug bei Falkenhagen nahe Berlin. In diesem Jahr erbrachte die DR nur noch 52,1 Millionen Zugkilometer im Güterverkehr – im Vergleich zu 1978 weniger als ein Drittel. Unten: DR-Information von 1989

Heiko Focken

Slg. Oliver Strüber

Die Deutsche Reichsbahn konnte sich rühmen, bis zu 75 Prozent aller Gütertransporte innerhalb der DDR auszuführen. Das war nicht ihr Verdienst; ohnehin stöhnten die Eisenbahner unter der gewaltigen Belastung ihrer Leistungskraft sowie der ihrer Anlagen und Fahrzeuge. Denn die Investitionen in die Strecken, Rangierbahnhöfe und Ortsgüteranlagen entsprachen keineswegs dem Volumen der Transporte.

Die Gütermenge der Kennziffer Beladung wurde von der Staatlichen Plankommission im Ministerrat verfügt. Zuletzt ging es vor allem darum, das Kontingent des Kraftstoffverbrauchs einzuhalten und auch mit den Ressourcen im Güterkraftverkehr (Fahrzeuge, Reifen, Ersatzteile, Instandsetzung) auszukommen. Grundsätzlich galt: Transportweiten über 50 Kilometer gehörten zur Reichsbahn.

Absturz nach 1989

Der Einbruch kam mit der Wende. Im Jahr 1989 transportierte die Deutsche Reichsbahn 325,3 Millionen Tonnen Gut bei 13.762 Kilometer Betriebslänge (zum Vergleich: Deutsche Bundesbahn 300 Millionen Tonnen bei 27.000 Kilometer Betriebslänge). 1990, im Jahr der Wiedervereinigung, aber noch getrennter Bahnen, sank die Menge des frachtpflichtigen Güterverkehrs der Reichsbahn auf knapp 224 Millionen Tonnen. Die Weisungen der zentralen Planung galten nicht mehr, sondern die Regeln der Marktwirtschaft. Spätestens mit der Währungsunion organisierten viele Betriebe den Transport selbst. Statt Kohlen wurden Erdöl und Erdgas verfeuert, Konsumgüter von Speditions-Lkw transportiert.

Die – vorübergehende – Konjunktur der Generalvertretungen begann, deren ehemalige Mitarbeiter von Reichsbahndirektionen und Reichsbahnämtern in den Firmen um Versand und Empfang auf dem Schienenweg buhlten. Es nützte nichts. Auch die Eisenbahner auf den Stellwerken und Lokomotiven spürten es rasch: Der sonst dichte Verkehr der Kohlen-, Baustoff- und Leerwagenzüge war im Schwinden. Wo man hinsah: abgestellte Güterwagen, ansonsten leere Gleise.

Immerhin hatte die Reichsbahn im gesamten Güterverkehr noch einen Anteil von 50 Prozent. Er sollte, wie bei der Bundesbahn, auf 17 Prozent sinken. 1991 wurde nur die Hälfte der Güter transportiert: 119 Millionen Tonnen. 1992 und 1993 waren es wieder weniger: 96 bzw. 82,6 Millionen Tonnen. Zum 1. Januar 1994 waren die beiden großen deutschen Bahnen fusioniert, wurden keine getrennten Ergebnisse mehr veröffentlicht, aber von den wenigen 17 Prozent rappelte sich die Deutsche Bahn AG nicht mehr auf.

Der Abschwung des Güterverkehrs ließ sich nicht allein in Zahlen, sondern auch sonst feststellen. Die Anlagen verwaisten, Güterabfertigungen wurden geschlossen oder vermietet, Ortsgüteranlagen aufgegeben und später abgerissen.

1989 transportierte die DR 325,3 Millionen Tonnen Güter, 1993 nur noch 82,6 Millionen Tonnen

Niedergang der Rangierbahnhöfe

Stumme Zeugen dieser fragwürdigen Entwicklung (und Verkehrspolitik) waren die Rangierbahnhöfe. Die Deutsche Reichsbahn hatte weit über 60 mit Zugbildung und -auflösung von Fernzügen. Zu viele, wie Fachleute meinten, aber der technische Rückstand der großen Bahnhöfe erlaubte es nicht, sich von diesen Anlagen beispielsweise in Neudietendorf oder Ruhland zu lösen.

Als der Rückgang des Güterverkehrs abzusehen war, wurde das Projekt Rationalisierter Zustand des Jahres 2000 (»RZ 2000«) geboren. Die Hauptabteilung Betrieb unter Leitung von Peter-Götz Kienast erarbeitete Pläne, wie die Bahnanlagen, man sagte vornehmer: Infrastruktur, im Jahr 2000 aussehen sollten. Mit anderen Worten: Der Abbau von Gleisen und Weichen, die Stilllegung von Stellwerken und Bahnhöfen nach dem Muster der Bundesbahn wurden geplant. Dazu mussten die Abteilungen Personen- und Güterverkehr ihre Erwartungen mitteilen. Die waren ernüchternd.

Beispiel Berlin-Wuhlheide

Zum Beispiel Berlin-Wuhlheide Rbf: 1988 entschied das Ministerium für Verkehrswesen, diesen Rangierbahnhof im Osten Berlins als Hochleistungsbahnhof auszubauen mit einer Ablaufleistung von täglich 4.000 bis 5.000 Wagen. Zusätzlich sollten hier ein Bahnbetriebswerk, eine Reparaturstelle für Güterwagen und Großcontainer, eine Güterwagenwäsche, eine Regulierungsanlage und Sozialgebäude entstehen sowie technische Dienststellen ihren Sitz erhalten. Noch am 31. März 1992 beauftragte die Hauptverwaltung der Reichsbahn, die Vorplanung für den Ausbau einzuleiten, für einen Wagenausgang von 3.000 Wagen! Gebaut werden sollte von 1998 bis 2005. Doch während sich die Reichsbahndirektion Berlin damit beschäftigte, teil-

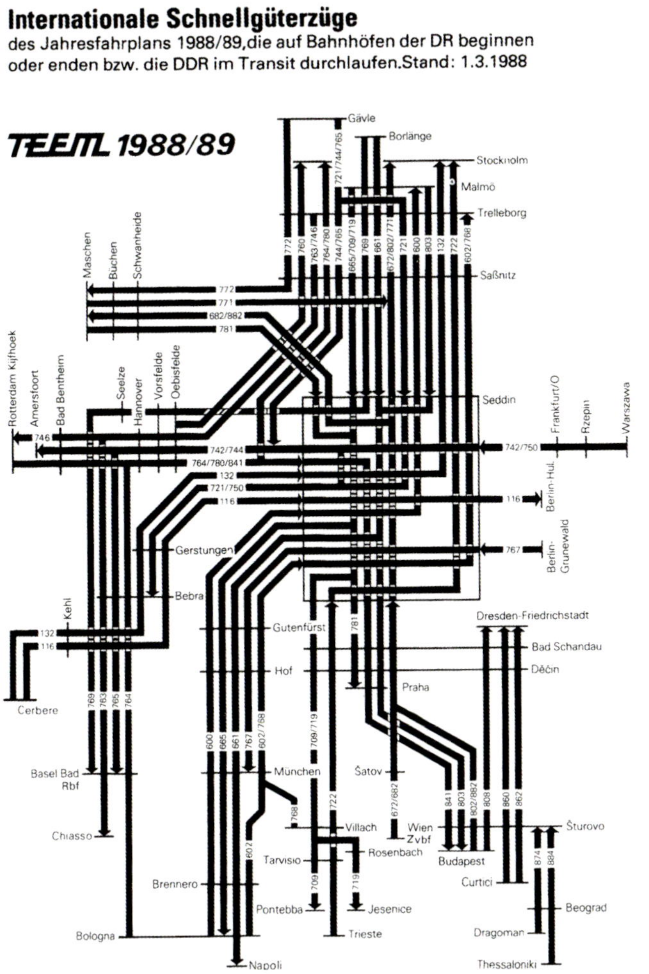

Die Reichsbahn, Teil des internationalen Güterverkehrs: Zu den inländischen Transportaufgaben kommen noch Leistungen ins Ausland, etwa die Schnellgüterzüge TEEM (Stand 1988/89) Slg. Oliver Strüber

Eine »Taigatrommel« (Diesellok-Reihe 120) verdingt sich Anfang der 90er-Jahre an einem Ablaufberg im Raum Dresden. Mit dem sinkenden Güteraufkommen verwaisten die Rangierbahnhöfe der DR recht schnell Heiko Focken

Allenthalben stellt die DR nicht mehr benötigte Fahrzeuge ab: In Zilly an der 1970 stillgelegten Nebenbahn Hessen – Heudeber-Danstedt warten 1990 Güterwagen auf bessere Zeiten Martin Weltner

te die Hauptabteilung Güterverkehr mit, der Rangierbahnhof werde vom 10. Januar 1994 an nicht mehr benötigt. Der 10. Januar 1994 – jetzt lag der Betrieb in Händen der Deutschen Bahn AG – brachte einen zwischenzeitlichen Fahrplanwechsel für Güterzüge, weil das vorgesehene Volumen nicht benötigt wurde.

Nach diesem Tag wurden auch andere Berliner Rangierbahnhöfe, wie Pankow und Schöneweide samt Bahnbetriebswerken, stillgelegt; ihre Gleise dienten zum Abstellen von Wagen und Zügen, das Gelände verkam allmählich zur Brache. Der kleine Rangierbahnhof Berlin Nordost reichte für die Zugauflösung und -bildung völlig aus. Er blühte 1996 auf, als die einst stark bedrängten Berliner Rangierbahnhöfe Wuhlheide, Schöneweide, Pankow und auch Wustermark aufgegeben worden waren. Nordost kam (und kommt) noch nicht einmal auf ein Zehntel des Volumens der genannten stillgelegten Bahnhöfe.

Beispiel Schlauroth

Andernorts sah es nicht besser aus. Der 1909 in Betrieb genommene Verschiebebahnhof Schlauroth bei Görlitz bewältigte zu Zeiten der Sowjetischen Besatzungszone bzw. der DDR die Zugbildung nach Bautzen, Dresden-Friedrichstadt, Karl-Marx-Stadt-Hilbersdorf, Hoyerswerda, Cottbus, Weißwasser und Zittau; bis 1989 waren hinzu gekommen Wegliniec (Kohlfurt) über Horka, Hradek nad Nisou (Grottau) über Zittau, Senftenberg Süd, Niesky und Löbau (Sachs). Etwa jede Stunde verließ ein Zug den Bahnhof, der 1978 als erster Rangierbahnhof Dreikraftbremsen erhielt, um den Mangel an Hemmschuhlegern auszugleichen.

Bis 1995 sollte die Strecke Dresden – Görlitz elektrifiziert werden. Das hatte auch Bundespräsident Richard von Weizsäcker bei einem Besuch in Görlitz versprochen. Man erwartete ein Anwachsen der Verkehrsströme in Richtung Polen auf dem Schienenweg; vom Personal des Bahnhofs wurden Leistungssteigerungen erwartet.

Das Gegenteil war dann der Fall. Es gab weder Elektrifizierung noch Verkehrszunahme. Aus dem Rangierbahnhof wurde 1992 ein Knotenbahnhof, der 17 Satelliten bediente. Als »Fernzugbildung« blieb lediglich noch die nach Dresden-Friedrichstadt. Schließlich wurde am 10. Januar 1994 der Bahnhof stillgelegt. Seine letzten Aufgaben gingen auf den Knotenbahnhof Bautzen über, der ebenfalls bald ohne Güterverkehr sein sollte.

Beispiel Nordhausen

Schnell kam der Abgesang auch nach Nordhausen, einst bedeutender Verteiler- und Sammelbahnhof im Reichsbahndirektionsbezirk Erfurt. Im täglichen Durchschnitt wurden 44 Güterzüge aufgelöst und 47 gebildet. Allein der VEB Kieswerke versandte täglich rund 5.900 Tonnen. Fünf Rangierlokomotiven waren eingesetzt, auch für die sieben Anschlussbahnen, die täglich etwa 400 Güterwagen aufnahmen bzw. abgaben. 1987 belief sich der Wagenausgang des Bahnhofs auf 1.162 Wagen täglich. Seit 1969 verkehrte ein Containerzug mit Flaschen zwischen dem Glaswerk Großbreitenbach und der Spirituosenfabrik in Nordhausen, die für ihren »Doppelkorn« bekannt war. Hinzu kamen Containerzüge zwischen dem IFA-Motorenwerk und dem Automobilwerk in Ludwigsfelde.

Infolge der eingestellten Kaliförderung in allen fünf Nordthüringer Kaliwerken, des Rückgangs der Zementproduktion, des Endes anderer Industriezweige, der Energieumstellung bei Verzicht auf die Braunkohlenfeuerung wurde rasch gewiss, dass die Rangieranlagen in Nordhausen nicht mehr benötigt werden. Die Gleisbremsanlage wurde reduziert und schließlich am 24. Mai 1998 stillgelegt, die Ostseite im Rangierbetrieb nicht mehr genutzt und auf die Ausfahrgleise 30 bis 38 der Westseite in Richtung Sangerhausen verzichtet. So brauchte man auch nicht mehr die beiden Stellwerke »Nzo« und »Nro«.

Güsten und Magdeburg-Buckau

In Güsten, dem in Mitteldeutschland zentral gelegenen Rangierbahnhof, fuhren durchge-

Sig. Oliver Strüber

Auch auf Schmalspurbahnen lief der Frachtverkehr: Auf der Strecke Oschatz – Mügeln hat 1989 eine sächsische IV K Rollwagen mit Normalspur-Güterwagen am Haken; links: DR-Info von 1989 Rudolf Heym

hend allein für die Auflösung und Bildung der Güterzüge zwei Rangierlokomotiven. Weil die Leistung der Bahnhofsanlage nicht ausreichte, wurde 1983 ein neuer Bahnhof für täglich 5.000 Wagen Bergleistung konzipiert. Ehe es zu einem Projekt und dieser Investition kam, hatte sich alles erledigt. Seit 1. Juni 1991 kamen nur noch zwei Nahgüterzüge von Aschersleben an, danach folgten die Schließung von Dienstposten und des Bahnbetriebswerkes sowie die Stilllegung von Gleisen und Strecken.

Täglich rund 90 Züge bildete der Rangierbahnhof Magdeburg-Buckau, der viele Anschlussbahnen großer Industriebetriebe und Kombinate im Südosten der Stadt versorgte. Doch bereits seit 1980 sank infolge der Ganzzüge die Zahl der über die Ablaufberge rollenden Wagen. Nach 1990 konnte der Bahnhof aufgegeben werden, der andere Rangierbahnhof im Magdeburger Norden, Rothensee, genügte. Bis zum 28. Februar 1998 waren der Bahnhof und mit ihm das einstige Reichsbahnausbesserungswerk stillgelegt.

Keine Unterstützung

Alle fünf Beispiele zeigen: Das Hinscheiden der Rangierbahnhöfe begann in den letzten drei Jahren der Reichsbahn, 1990 bis 1993. Daran änderten die Beschwörungen, die »Bahnreform« werde mehr Güter auf die Schienen bringen, nichts, weil die Verkehrspolitik der Bundesregierung, sofern es eine solche überhaupt gab, den Straßenverkehr förderte. Es blieb bei Phrasen vom Verkehrszuwachs auf den Schienensträngen. Das verdeutlichen die Bilder der verlassenen Rangierbahnhöfe an vielen Orten des Reichsbahn-Gebiets. Auch prominente Rangierbahnhöfe wie Dresden-Friedrichstadt (er war bis 1990 entsprechend der Leistung der größte der Deutschen Reichsbahn) und Leipzig-Engelsdorf spürten den Rückgang des Aufkommens aufzulösender und zu bildender Züge.

Fuhr die Reichsbahn 1978 rund 284 Millionen Zugkilometer, davon 121,5 Millionen Kilometer Reise- und 162,5 Millionen Kilometer Güterzüge, so waren es in ihrem letzten Betriebsjahr 1993 zwar noch mehr als 223 Millionen Zugkilometer, aber nur 52,1 Millionen Zugkilometer für Güterzüge. Den Rest, 171 Millionen Zugkilometer, brachte die Zunahme des Reisezugverkehrs.

Über fast sämtliche Anlagen der Rangierbahnhöfe und ihrer Anschlussbahnen sind inzwischen Gras und andere Pflanzen gewachsen. Blühende Landschaften, aber im botanischen Sinne, nicht, wie einst von Bundeskanzler Helmut Kohl in Aussicht gestellt, in wirtschaftlicher Hinsicht. Dafür rollte und rollt der Güterverkehr auf den Straßen und Autobahnen wie nie zuvor. *Erich Preuß/GM*

Ausbaupläne für Rangierbahnhöfe wurden nach 1990 schnell ad acta gelegt; es fehlte der Bedarf

Güterverkehr im Großraum Leipzig: 242 105 ist mit einem Schüttgutzug bei Lobstädt unterwegs Ralph Lüderitz

Am 16. Oktober 1990 dröhnt 132 427 mit ihrem Güterzug durch Demmin. Vieles am Bahnübergang trägt die Beschaulichkeit der letzten DDR-Jahre in sich T. Wunschel

Die Deutsche Reichsbahn 1990 bis 1993

Zwischen gestern und morgen

Signet auf Abruf: Bereits 1990 stand die Ablösung der DR in absehbarer Zeit fest T. Horn

Die letzten Jahre der DR waren geprägt vom Wandel: Ende der DDR, Annäherung an die Bundesbahn, Vorbereitung einer gemeinsamen deutschen Bahn. Doch Schulden, Personalüberhang und sinkende Einnahmen belasteten die Übergangszeit für Reichsbahn und Reichsbahner erheblich

Auch Dampflokomotiven erhielten das 1992 eingeführte Nummernsystem samt Computernummer. Hier ist Museumslok 044 225-1 im Einsatz M. Weltner

Nur eine Vorserie wurde von der Güterzug-Ellok 252 gebaut. Im Juni 1991 steht eine der vier Maschinen in Wustermark J. Sieger

Aus Sicht der Deutschen Reichsbahn war der 3. Oktober 1990 kein besonderes Datum. Während der Beitritt der fünf Länder und Berlins zur Bundesrepublik das Ende der DDR bedeutete, bestand die DR weiterhin. Doch war dies nur eine begrenzte Kontinuität: Es liefen bereits die Planungen für eine Reform der deutschen Eisenbahn und für eine Zusammenführung der beiden bestehenden Staatsbahnen, Deutsche Reichsbahn und Deutsche Bundesbahn (DB).

Diese konkretisierten sich in den folgenden beiden Jahren. Das Führungsgremium deutsche Eisenbahnen (FdE), eine Art Vorstand beider Bahnen unter der Leitung von Heinz Dürr, hatte den Auftrag, den Weg zur Fusion und zu jener Privatisierung zu ebnen, wie sie für die Bundesbahn bereits vor der Wiedervereinigung vorgesehen worden war. Der zeitliche Rahmen dafür wurde im Laufe des Jahres 1993 festgelegt: Zum 1. Januar 1994 sollten Bundes- wie Reichsbahn in eine Aktiengesellschaft übergehen, deren Aktien zunächst vom Bund gehalten würden. Somit stellte der Zeitraum 1990 – 1993 für die Reichsbahn eine Übergangsphase dar – eine problematische Übergangsphase.

Talfahrt und Überhang

Die wirtschaftliche Lage der DR verschlechterte sich in diesen Jahren zusehends. 1991 kam sie noch nicht einmal auf die Hälfte der bereits verminderten Gütermenge von 1990. Im Reiseverkehr hatte sie 1991 etwa 25 Prozent an Fahrgästen verloren. Die Reichsbahn schloss das Jahr 1991 mit einem Verlust von rund 4,3 Milliarden Mark ab.

Nun traf das zu, was Bundesbahner in Verkennung der bisherigen Situation behauptet hatten: Die Reichsbahn beschäftigt zu viele Leute. Auf dem halb so kleinen Streckennetz waren so viele Eisenbahner tätig wie bei der DB. Zu ihr strömten außerdem noch 1.500 ehemalige Eisenbahner der Nationalen Volksarmee, vom Ministerium des Innern und vom Amt für Nationale Sicherheit (dem ehemaligen Ministerium für Staatssicherheit) zurück. Auch Mitarbeiter des Ministeriums für Verkehrswesen, das bis zum 3. Oktober 1990 komplett »abgewickelt« wurde, fanden es plötzlich attraktiv, Eisenbahner zu sein.

In den nächsten drei Jahren war häufig vom »Abschmelzen des Personals« die Rede. Willkürliche Vorruhestands- und Abfindungsregelungen mit immer neuen Summen und Freifahrtregelungen wurden verkündet. Die Begriffe Personalbemessung und -bestand verbreiteten ihren Schrecken. Gestern noch Arbeitskräftemangel, heute Personalüberhang und morgen Personalabbau – so kann man die Zeit ab 1990 charakterisieren.

Abordnungen und Entlassungen

Etwas Abhilfe schufen so genannte Abordnungen von Reichsbahnern zur DB und zu den Österreichischen Bundesbahnen (ÖBB), wo sie als erfahrene Kräfte willkommen waren und die Personalnot linderten. Bis zum 1. August 1991 wechselten 2.184 Reichsbahner als »Personalhilfe« zur Bundesbahn, davon 508 Rangierer, 121 Zugbegleiter, 850 Lokführer, 169 Wagenmeister, 222 Mitarbeiter im örtlichen Betriebsdienst und 314 im Verkehrsdienst. Ende März 1992 stieg die Zahl auf 3.038, davon war ein Drittel Lokomotivführer. Auf Dauer wollten die wenigsten bei der DB bleiben; zu sehr waren sie noch mit dem Milieu ihrer Reichsbahn-Dienststelle und ihrer Heimat verwurzelt.

Personalbestand der DR

Jahr	Eisenbahner
1948	258.041
1988	254.602
1989	267.635
1990	241.923
1991	208.094
1992	185.530
1993	148.161

Sie wurden aber in ihrer Heimatdienststelle nicht gern gesehen, wenn sie zurückkamen. Der Personalabbau ging jedenfalls stetig voran: Zwischen 1990 und 1993 entließ die Reichsbahn mehr als 90.000 Eisenbahner – aber selbst danach hatte sie noch einen Überhang.

Verkäufe und Ausgründungen

Anstelle der zentralistischen Planung und der Doktrinen setzte in den frühen 90er-Jahren ein anderer, im Osten bislang unbekannter Vorgang ein. Teile der Reichsbahn wurden verkauft oder ausgegründet. Die »Werke-Ordnung« verhieß für die Reichsbahnausbesserungswerke nichts Gutes; es drohten Schließungen (»Franz Stenzer« in Berlin, Dresden, Görlitz, Halle, Magdeburg, Zwickau) und Verkäufe (Chemnitz, Delitzsch, Greifswald, Halberstadt, Leipzig). Diese Planung entsprach aber den Überkapazitäten in der Fahrzeugausbesserung.

Während die Leiter vom Generaldirektor über die Präsidenten bis zu den Leitern örtlicher Dienststellen in rascher Folge wechselten, wurden Strukturpläne ausgearbeitet und auch eingeführt. Zum 1. Oktober 1990 hatte man die Zahl der

Zu DDR-Zeiten war die Strecke Leinefelde – Geismar grenznahes Gebiet, nach der Wiedervereinigung liegt sie in der Mitte Deutschlands. Im Mai 1992 befährt eine 202 den Viadukt in Lengenfeld unterm Stein Wagner

Zwei Reichsbahner im Herbst 1991; Anfang 1992 erhielten sie neue Uniformen Slg. MHZ

Im Fernverkehr schließen sich die Lücken am schnellsten: Im Juni 1993 gibt es einen EuroCity »Heinrich Heine« Dresden – Paris, den eine 232 durch Thüringen bringt (Bild bei Wartha) A. Schöppner

Reichsbahndirektionen von acht auf fünf vermindert, bis zum 1. Oktober 1991 die Reichsbahnämter aufgelöst; ein Teil der Mitarbeiter fand sich in den neu geschaffenen Generalvertretungen Personenverkehr und Güterverkehr wieder.

Aber eine eigenständige Reichsbahn sollte es bald nicht mehr geben; ihre Struktur hatte sich jener der Bundesbahn anzupassen, was vom Führungsgremium Heinz Dürrs auch forciert wurde. Die Anpassung erleichterte auch denen, die im Osten zum »Wiederaufbau« erschienen (als wäre hier etwas zerstört worden), den beruflichen Aufstieg und brachte ihnen materielle Vorteile wie die »Buschzulage«.

Streckenausbauten und Lückenschlüsse

Die Bürger spürten und erwarteten unterdessen Veränderungen im Verkehrswesen. Dem trug das am 6. Juli 1990 beschlossene Lückenschlussprogramm Rechnung. Die Verbindungen zwischen Ost und West wurden verbessert oder wieder hergestellt: Es gab Ausbauten, wie auf den Strecken Plauen – Hof, Saalfeld – Bamberg, Eisenach – Bebra, und Neubauten, wie Sonneberg – Coburg, Ritschenhausen – Mellrichstadt, Arenshausen – Eichenberg, Salzwedel – Uelzen. Unter den im Bundeskabinett beschlossenen »Verkehrsprojekten Deutsche Einheit« waren neun Schienenprojekte. Die ersten Lückenschlüsse, Ritschenhausen – Mellrichstadt und Sonneberg – Coburg, gingen am 28. September 1991 in Betrieb. Die bereits vorbereitete Schnellbahn Berlin – Oebisfelde wurde als Hochgeschwindigkeitsstrecke und wichtigste Ost-West-Relation in Angriff genommen.

1992 wurden 10 Milliarden Mark eingesetzt, um den Zustand des Kernnetzes zu verbessern, insbesondere der Strecken Magdeburg – Marienborn, Berlin – Dresden, Berlin – Schwanheide und für das zweite Gleis der Strecke Eisenach – Gerstungen. 1993 standen wieder 10,2 Milliarden Mark zur Verfügung, um vor allem den Oberbau zu verbessern, 1.100 Kilometer Strecken mit punktförmiger Zugbeeinflussung, 750 Kilometer mit Zugfunk und 70 Kilometer mit Streckenblock auszurüsten. Der erste sichtbare Fortschritt war die nun zulässige Geschwindigkeit von 160 km/h auf der Strecke Berlin – Dresden (die nach einigen Jahren wegen unterlassener Instandsetzung wieder reichlich Langsamfahrstellen besaß).

Kooperation mit der DB

Die Fahrzeiten ließen sich noch nicht wesentlich verkürzen – abgesehen davon, dass im Ost-West-Verkehr die Grenzaufenthalte entfallen waren –, doch machte man zumindest das Reisen komfortabler. Erste Interregio- und Intercity-Züge zu Zielen im DR-Netz nahmen schon im Frühjahr/Sommer 1990 den Betrieb auf, in der Folgezeit wurden die Fernverbindungen zwischen DB und DR weiter verdichtet und immer enger verknüpft. Im DR-Kursbuch erschienen bereits 1990 die Fernverbindungen, und im Juni 1991 gaben Reichsbahn und Bundesbahn das erste gemeinsame Kursbuch heraus: den Jahresfahrplan 1991/92. Man hatte das Kunststück fertig gebracht, in aller Kürze den Fahrplan gesamtdeutsch auszurichten.

Rasch änderte sich so viel im internen wie im äußeren Erscheinungsbild, dass der Bürger kaum noch zwischen Reichsbahn und Bundesbahn unterscheiden konnte. Viele aus der ehemaligen DDR sprachen sogar von der Bundesbahn, wenn sie ihre einstige Staatsbahn, die Deutsche Reichsbahn, meinten. 1992 erstellten beide Bahnverwaltungen einen neuen Loknummernplan, der dem DB-Schema folgte und bei dem die Reichsbahn-Baureihen ihre Bezeichnungen änderten. Aus der Diesellok 118 wurde die 228, aus der Ellok 211 die 109.

Die letzten DR-Loks

Nach 1990 erhielt die DR nur noch geringen Zuwachs im Fuhrpark. Die Güterzug-Ellok 252, eine Fortentwicklung der 250, blieb angesichts des eingebrochenen Güterverkehrsaufkommens auf vier Prototypen beschränkt. Die 212 wurde hinge-

Die Schmalspurbahnen der DR erhielten nach 1990 Zulauf durch Touristen aus dem Westen. Im Februar 1993 ist Dampflok 099 749 bei Neudorf (Strecke Cranzahl – Kurort Oberwiesenthal) unterwegs J. Sieger

gen von DR und DB beschafft, auch, um dem Werk Hennigsdorf, das wieder von der AEG übernommen worden war, Aufträge zu geben.

Daneben erwies sich die DR als wichtige Hilfe für die DB. Während im Osten ein Triebfahrzeugüberhang entstanden war, herrschte im Westen Lokmangel. Nun bekam die Bundesbahn Verstärkung durch Reichsbahnloks, wie die 250 (ab 1992: 155), die 243 (neu: 143) und die 132 (neu: 232). Sie wurden bald auch im Westen zum gewohnten Anblick.

Plandampf – eine DR-Spezialität

Daneben bewahrte sich die DR manche Eigenheit. Anders als die DB verfügte sie an vielen Strecken noch über die Infrastruktur für den Dampfbetrieb. Das animierte Eisenbahnfreunde – vornehmlich aus den alten Bundesländern –, die Vergangenheit aufleben zu lassen: Sie bezahlten die Mehrkosten und Dampfloks aus dem DR-Museumsbestand bespannten planmäßige Züge. Der Auftakt im Oktober 1990 war ein voller Erfolg; er zog viele Veranstaltungen ähnlicher Art im DR-Netz nach sich. Gleichwohl handelte es sich um eine kurze Blüte, denn der Zwang zum wirtschaftlichen Handeln machte vor den Strecken nicht Halt; Schritt für Schritt musste die DR kostspielige und eigentlich nicht mehr benötigte Anlagen aus der Dampfära aufgeben. Übrig blieben – im Wesentlichen – die Schmalspur-

Streckennetz der DR 1946 – 1993

Jahr	Betriebslänge	davon Hauptbahn		Nebenbahn		Schmalspur		elektrifiziert	
	km	km	in %	km	%	km	%	km	%
1946	13.383	7.871	59	4.963	37	549	4		
1947	13.387	7.758	58	5.080	38	548	4	247	2
1980	14.248	7.620	54	6.332	44	296	2	1.695	12
1989	13.762					273	2	3.829	27
1990	14.040					273	2	4.025	29
1991	14.034					273	2	4.241	30
1992	14.037					273	2	4.599	32
1993	14.075					142	1	4.736	34

Nahverkehr im Reichsbahn-Stil: Im Juli 1991 stehen eine 212 mit Doppelstockwagen und die »Ferkeltaxe« 171 024 in Eilsleben; auf dem Bahnsteig stehen die DR-typischen »Pilzlampen« D. Lindenblatt

Eine Region im Wandel: Im Mai 1992 haben sich moderne Autos im Elbtal ausgebreitet. Die S-Bahn auf der Strecke Dresden – Schöna fährt aber noch mit alten Wagen in alten Farben H. Brinker

bahnen, die seit jeher auf Dampftraktion setzten und dazu auch kaum eine Alternative hatten.

Damoklesschwert Wirtschaftlichkeit

Zur Wirtschaftslage der DR stellte Heinz Dürr am 6. September 1993 vor der Presse fest: »Angesichts der schlechten Konjunkturlage in ganz Deutschland ist dies (der Umsatz von 12,144 Milliarden Mark – E. P.) kein schlechtes Ergebnis.« Da war bereits abzusehen, dass der Fehlbetrag in diesem letzten Reichsbahnjahr noch größer werden würde. Allein durch Lohnerhöhungen stiegen die Kosten gegenüber 1992 um 1,2 Milliarden auf 8,9 Milliarden Mark. Dazu kam der Aufwand für die Restrukturierung.

Am Ende betrug die Verschuldung der beiden deutschen Bahnen rund 67 Milliarden Mark, 20 Milliarden Mark mehr als bei Dürrs Amtsantritt 1991. Inwieweit dies wirklich von DB und DR verursacht wurde, ist aber umstritten. Verkehrswissenschaftler meinen, die Schulden seien durch staatliches Fehlverhalten entstanden und geschickt auf Bahnkonten als Bahnschulden ausgewiesen worden. Erich Preuss/GM

Lokomotiv- und Triebwagenbestand der DR 1990 – 1992

Baureihe	1. Jahr der Indienststellung	Bestand 1990 Stückzahl	Bestand 1992 Stückzahl	Abgestellt bei DB bis
a) Elektrische Lokomotiven				
211	1962	72	72	1994
242	1962	294	294	1994
243	1984	599	589	–
244	1932	10	–	1990
250	1974	270	270	–
254	1940	8	–	1990
251	1965	15	15	–
In Entwicklung:				
212	1990	4[1]	0	–
252	1991	[2]	0	2002[5]
230	1988	1[3]	19	–
Gesamt			**1.273**	
b) Elektrische Triebwagen				
275	1927		75	1997
276	1934		220	2000
277	1937		221	2003
270	1980		3	–
	1988		26	–
279.0	1930		3	–
279.2	1922		2	–
Gesamt			**547**	
c) Diesellokomotiven				
100.0	1932/33			
100.1-7	1932/33	321	321	1994
100.8	1932/33			
101.1-3	1969			
101.5-6	1975	253	253	1997
102.0	1968			
Diesellokomotiven (Fortsetzung)				
102.1	1970	229	228	2001
105/106	1960	1.103	1.102	1993
110	1964	275	278	2000
111	1982	36	36	–
112	1985	494[4]	492	–
114	1985	564	56	–
118.1	1965	114		
118.5	1985	114[4]	114	1994
118.2	1966	197		
118.6-8	1985	197[4]	197	1998[5]
119	1977	187	187	2001[6]
120	1966	299	299	1996
130	1974	64	64	1994
131	1972	69	69	1995
132	1973	661	645	–
In Entwicklung:				
104	1989		1	Baumuster
	1991			Serienbeginn
109	1990		3	Baumuster
	1991			Serienbeginn
Gesamt			**4.362**	
d) Dieseltriebwagen				
171/172	1962/65		150	2002
175	1965		11	
Gesamt			**161**	

[1] 1990 Vorauslokomotiven, Serie geplant
[2] 1990 Baumuster geplant
[3] 1990 Baumuster
[4] Umbau im Raw
[5] (z.T.) bei DB-Tochter MEG
[6] Umbauversion 229 abgest. 2003

Neue Angebote im Reisezugverkehr

Bach, Liebermann und Gefährten

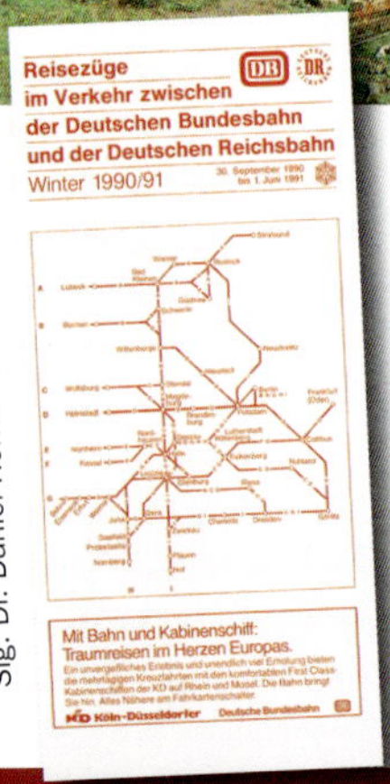

Slg. Dr. Daniel Hörnemann

»Es wächst zusammen, was zusammen gehört« war eine häufige Redewendung in der Zeit nach dem Mauerfall. Auch Reichsbahn und Bundesbahn praktizierten die Kooperation: Neue Fernreisezüge schufen schnelle, komfortable Ost-West-Verbindungen

Die große Reisewelle kurz nach der DDR-Grenzöffnung rollte noch, als Vertreter der Deutschen Reichsbahn und der Deutschen Bundesbahn überlegten, wie sie den Personenverkehr zwischen beiden Netzen langfristig verbessern könnten. Im Herbst 1989 wurden zahlreiche Zusatzzüge eingelegt – aber die Planungen gingen bereits weiter. Die Idee: Ein überspannendes Fernverkehrsnetz beider Bahnen sollte den

Vom Sommerfahrplan 1991 an war Berlin an das IC-Liniennetz angeschlossen. Im Oktober 1991 passiert Diesellok 132 428 mit IC 185 »Leo von Klenze« den Bahnhof Genthin; der Zug gehört zur IC-Linie 3, nimmt aber den leicht veränderten Laufweg Berlin – Kassel – Frankfurt (M) – Stuttgart – München Georg Wagner

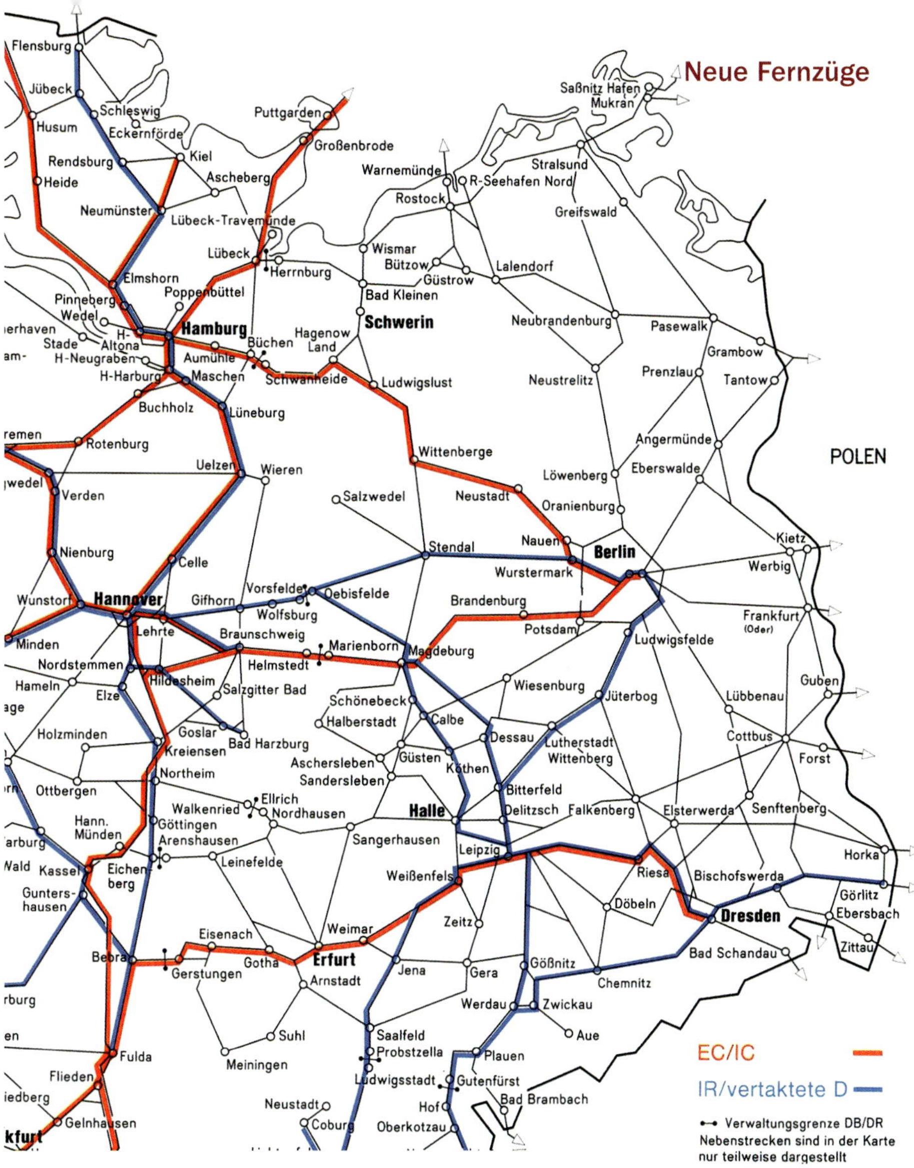

IC- und IR-Verbindungen zum Reichsbahn-Gebiet im Jahresfahrplan 1991/92; die DR ist seit diesem Fahrplan in das Liniennetz integriert Slg. J. Mauerer

Am 27. Mai 1990 bringt Ellok 243 591 den ersten InterCity aus Richtung Westen nach Leipzig. Hier durchfährt IC »Johann Sebastian Bach« den Bahnhof Großlehna Sven Klein

deutsch-deutschen Reiseverkehr (und das Zusammenwachsen von DDR und Bundesrepublik) stärken.

Die Vorreiter 1990

Einen ersten Schritt in diese Richtung vollzogen DR und DB zum folgenden Sommerfahrplan. Vom 27. Mai 1990 an fuhr der erste InterCity auf Reichsbahngebiet, IC 154/155 mit dem Laufweg Frankfurt (Main) – Fulda – Bebra – Eisenach – Erfurt – Leipzig. Der Start zeichnete aber auch ein beredtes Bild davon, wie die Kräfteverhältnisse im vorvereinigten Deutschland lagen. Bei der Ankunft des IC 155 in Leipzig Hbf und der anschließenden Namenstaufe als »Johann Sebastian Bach« war kein politischer Vertreter aus dem Westen zu sehen. Weder Minister Friedrich Zimmermann noch DB-Vorstandsvorsitzer Reiner Maria Gohlke erschienen. Denn die Beamten im Bundesverkehrsministerium in Bonn waren verschnupft über den »Alleingang« der beiden deutschen Bahnen mit ihren Fernzügen. Erst sollte am 3. Oktober 1990 der Beitritt der DDR zur Bundesrepublik abgewartet werden, und dann wollte man bestimmen, wer in offizieller Mission aus Bonn in das »Beitrittsgebiet« reist.

Bis dahin nahm ein weiterer IC den Betrieb auf: Vom 1. August 1990 an fuhr die DR IC

»Max Liebermann« ist der zweite InterCity auf DR-Gebiet. Er verkehrt zwischen Berlin und Hamburg und sorgt mit der Fahrzeug-Erstausstattung für Aufsehen: Es fährt ein Dieseltriebzug 601, ehemals in Diensten der Bundesbahn (Bild in Berlin Hbf, 1990) I. Migura/Histor. Slg. der DB AG

130/139 »Max Liebermann« Berlin – Hamburg. In den ersten acht Wochen kam ein ehemaliger DB-Dieseltriebzug der Baureihe 601 (VT 11.5) zum Einsatz, dann musste das Fahrzeug auf der stark nachgefragten Verbindung einem Lok-Wagen-Zug weichen. Eine Stufe tiefer verdichteten DR und DB das Angebot mit neuen Anschlüssen an das Bundesbahn-Fernverkehrsnetz. Zu den beiden InterCity-Zugpaaren kamen drei InterRegio-Zugpaare Berlin – Köln, je ein InterRegio-Zugpaar Leipzig – Nürnberg und Leipzig - Nürnberg – München. Ein InterRegio-Zugpaar der Linie 20 (Duisburg – Kassel) wurde nach Erfurt verlängert.

Neue IC- und IR-Züge 1991/92

Gleichwohl handelte es sich dabei nur um Vorboten, welche die DDR bzw. die neuen Bundesländer in den Fernverkehr einbanden – fortschrittlich zwar, aber, nicht zuletzt bedingt durch infrastrukturelle Mängel, noch nicht auf dem allerneuesten Stand. Als der neue Eisenbahn-Fahrplan am 2. Juni 1991 begann, führte die Bundesbahn auf ihrem Gebiet den ICE-Verkehr ein; die Reichsbahn bekam Anschluss an das InterCity-Netz (jetzt mit IC-Linien statt wenigen Einzelzügen) und weitere Fernzüge, die den Bürgern neue Möglichkeiten für Auslandsreisen eröffneten.

In diesem Fahrplan, der bis 30. Mai 1992 Gültigkeit hatte, verbesserten beide Bahnen die innerdeutschen Zugverbindungen weiter. Das geschah weniger mit Schnelligkeit als vielmehr mit Komfort wie besserem, weil klimatisiertem Wagenmaterial und – im Rahmen der IC-Linien – Taktfahrplänen. Die Züge fuhren über Strecken, die noch nicht für höhere Geschwindigkeiten ausgebaut oder, wie Berlin – Hamburg, noch nicht elektrifiziert waren. Wieder blieben Diskussionen nicht aus. Gerhard J. Kurth, Vorsitzender des Deutschen Bahnkunden-Verbandes, polemisierte gegen die angekündigten InterCity- und InterRegio-Züge. Er sah einen generellen Niveauverlust dieser Reiseverkehrs-Produkte, wenn vom DB-Standard abgewichen werde.

Doch die Bundesbahn wollte ein Zeichen setzen, und die Reichsbahn war froh, mit diesen Zügen ihr Ansehen polieren zu können. Denn allzu schnell stiegen ihre bisherigen Fahrgäste auf den Pkw um, zumal die Fahrpreise im Verhältnis zum Einkommen unangemessen angehoben worden und die in der DDR üblichen Fahrpreisermäßigungen entfallen waren.

Die InterCity-Züge verkehrten seit 2. Juni 1991 alle zwei Stunden auf der Linie 3 Berlin – Kassel – Karlsruhe und auf der Linie 5 Berlin – Hannover – Köln – Basel. Zwischen

Am 2. Juni 1991 fährt erstmals der EuroCity »MontBlanc« von Berlin nach Genf. In Berlin Hbf wird der Zug getauft T. Bär/Histor. Slg. der DB AG

Berlin und Braunschweig über Marienborn/Helmstedt bestand ein 50/70-Minuten-Rhythmus, von dem auch Potsdam und Magdeburg profitierten. Einige dieser Züge hatten Zürich HB, Chur, Interlaken Ost und Genf als Ziel.

Zwischen Berlin und Hamburg verkehrte ein viertes InterCity-Zugpaar, übrigens mit Dieseldoppeltraktion der Baureihen 119 (DR) bzw. 218 (DB), was für gute Beschleunigung beim Anfahren sorgte. Der IC »Johann Sebastian Bach« von 1990 erhielt Verstärkung durch drei IC-Zugpaare; der Laufweg wurde verlängert, und zwar im Osten zum Teil bis Dresden Hbf, im Westen nach Saarbrücken oder (als EuroCity) nach Paris Est. Neu war auch der InterCity »Rügen« Köln – Stralsund, der während der Badesaison auf der Insel Rügen Binz erreichte. Insgesamt verkehrten während des Fahrplans 1991/1992 44 Euro- und InterCity-Züge zwischen Ost und West, davon 17 von und nach Berlin mit Systemhalt in Potsdam.

Weil der Abschnitt Magdeburg – Helmstedt – Braunschweig von den InterCity-Zügen gut bedient wurde, wechselten die bisherigen InterRegio-Züge Berlin – Köln als Linie 17 nun auf die Relation Dresden – Leipzig - Köln über Oebisfelde – Wolfsburg. Zwei Zugpaare der neuen Schnellzug-Linie 16 (Berlin – Hoofdorp/Schiphol) begannen und endeten nicht mehr in Braunschweig, sondern verkehrten von Berlin über Stendal – Oebisfelde – Wolfsburg – Hannover. Die InterRegio-Linie 25 Leipzig – Nürnberg – München über Saalfeld teilte sich die Verbindung mit anderen Schnellzügen und auch mit Nachtzügen Berlin – München, Berlin – Villach und dem »Spree-Alpen-Express« Berlin – Meran. Vernachlässigt wurde hingegen die klassische Verbindung Sachsen – Bayern über Leipzig – Hof. Sie war zwar von einigen Schnellzügen belegt, aber der Zweistunden-Taktfahrplan kam erst mit den Schnellzügen von Görlitz und Dresden ab Reichenbach (Vogtl) nach Regensburg – München zustande. Zwei Züge fuhren noch weiter bis Oberstdorf. Außerdem wurden die Schnellzüge Berlin – Schwerin bis Lübeck und Kiel verlängert, aber erst später zu InterRegios hochgestuft.

Die Relation (München –) Nürnberg – Leipzig – Berlin ist im Fahrplan 1991/92 noch InterRegio-Terrain; Aufnahme in Saalfeld Slg. Felix Walther

Das Angebot von DR und DB trug zum Reisen ohne Grenzen bei, auch wenn viele Züge später entfielen

Neue D-Züge

Der Fahrplan 1991/1992 brachte auch das Ende der Städte-Expresszüge zwischen Berlin und den Bezirksstädten sowie der Inter-Expresszüge. Erstere entfielen ersatzlos, weil es keinen entsprechenden Dienstreisenden- und Bauarbeiter-Verkehr mehr gab, Letztere wurden durch Schnellzüge ersetzt. Als neu bezeichnet wurden die D 278/279 »Sanssouci« Berlin – Wien, D 322/323 »Neptun« Prag – Berlin – Warnemünde – Kopenhagen, die es allerdings bereits seit Jahren bei der Reichsbahn gegeben hatte. Lediglich D 1310/1311 »Csárdás«, der in der Saison zwischen Budapest und Malmö eingesetzt wurde, sowie D 476/477 »Istropolitan«, der statt von Berlin von Hamburg über Leipzig nach Bratislava verkehrte, hatten einen gewissen Neuigkeitswert.

Die Reichsbahn legte den D 312/313 für einen Tagesaufenthalt in Szczecin (Stettin) ein (Abfahrt/Ankunft in Berlin-Lichtenberg). Neu waren auch eine Tagesverbindung von Dresden Hbf über Berlin-Lichtenberg nach Malmö (zurück nur bis Berlin-Lichtenberg) sowie ein Zugpaar Berlin – Stockholm über Saßnitz – Malmö.

Darüber hinaus entfiel vom 2. Juni 1991 an bei den Zügen Berlin – Prag der Lokomotivwechsel in Bad Schandau, weil beide Bahnverwaltungen die Zweisystemlokomotiven, Baureihen 230 (180) und 372, einsetzten. Auch zu den Strecken der Bundesbahn wurden die Durchläufe von Reichsbahn-Lokomotiven vermehrt. So fuhren die Dieselloks der Baureihe 132/134 bis Braunschweig, Hannover und Regensburg.

ÜBERBLICK **IC-ZÜGE AUF DR-GEBIET 1991**

Linie		Strecke	Zugpaare	Länge km	Reisezeit 1991 Std./Min.	Reisezeit 2012 (zum Vergleich)
3	Stammlinie	Berlin – Kassel – Karlsruhe	6	785	8:05	5:39
5	Stammlinie	Berlin – Hannover – Köln – Basel	7	1.110	12:04	9:10[1]
9	Einzelzüge	Dresden – Leipzig – Paris	4	1.138	13:28	9:01[2]
10	Einzelzüge	Berlin – Hamburg	4	291	4:03	2:03[3], 2:26
-	Einzelzüge	Köln – Stralsund	1	730	7:36	7:01

[1] einmal umsteigen, ICE; [2] einmal umsteigen ICE, TGV; [3] ICE

Gewinner und Verlierer 1991

Das Fahrplanjahr 1991/1992 war noch von den Unwägbarkeiten der künftigen Reiseströme diktiert, was man an den Veränderungen der Zugläufe und auch an den Eintagsfliegen von Zugverbindungen erkennen kann. Im Rückblick betrachtet man diese durch die Einheit Deutschlands entstandenen Zugverbindungen mit einem weinenden und einem lachenden Auge. Weinend, weil die meisten Verbindungen und auch der InterRegio später ohne vollwertigen Ersatz entfielen, lachend, weil die beiden deutschen Bahnen ihren Teil zum grenzenlosen Reisen beitrugen und sich nach einigen Jahren die Investitionen in die Infrastruktur mit schneller gewordenen Zügen auszahlten. Andere Strecken dagegen verloren den Fernverkehr. 1991 gehörten zu den ersten dieser Kategorie: Wismar – Bad Doberan, Halle – Halberstadt, Halberstadt – Thale, Halle – Eilenburg und Gera – Werdau (Sachs). Prominentere Strecken sollten folgen.

Erich Preuß

Bei »Max Liebermann« zu Hause: Der Triebzug für die InterCity-Verbindung Hamburg – Berlin wird in Berlin-Rummelsburg stationiert (25. Juli 1990)

Sputnik und TEE

Eine Begegnung mit »Max Liebermann« ■ Im Juli 1990 sieht Lokführer Wolfgang Dath einen Zug, den er bislang nur von Fotos kennt: den TEE-Triebzug der Deutschen Bundesbahn. Noch mehr staunt er, als er erfährt, wofür das Fahrzeug gedacht ist – eine InterCity-Verbindung bei der Deutschen Reichsbahn

Am 24. Juli 1990 habe ich als Triebfahrzeugführer einen Nahverkehrszug von Berlin-Karlshorst nach Potsdam Hbf zu befördern. Dort übernimmt eine Diesellok den Zug, um ihn über die zu der Zeit noch nicht elektrifizierte Strecke nach Brandenburg zu bringen. Nach etwa einer Stunde Aufenthalt ist dann der Gegenzug nach Berlin zurück zu befördern. Etwa die Hälfte der stündlich auf der damaligen Kursbuchstrecke 120 verkehrenden Züge fährt bis nach Brandenburg, die anderen enden in Werder (Havel). Letztere werden als Wendezüge mit der Ellok bis zum Endbahnhof gefahren. Der Volksmund bezeichnet die meist aus Doppelstockwagen gebildeten Züge als »Sputnik«, weil sie seit der Schließung der Grenze nach West-Berlin die Stadt wie ein solcher Satellit umkreisen. Die Potsdamer müssen seit 1961 den Umweg über den Berliner Außenring in Kauf nehmen, um unter Umgehung der westlichen Sektoren in den Ostteil der Stadt zu fahren.

Das hat sich nach der Grenzöffnung geändert. Seit 22. Januar 1990 gibt es eine Zugverbindung von Berlin-Wannsee nach Potsdam, und so erreichen die Potsdamer Berlin wieder auf dem direkten Weg. Der Verkehr auf dem Berliner Außenring hat dadurch rapide abgenommen. Waren zu DDR-Zeiten noch zwei vierteilige Doppelstockeinheiten erforderlich, um den Verkehr zu bewältigen, so reichen nun bald drei oder vier Einzelwagen. Bald versinkt der Personenverkehr auf dem Außenring in die völlige Bedeutungslosigkeit. Der zu DDR-Zeiten stark frequentierte Potsdamer Hauptbahnhof wirkt nun oft wie ausgestorben (ab 1993 wird er Potsdam Pirschheide heißen).

»Ist das nicht der legendäre TEE-Triebwagen der Bundesbahn?«

An dem erwähnten Julitag 1990 bin ich mit der Ellok 243 617 und einem »Sputnik« auf der Rückfahrt von Potsdam nach Berlin. Ich fahre an den Bahnsteig des Kreuzungsbahnhofs Bergholz heran und blicke von der Brücke herab auf die Strecke Seddin – Drewitz. Da fällt mir ein außergewöhnlicher Zug auf, der in Richtung Berlin unterwegs ist. Ist das nicht der legendäre TEE-Triebwagen der Deutschen Bundesbahn, den ich bis dahin nur auf Abbildungen gesehen habe? Warum fährt dieser Zug nach Berlin und wieso hängt hinten noch ein zusätzlicher Maschinenwagen? Fragen über Fragen, aber ich muss mich auf meine Fahrt konzentrieren und das Gesehene rückt in den Hintergrund.

So staune ich nicht wenig, als ich dem TEE in Berlin-Rummelsburg zum Feierabend um 17:30 Uhr wieder begegne. Inzwischen hat man den Dieseltriebzug in unsere Einsatzstelle rangiert. In der Lokleitung erfahre ich, dass die Einheit und ein Reservemaschinenkopf angemietet worden sind, um einen hochwertigen IC-Verkehr Berlin – Hamburg anbieten zu können. Am 27. Juli solle die Pressefahrt stattfinden, der Einsatz als IC ist ab 1. August geplant. Die Reichsbahn will mit der Anmietung des komfortablen Zuges den Verkehr auf der wichtigen Fernverbindung aufwerten – das gelingt ihr zweifellos!

Auch für uns ist es ein Prestigegewinn. Einerseits bekommen die Triebfahrzeugführer, die früher mit den Reichsbahn-Triebwagen der Baureihe 175 (VT 18.16, Bauart »Görlitz«) die Verbindungen »Vindobona« Berlin – Wien und »Karlex« Berlin – Karlovy Vary bedienten, ein interessantes Betätigungsfeld dazu. Andererseits wertet die Zuteilung des Zuges die ganze Dienststelle Berlin-Rummelsburg auf. Noch kurz zuvor war geplant, hier die Nahverkehrsleistungen der Großdienststelle Berlin-Ostbahnhof zu konzentrieren, nun sind wieder hochwertige Schnellzugleistungen zu erbringen. Die 175er sind zu dieser Zeit schon fast alle abgestellt und teilweise mit Graffiti verunstaltet – auch eine Erfahrung, welche die neue Zeit mit sich bringt. Den meisten Eisenbahnern dürfte beim Anblick der nun vor sich hin rostenden Schnelltriebwagen das Herz bluten. Da ist der auf Hochglanz polierte TEE-Triebwagen ein willkom-

Berühmte Züge von Bundesbahn und Reichsbahn: Im Herbst 1990 organisieren Rummelsburger Eisenbahner die Begegnung des 601 mit einem »Görlitzer« (im Bild rechts)

Bilder des Beitrags, wenn nicht anders angegeben: Wolfgang Dath

mener Lichtblick. Die Zukunft sieht damit für uns Rummelsburger schon wieder viel interessanter aus. (Dass acht Jahre später der ICE in Rummelsburg gewartet wird, wagt damals kaum jemand zu glauben.)

»Alle setzen ihre ganze Kraft ein, damit der schöne Zug die Leistung erbringen kann«

Bis zum 29. September 1990 verrichtet der aus den Triebköpfen 601 006 und 015 sowie den Mittelwagen 901 104, 109, 103, 402, 208, 305, 202 und 301 gebildete Zug als IC »Max Liebermann« ziemlich zuverlässig seinen Dienst. Des öfteren muss der Reserve-Maschinenwagen 601 013 eingesetzt werden, aber zu einem Totalausfall kommt es nur einmal. Normalerweise sieht man den Triebzug in der Einsatzstelle selten, da er tagsüber unterwegs ist und die Wartung nachts im benachbarten Wagenwerk stattfindet. Nur der Reserve-Maschinenwagen steht im Rundschuppen oder auf dem Schmiedegleis unter dem Bockkran. Etliche Handwerker haben den ganzen Tag damit zu tun, die Schäden der letzten Fahrt zu beseitigen, um am Abend den Triebkopf tauschen zu können, wenn auf der Fahrt Mängel aufgetreten sind. Manchmal sehe ich sogar den Einsatzstellenleiter ölverschmiert aus dem Maschinenwagen kommen. Alle Beteiligten sind hoch motiviert. Sie setzen ihre ganze Kraft und ihr Können ein, damit der schöne Zug die Leistungen erbringen kann.

Nach dem Fahrplanwechsel stellt die Reichsbahn jedoch auf einen lokbespannten Zug um. Der TEE-Triebzug steht einige Wochen im hintersten Winkel unserer Einsatzstelle abgestellt. Die Zeit seines Einsatzes ist schon wieder fast vorbei. Nur selten gibt es Sonderfahrten. Einmal erlebe ich die Vorbereitung einer solchen Fahrt mit – und die Arbeit, die der Lokführer dabei hat. Nach der Kontrolle aller Betriebsmittelstände sind die Hilfsdiesel zu starten und zu synchronisieren. Erst dann werden die Fahrdiesel angelassen und die Bremsprobe durchgeführt. Die gesamte Zuglänge ist dabei mehrmals abzulaufen. Ich lerne auch die komfortable Inneneinrichtung der Mittelwagen kennen. Ein angenehmes Reisen, trotzdem der Zug schon recht betagt ist.

Ein kleines Bonbon können wir außerdem noch organisieren: und zwar, dass der TEE-Zug bei einer Ausfahrt an dem einzigen, zu dieser Zeit noch betriebsfähigen 175er (»Görlitzer«) vorbeifährt. Das Wetter spielt zwar nicht unbedingt mit, aber was macht das schon? Für einen kurzen Moment haben wir sie beieinander: die Paradezüge der beiden deutschen Staatsbahnen.

243er-Elloks und Doppelstockwagen bilden die »Sputnik«-Züge, mit denen Wolfgang Dath 1990 in – oder besser: um – Berlin unterwegs ist

Der Autor

Wolfgang Dath, geboren 1960, schlug bei der Reichsbahn die Lokführer-Laufbahn ein und fuhr auf Diesel- und Elektroloks – auch während der Wendezeit. Seit 2001 ist er in der Verwaltung des Bereitstellungsstandortes Berlin bei DB Fernverkehr tätig.

Wolfgang Dath in Berlin-Lichtenberg, 1994 privat

Mit der Baureihe 120 fingen die »West-Besuche« an. Über Probstzella kam eine der Drehstrom-Elloks 1990 zu Testzwecken zur Reichsbahn. Aber erst 1992 war die 120 auch planmäßig bei der DR zu sehen; hier im Bild mit einem IC-Zug, wiederum in Probstzella Rolf Schierer

Erste DB-Lokomotiven bei der DR

Gäste aus dem Westen

Ab 1990 kamen Bundesbahn-Lokomotiven über die Grenzbahnhöfe hinaus auf Reichsbahn-Gebiet – der Lokwechsel an oder nahe der Grenze entfiel. Dafür wurden auch Lokführer der Reichsbahn auf Bundesbahn-Maschinen ausgebildet

Lokomotiven der Deutschen Bundesbahn auf Gebiet der Deutschen Reichsbahn – ganz neu war dieses Phänomen nicht. Selbst Elloks waren in den 80er-Jahren durchaus »Stammgäste«, freilich aber nur auf einem einzigen kurzen Abschnitt an der Grenze und nur deshalb, weil der Lokwechsel zwischen DB und DR auf Reichsbahn-Gebiet geschah. In Probstzella brachte die DB-Lok den Zug wenige Kilometer über die Grenze und wartete unter strenger Aufsicht auf die Rückleistung.

Mit dem Mauerfall und der verstärkten Kooperation von DB und DR änderte sich das rasch. Dieselloks kamen bereits kurz nach der Grenzöffnung sporadisch ins Reichsbahn-Netz. Ab dem Frühjahr 1990 gab es dann richtige Diesel-Planleistungen. DB-216 bespannten Züge von Bebra bis Erfurt und Gera, nach

Noch vor den Elloks liefen DB-Dieselloks bis in DR-Gebiet durch. In Fröttstädt in Thüringen ist eine DB-216 mit einem Personenzug unterwegs Ralph Lüderitz

Am Ende eines Güterzuges rollen im Oktober 1993 die DB-Elloks 150 039 und 001 durch Saalfeld, möglicherweise mit Ziel Raw Dessau (l., Bild in Saalfeld). Bei Schulungsfahrten im Raum Halle (Saale) kombiniert man die DB-103 unter anderem mit der DR-211 (r.)

Thomas Wunschel (l.), Eckhard Ebert (r.)

STICHWORT **DER UMGEKEHRTE WEG: REICHSBAHN-LOKS BEI DER DB**

So, wie DB-Maschinen in DR-Gebiet durchliefen, fuhren umgekehrt auch DR-Maschinen ins DB-Netz. Im Raum Hof wurden dafür zum Beispiel ab 1990 Reichsbahner ausgebildet, die dann unter anderem mit Dieselloks der Baureihe 132 bis Regensburg fuhren. Für Reichsbahn-Loks sollte es aber bei der Bundesbahn noch größere Verwendung geben. Die DB litt Anfang der 90er-Jahre unter einem Fahrzeugengpass, während umgekehrt die DR Lokomotiven mangels Bedarfs abstellen musste. Da lag es nahe, diese Maschinen an die DB zu vermieten. Am 4. Januar 1991 erhielten die Bahnbetriebswerke Mannheim 1 und Dortmund die ersten von in der Summe 50 Elloks der DR-Reihe 243, die umgehend im Nahverkehr zum Einsatz kamen. Auch Elloks der Baureihe 250 gingen in den Westen. *Felix Walther*

Zu einem Lokzug gereihte DR-143 warten in Erfurt 1991 auf die Überführung zur DB

Volker Emersleben

Nordhausen kamen 212 und 216 der DB über Ellrich. Auch in Magdeburg und Bad Kleinen waren regelmäßig DB-Dieselloks zu sehen. Dabei handelte es sich ausschließlich um Reisezugleistungen. Die Güterzüge wurden nach wie vor an den Grenzbahnhöfen umgespannt.

Lückenschlüsse und Lokeinsätze

Anfang 1990 leiteten DB und DR auch den Wiederaufbau einiger unterbrochener Verbindungen in die Wege. Ebenso begann der Ausbau der vorhandenen Verbindungen. Das brachte weitere Gäste aus dem Westen auf Reichsbahn-Gebiet. Dabei war die Strecke nach Sonneberg gleich elektrifiziert worden, so dass dort DB-Elloks von 1991 an in das Netz der DR fuhren. Eine Verbindung zum übrigen elektrischen Netz der DR bestand allerdings nicht. Über die ebenfalls wieder aufgebaute Verbindung Rentwertshausen – Mellrichstadt kamen unter anderem Dieseltriebwagen von Bundesbahn- auf Reichsbahn-Gebiet.

In den Folgejahren sollten sich die Leistungen häufen. Mitte 1993 wurde der elektrische Lückenschluss zwischen Braunschweig und Magdeburg / Berlin geschafft, es folgten Erfurt – Bebra, Nordhausen – Eichenberg und Camburg (Saale) – Probstzella. Die Lückenschlüsse und die bevorstehenden Durchläufe der Maschinen machten die Ausbildung der DR-Lokomotivführer auf DB-Elloks notwendig. Die Ausbildung wurde zuerst in Halle (Saale) begonnen und wurde auch von hier aus zum größten Teil durchgeführt.

Anfangs war aber nicht klar, ob auch alle DB-Loks auf dem DR-Netz einsetzbar waren. Zu Testzwecken überstellte man deshalb am 12. Oktober 1990 eine DB-Ellok der Baureihe 120 zum elektrischen Netz der DR. Die Maschine kam von München und wurde zusammen mit einem Messwagen von einer DR-132 von Probstzella über die Saalebahn geschoben. Ihr Ziel war Halle (Saale), wo mit ihr die Verträglichkeit des Drehstromantriebes mit der dezentralen Bahnenergieversorgung der DR untersucht wurde. Die Messfahrten fanden im Raum Schwerin (Meckl.) statt.

Bei den Schulungsfahrten kam es zu interessanten Bespannungen mit Elloks der DR und der DB

Schulung und Ausbesserung

Die Drehstromlok kam erst später in den neuen Bundesländern zum Einsatz, derweil fanden sich Anfang 1993 die konventionellen DB-Ellok-Baureihen 103 und 110 (zu Schulungszwecken) in Halle ein. Einige Monate später tauchten die 140, 150 und 151 auf. Die 103 bespannten zuerst Nahverkehrszüge nach Dessau und Wittenberg, dann ebenfalls nach Erfurt. Die 150, 151 und 140 waren vor Nahverkehrszügen nach Eichenberg und Erfurt zu finden. Die planmäßige Zuglok war stets mit am Zug, was interessante Bespannungen zur Folge hatte: DB 103 + DR 211/242, DB 110/140 + DR 250/243 oder DB 150/151 + DR 243. Daneben weilten Sonderfahrzeuge für Sonderzugleistungen im Reichsbahnland, beispielsweise der »Gläserne Zug« 491 001 und E 18 047.

Instandsetzung in Dessau

Seit Februar 1991 nahm das Reichsbahnausbesserungswerk Dessau auch Instandsetzungen an DB-Loks der Baureihen 110, 140 und 150 vor. Die Kooperation im Betriebsmaschinendienst gewann sozusagen an Fahrt.

Eckhard Ebert/Ralph Lüderitz

Stilllegungen

im Schienenpersonenverkehr auf dem Gebiet der ehemaligen Deutschen Reichsbahn zwischen 1990 und 2001

Ex-KBS	Strecke	Einstellung des SPNV
104	Hagenow Land – Zarrentin	27. Mai 2000
154	Grevesmühlen – Klütz	27. Mai 1995
156	Sternberg (Meckl.) – Karow (Meckl.)	1. Aug. 1996
156	Hornstorf – Sternberg (Meckl.)	23. Mai 1998
166	Rövershagen – Ostseebad Graal-Müritz	25. Sept. 1999
168	Velgast – Tribsees	27. Mai 1995
171	Ludwigslust – Dömitz	27. Mai 2000
174	Güstrow – Meyenburg	27. Mai 2000
176	Teterow – Gnoien	1. Jun. 1996
177	Malchin – Dargun	1. Jun. 1996
178	Malchin – Waren (Müritz)	1. Jun. 1996
180	Lalendorf Ost – Plaaz	26. Mai 1996
186	Neubrandenburg – Friedland (Meckl.)	14. Jan. 1994
186	Wittstock (Dosse) – Mirow	23. Mai 1998
187	Neustrelitz – Feldberg	27. Mai 2000
195	Sassnitz – Sassnitz Hafen	6. Jan. 1998
196	Greifswald Süd – Lubmin Pbf	28. Mai 1999
206.12	Templin – Prenzlau	27. Mai 2000
206.25	Tiefensee – Wriezen	18. Apr. 1998
206.27	Wensickendorf – Liebenwalde	30. Nov. 1997
206.29	Müncheberg (Mark) – Buckow (Märk. Schweiz)	27. Sept. 1998
206.31	Jüterbog – Sperenberg	1. Jun. 1996
206.31	Zossen – Sperenberg	18. Apr. 1996
206.33	Ferch-Lienewitz – Beelitz Stadt	23. Mai 1998
206.40	Grunow (Niederlausitz) – Peitz/Picnjo	31. Mai 1998
206.42	Lübben Hbf/Lubin – Luckau	1. Jun. 1996
206.46	Forst (Lausitz)/Barsc (Luzyca) – Weißwasser (Oberl.)/Bela Woda	27. Sept. 1996

Ex-KBS	Strecke	Einstellung des SPNV
206.46	Cottbus – Peitz	27. Mai 2000
206.61	Angermünde – Bad Freienwalde (Oder)	27. Mai 1995
206.62	Booßen – Küstrin-Kietz	1. Jun. 1996
206.64	Templin – Fürstenberg (Havel)	19. Mai 1996
206.66	Strasburg (Meckl.) – Prenzlau	27. Mai 1995
206.67	Prenzlau – Gramzow (Ueckermark)	27. Mai 1995
217	Torgau – Pretzsch	6. Aug. 1997
218	Bad Düben (Mulde) – Eilenburg Ost	18. Apr. 1998
223	Görlitz – Königshain-Hochstein	22. Mai 1993
227	Hohenbocka – Kamenz (Sachs.)/Kamjenc (Sakska)	23. Mai 1998
233	Löbau (Sachs.) – Großpostwitz/Budestecy	31. Mai 1997
234	Knappenrode/Hornikecy – Bautzen/Budysin	29. Mai 1999
236	Großschweidnitz – Oberoderwitz	23. Mai 1998
239	Königsbrück – Straßgräbchen-Bernsdorf (Oberl.)	23. Mai 1998
247	Arnsdorf (b. Dresden) – Dürrröhrsdorf	23. Mai 1998
258	Loburg – Altengrabow	15. Jan. 1999
262	Güsen (Kr. Genthin) – Ziesar	29. Mai 1999
263	Güsen (Kr. Genthin) – Jerichow	29. Mai 1999
264	Schönhausen (Elbe) – Genthin	29. Mai 1999
267	Schönhausen (Elbe) – Sandau (Elbe)	29. Dez. 1995
268	Stendal – Niedergörne	29. Dez. 1995
302	Diesdorf (Altmark) – Dähre	22. Mai 1993
313	Haldensleben – Eisleben (b. Magdeburg)	29. Mai 1999
314	Haldensleben – Weferlingen	29. Mai 1999
316	Blumenberg – Schönebeck (Elbe)	29. Mai 1999
317	Blumenberg – Egeln	29. Mai 1999
329	Elbingerode (Harz) – Königshütte (Harz)	29. Mai 1999

Gegenüberstellung 1: Am 6. September 1986 rollt die 50 3673 mit einem Güterzug nach Glauchau über die Mulde (u.). Acht Jahre später nimmt der 628 den selben Weg – auf sanierter Brücke und neben renovierter Kirche

O. Sydow

Ex-KBS	Strecke	Einstellung des SPNV
336	Gerbstedt – Heiligenthal	23. Mai 1998
419	Neuoelsnitz – Wüstenbrand	10. Aug. 1990
503	Brandis – Trebsen (Mulde)	27. Jul. 1997
508	Riesa – Nossen	23. Mai 1998
508	Penig – Langenleuba-Oberhain	28. Mai 1990
515	Brand-Erbisdorf – Langenau (Sachs.)	31. Mai 1997
515	Berthelsdorf – Brand-Erbisdorf	23. Mai 1998
516	Roßwein – Hainichen	26. Apr. 1998
519	Pockau-Lengefeld – Marienberg (Sachs.)	5. Jul. 1999
524	Aue – Blauenthal	22. Sept. 1995
526	Limbach – Oberfrohna	14. Jun. 1999
526	Wittgensdorf ob. Bf – Oberfrohna	27. Mai 2000
526	Rochlitz (Sachs.) – Narsdorf	27. Mai 2000
527	Chemnitz – Wechselburg	23. Mai 1998
528	Rochlitz (Sachs.) – Waldheim	31. Mai 1997
529	Colditz (Sachs.) – Rochlitz (Sachs.)	5. Dez. 1999
532	Pegau – Neukiritzsch	31. Mai 1997
533	Böhlen (b. Leipzig) – Espenhain	21. Mai 1993
534	Altenburg – Narsdorf	27. Mai 1995
536	Schwarzenberg (Erzgeb.) – Annaberg-Buchholz Süd	27. Sept. 1997
537	Walthersdorf (Erzgeb.) – Crottendorf ob. Bf	30. Dez. 1996
542	Weida – Wünschendorf (Elster)	1. Jun. 1996
542	Wünschendorf (Elster) – Werdau	29. Mai 1999
543	Greiz – Neumark (Sachs.)	31. Mai 1997
547	Zeulenroda unt. Bf – Zeulenroda ob. Bf	1. Jun. 1996
548	Schönberg (Vogtl.) – Hirschberg (Saale)	28. Mai 1994
548	Schleiz – Saalburg (Saale)	1. Jun. 1996
549	Leipzig-Plagwitz – Pörsten	23. Mai 1998
552	Crossen an der Elster – Eisenberg (Thür.)	23. Mai 1998
554	Großkorbetha – Deuben	29. Mai 1999
556	Triptis – Unterlemnitz	23. Mai 1998
562	Rottenbach – Katzhütte	30. Sept. 1999/ 31. Dez. 1999
562	Rudolstadt – Bad Blankenburg	31. Dez. 1999
564	Sonneberg (Thür.) – Probstzella	2. Okt. 1999
566	Themar – Ilmenau Bad	16. Jun. 1998
566	Ilmenau Bad – Ilmenau	10. Jun. 2001
567	Ilmenau – Großbreitenbach	31. Mai 1997
568	Suhl – Schleusingen	31. Mai 1997
569	Eisfeld – Sonneberg (Thür.)	22. Jan. 1997
572	Gräfenroda – Crawinkel	29. Jun. 1998
574	Schmalkalden – Kleinschmalkalden (Thür.) – Auwallenburg	14. Nov. 1996
576	Bad Salzungen – Vacha	10. Jun. 2001
577	Dorndorf (Rhön) – Kaltennordheim	31. Mai 1997
584	Leipzig-Leutzsch – Merseburg	23. Mai 1998
587	Querfurt – Vitzenburg	31. Dez. 1998
589	Zeitz – Osterfeld (b. Zeitz)	29. Mai 1999
596	Döllstedt – Bad Tennstedt	8. Apr. 1997
596	Straußfurt – Bad Tennstedt	23. Mai 1998
598	Großbodungen – Bischofferode (Eichsf.)	23. Mai 1998
599	Leinefelde – Teistungen	27. Jun. 2001
602	Erfurt Nord – Erfurt Berliner Straße	26. Mai 1995
603	Dingelstädt (Eichsf.) – Geismar	28. Mai 1994
603	Mühlhausen (Thür.) – Schlotheim	31. Mai 1997
604	Birkungen – Dingelstädt (Eichsf.)	2. Aug. 1996
605	Gerstungen – Förtha (Kr. Eisenach)	26. Sept. 1992
607	Bufleben – Friedrichswerth (Thür.)	26. Mai 1995
714	Oschersleben (Bode) – Gunsleben	30. Mai 1992
781	Beetzendorf (Sachs.-Anh.) – Kalbe (Milde)	10. Aug. 1991
924	Löcknitz – Damme (Ueckermark)	11. Sept. 1991

Gegenüberstellung 2: Im Juni 1990 kommen schon 218er der DB auf die Berliner Stadtbahn, hier bei Uhlandstraße (u.). Zehn Jahre danach ist die Strecke elektrifiziert, von modernen Neubauten gesäumt und mit Maschinen der Ellok-Baureihe 101 belegt

O. Sydow

»Willkommen in der Deutschen Demokratischen Republik« ruft der Probstzellaer Bahnhofslautsprecher nicht mehr, doch die DDR gibt es noch im Sommer 1990. Die Fahnenmasten links im Bild sind ohne Flaggenschmuck, der Sichtblendenzaun rechts am Bahnsteig steht nach wie vor. Zur Zeit der »Wende« kamen planmäßig die 111er in den vormaligen Grenzbahnhof Frank Barteld

Der Grenzbahnhof Probstzella vor und nach der Wende

Betrieb an der GÜST

An kaum einer Stelle manifestierte sich die DDR-Staatsgewalt – im wörtlichen Sinne – so sehr wie im Grenzsperrgebiet zur »BRD«. Grenzbahnhöfe wie Probstzella unterlagen strengster Bewachung und eingehenden Kontrollen. Mit der Wende im Herbst 1989 änderten sich die Regeln schlagartig

Das Schild am Geländer ist nicht zu übersehen. »Aufenthalt auf der Brücke und Fotografieren verboten!« befiehlt es. Die Straßenbrücke am Südkopf des Probstzellaer Bahnhofs bietet beste Sicht auf die Gleisanlagen zwischen dem Bahnbetriebswerk links und dem alten Empfangsgebäude samt Grenzkontrollgebäude rechts, mittendrin befindet sich das Fahrdienstleiter-Stellwerk Ps. Wahrlich ein prima Ausblick, so recht zum Beobachten des interessanten »Misch«-betriebes von Elektrolokomotiven der Bundesbahn (DB) und Dieselmaschinen der Reichsbahn (DR). So beim Umspannen der »Interzonenzüge«, wie es landläufig bis zum Ende der DDR heißen soll: Wechsel von 118 bzw. 132 der DR auf – in der Regel – 151 der DB, die sowohl Güter- als auch die allfälligen Reisezüge über die Frankenwaldrampe Richtung Kronach – Bamberg brachten. Im Personenverkehr gibt es seit Jahren ein festes Angebot: Da sind zum einen die Fernzüge zwischen München und Berlin (die eigentlich Transitzüge sind, da sie auf DDR-Gebiet ohne Halt durchfahren), und zwar das Nachtzugpaar D 300/ 301 sowie das Tageszugpaar D 302/303. Sie bestehen in der Regel aus D-Zug-Wagen der DB. Daneben gibt es den D 402/403 (bzw. 1402/ 1403) Leipzig – Nürnberg, einen Zug, der teils DR-Wagen mitführt und im ursprünglichen Sinne »zwischen den Zonen« verkehrt. Er hat Wagengruppen nach Stuttgart vorn sowie nach München hinten im Zugverband dabei. Zuguterletzt fährt im kleinen Grenzverkehr das Eilzugpaar E 2002/2007, das Kronach und Saalfeld verbindet.

Nicht mehr und nicht weniger als das Lokwechselmanöver bei dem D-Zug Leipzig – Nürnberg wollten wir in den 80er-Jahren gern einmal verfolgen. Unter den Bedingungen des Grenzregimes und seiner Probstzellaer Besonderheiten – siehe Verbotsschild – war das damals eigentlich unmöglich. Doch der Auftrag, eine

Blick aus dem Führerstand einer 119er-Diesellok auf die beiden Güterzuggleise in Richtung Süden, zur »Staatsgrenze West«. Während die Zementbehälterwagen von Zöllnern in Arbeitsmontur auf etwa verborgene Fluchtwillige hin untersucht werden, wartet die Bundesbahn-Ellok der Baureihe 151 auf Ausfahrt zurück nach Bayern. Der Abfahrauftrag wird vom Stellwerk Ps hinten gegeben, voraus geht der entsprechende Befehl vom »Führungspunkt« der GÜST-Kommandantur im alten Stellwerk links. Lächerlich mutet der noch neue Stacheldrahtzaun vorn, direkt an der Drehscheibe des Bahnbetriebswerks Probstzella, an. Was sollte er bewirken? Hans-Jürgen Barteld

kleine Broschüre zum Jubiläum »100 Jahre Eisenbahn in Probstzella« 1985 zu fertigen, bringt die einmalige, völlig außergewöhnliche Chance. Und er bringt zuerst einmal den notwendigen Passierschein, um den Ort im Grenzsperrgebiet überhaupt betreten zu können.

Wir können einmalige Aufnahmen mit dem seinerzeit bescheidenen Filmmaterial anfertigen. Wobei das Unternehmen um Haaresbreite gescheitert wäre, vereitelt durch einen diensteifrigen örtlichen Volkspolizisten. Entdeckte er doch zwei fremde Gestalten mit offen getragenen Fotoapparaten auf der genannten Brücke. Und die wollen nicht mal von ihm Notiz nehmen, bei ihrem deutlichen Ausspähen der Grenzübergangsstelle! Seine heftige Ansprache stört. Immerhin ist das Wichtigste schon fotografiert. Nebenher wird dem Genossen ABV (Abschnittsbevollmächtigten) geraten, sich beim Kommandanten der Grenzübergangstelle (GÜST) über die Erlaubnis zu informieren.

Ort der Beklemmung und Angst

Eine kritische Situation ist es allemal, auch wegen der Vorgänge, die wir rund um den Zug beobachten. Vor dem Eintreffen des D-Zuges aus Leipzig ziehen Posten am Bahnsteig auf, an ihrer Seite Spürhunde. Diese laufen dann unter dem Zug entlang. Auch der Lokführer erhält Besuch auf seiner Maschine. Alles wird inspiziert. Niemand soll sich versteckt halten und so aus der Deutschen Demokratischen Republik heimlich entkommen können.

Seit dem Mauerbau ist das in einigen, meist abenteuerlichen Fällen gelungen. Das Kontrollsystem wurde aber immer weiter »verfeinert«. Dazu gehörte, dass die »Organe« bereits in Saalfeld (Saale) zustiegen, um schon auf dem Weg nach Probstzella die leidigen Pass- und Zoll-Prüfungen vorzunehmen. Im Grenzbahnhof wurden die Wagen dann noch intensiv untersucht, mit Aufschrauben der Wand- und Deckenplatten. Bei Bedarf konnten die Reisenden auch ins Kontrollgebäude »gebeten« werden; Zeit dafür war genügend. Das unheimliche und unwürdige Prozedere brachte Probstzella,

Ein typischer Reichsbahn-Bundesbahn-Nahverkehrszug von 1990, der soeben von Probstzella kommend die thüringisch-bayerische Landesgrenze am Falkenstein passiert hat. Links neben der Lok ist noch die Bahnsteigkante auf dem Planum des ehemaligen zweiten Gleises zu erkennen; die Bundesbahn hatte hier einen Haltepunkt eingerichtet Frank Barteld

Blick von der »verbotenen« Straßenbrücke Richtung Inland auf den Bahnhof Probstzella. Vorn rechts das Fahrdienstleiter-Stellwerk Ps. Am Bahnsteig dahinter der geschlossene Zaun, der den eigentlichen GÜST-Bereich, die beiden Personenzuggleise, abtrennt. Links im Bild die Anlagen des Bahnbetriebswerkes sowie hinten die Gleise für die so genannten Regulierungswagen bzw. zur Zugbildung in Richtung Ernstthal am Rennsteig Hans-Jürgen Barteld

wie auch den anderen Grenzübergangsstellen, den schlechten Ruf als Ort von Beklemmung und Angst ein.

Die Öffnung der Grenze

Die plötzliche Öffnung der Grenze am 9. November 1989 ließ Probstzella in einem völlig anderen Licht erscheinen. Nun hatten die Eisenbahner in Probstzella und entlang der Strecke ihre größte Bewährungsprobe seit dem Krieg zu bestehen: eine bis dato unvorstellbare Flut von Reisenden nach Bayern. Selbst mit operativ gefahrenen, aus allem nur verfügbaren Wagenmaterial gebildeten Zügen war dem Andrang der ersten Tage Reisefreiheit nicht beizukommen. Mit 250 Prozent weit überlastete und daher in der Geschwindigkeit herabgesetzte Züge rollten nach Kronach, Lichtenfels, Nürnberg und München. Parallel dazu die Autokolonnen auf der wiedereröffneten B 85. Samt zweier benachbarter provisorischer Straßenverbindungen passierten in nur 40 Tagen 1.396.942 Besucher aus der DDR den Übergang Probstzella/Ludwigsstadt – weit mehr also als im gesamten Jahr 1957 mit dem damaligen Rekord von 1,1 Millionen Reisenden in beide Richtungen!

Blick nach Süden auf den Grenzbahnhof Probstzella. Deutlich werden der eingezäunte und nachts ausgeleuchtete GÜST-Bereich mit den beiden Hauptgleisen sowie die querende Straßenbrücke. Die teils weiter eingezäunte Bahnstrecke führt im Rechtsbogen zur Grenze, die an der Waldschneise am Berghang (rechts oben) zu erkennen ist Hans-Jürgen Barteld

Mit einem Schlage war Probstzella mit der alten Hauptbahnstrecke wieder in die Mitte Deutschlands gerückt. Nur sechs Tage nach der Grenzöffnung am Falkenstein gab es vor Ort ein erstes verkehrspolitisches Gespräch zwischen Vertretern des Freistaates Bayern und DDR-Verantwortlichen. Einen Monat später, am 18. Dezember 1989, wurde auf einer Verkehrskonferenz im grenznahen Bad Steben über den Ausbau des Schienennetzes, die Elektrifizierung sowie InterCity-Verbindungen gesprochen und damit der Grundstein für das spätere Verkehrsprojekt Deutsche Einheit gelegt.

Inzwischen verkehrten via Probstzella bereits auch neue Regelzüge: E 2003/2006 Rudolstadt – Lichtenfels, D 1100/1101 München – Berlin-Lichtenberg und ab Dezember E 2008 bzw. E 2010 von Lichtenfels nach Probstzella. Weitere Züge wurden ab Januar 1990 eingelegt: D 1400 Nürnberg – Jena, E 2004/2005 Kronach – Jena, E 2007 Jena – Nürnberg, E 2009 Saalfeld – Lichtenfels und D 1403/1406 Gera – Nürnberg. Hinzu kam im Sommer 1990 D 404/405 München – Warschau.

Einen Qualitätssprung bedeuteten die neuen InterRegio-Zugpaare IR 400/401 Nürnberg – Leipzig und IR 402/403 München – Leipzig. Erhalten blieben noch die klassischen 300er-Berlin-Züge, sodass 1990/91 täglich allein 22 (!) schnellfahrende Reisezüge den alten Bahnhof Probstzella zu neuem Leben erweckten.

Als dann InterCity-Züge – auch mit der begehrten Elektrolok der Baureihe 120 – Probstzella beehren, haben die GÜST-Bastionen keine Funktionen mehr: vorn der so genannte Führungspunkt im alten Stellwerk und dahinter das wuchtige Verwaltungs- und Kontrollgebäude Frank Barteld

Seit dem Fahrplanwechsel 1992/93 rollten InterCity-Züge Berlin – München. Die spektakulärsten Verbindungen waren am Tag der EuroCity EC 11 »Mimara« von Leipzig, später Berlin nach Zagreb und nachts der neue InterCity Night zwischen Berlin und München. Bis 1995 erfolgte der durchgehend zweigleisige Ausbau samt Elektrifizierung zwischen Hochstadt-Marktzeuln und Camburg im Lücken-

Die Eisenbahn in Probstzella

1. Oktober 1885: Eröffnung der Verbindung von preußischer und bayerischer Staatsbahn zwischen Eichicht (heute Kaulsdorf/Saale, seit 1871 Endpunkt der Strecke von Gera – Saalfeld) und Stockheim/Ofr.

Schon **1886** gibt es eine durchgehende Verbindung Berlin – München (Zugpaar 31/32, über Weißenfels – Zeitz – Gera – Saalfeld)

Ab 1887 wächst der Güterverkehr beträchtlich an. Vom Lokbahnhof Probstzella aus werden auf der Steilrampe nach Steinbach am Wald Schublokomotiven eingesetzt.

1899 geht die Nebenbahn nach Ernstthal – Neuhaus am Rennweg bis Bock-Wallendorf (später Lichte-Ost) in Betrieb.

Auf der **seit 1905** zwischen (Bad) Kösen und Hochstadt (-Marktzeuln) komplett zweigleisig ausgebauten Nord-Süd-Linie steigt der Zugverkehr sprunghaft an.

1923 passiert erstmals das FD-Zugpaar 79/80 München – Berlin den Bahnhof Probstzella; die Stationsschlosserei / Lokomotiveinsatzstelle wird Bahnbetriebswerk; Mitte der 20er-Jahre treffen die ersten preußischen Tenderdampfloks der Gattung T 20 fabrikneu ein.

1936 beginnen Vorbereitungen für den Einsatz von Elektrolokomotiven; der durchgehende elektrische Betrieb Nürnberg – Saalfeld (Saale) wird am 15. Mai 1939 eröffnet.

Zum **Kriegsende 1945** ist der elektrische Zugbetrieb durch Zerstörungen unterbrochen. Er wird im Herbst 1945 – mit einer Lücke im Bereich des schwer getroffenen Bahnhofs Saalfeld – wieder aufgenommen. Als Reparationsleistung werden im Frühjahr 1946 die Fahrleitungen im sowjetischen Besatzungsgebiet demontiert.

1947 wird darüber verhandelt, den 1,7 Kilometer langen Fahrleitungsabschnitt zwischen Probstzella und der Demarkationslinie wieder herzustellen, was am 3. September 1949 vereinbart wird. Der elektrische Betrieb bis in den Bahnhof Probstzella beginnt am 12. Juni 1950.

Der **Interzonenverkehr** über Probstzella, **1958** noch um den »Saßnitz-Express« D 129/130 München – Berlin – Saßnitz erweitert, bleibt auf bescheidenem Niveau. Der D 129/130 verkehrt bis **1972/73**, zuletzt als D 490/491 mit Kurswagen nach Malmö. Beständige »große« Züge des grenzüberschreitenden Reiseverkehrs sind in den 70er- und 80er-Jahren neben D 402/403 (1402/1403) (München –/Stuttgart –) Nürnberg – Leipzig die Transitzüge nach und von Berlin, D 302/303 sowie D 300/301, und weitere, aber nur saisonale Nacht-(Autoreise-)Züge. Dazu kommen später noch D 306/307. Die Transitzüge sind bei den Eisenbahnern gefürchtet, da sie unter keinen Umständen anhalten dürfen, um das Zusteigen oder Aufspringen von DDR-Bürgern zu verhindern. Jede Verzögerung im Betriebsablauf zieht Kontrollen und einen Bericht nach sich. Diese »Gefährlichkeit« verleiht den Zügen bei Eisenbahnern den Spitznamen »Zitteraal«.

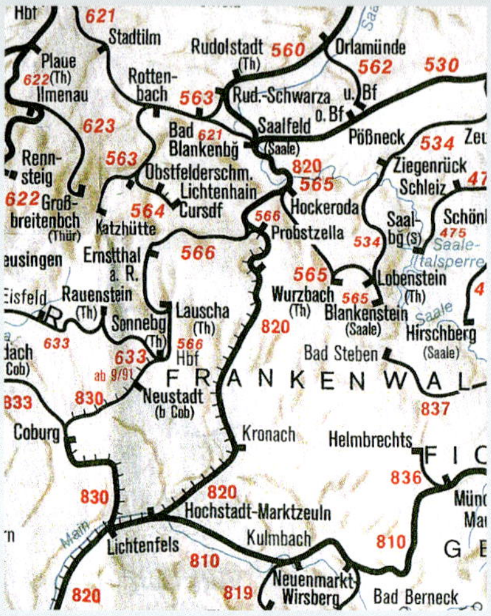

Das Streckennetz 1991/92 Slg. Thomas Wunschel

Mit dem **Grundlagenvertrag** über die Beziehungen zwischen den beiden deutschen Staaten wird der »Kleine Grenzverkehr« eingeführt. Ab **5. Juli 1973** verkehrt das Eilzugpaar E 2002/2007 (Lichtenfels –) Ludwigsstadt – Saalfeld. Der so genannte Bahr-Express, benannt nach dem Bundespolitiker Egon Bahr, der ihn aushandelte, verkehrt anfangs täglich. Ab Winterfahrplan **1973/74** fährt er dreimal in der Woche, zuletzt nur noch mit einem Bn-Wagen (»Silberling«). HJB

Zwei Bundesbahn-Dieselloks der Baureihe 211 ziehen am 11. November 1989 den neu eingelegten E 2006 Lichtenfels – Rudolstadt, im Bild bei Johannistal. Die Frankenwaldbahn ist hier noch eingleisig

Reiseverkehr ab Kronach am 15. Dezember 1989, unter anderem mit Bundesbahn-Elektrolok 151 060 und Reichsbahn-Doppelstockwagen als E 2005 mit Ziel Jena

Rolf Schierer (2)

schlussprogramm »Gemeinschaftswerk Aufschwung Ost«.

Einige Relikte der DDR-Staatsmacht sollten die Wende 1989 zunächst überdauern. Der hässliche Bau, in dem einst Grenzkommandantur, Staatssicherheit/Passkontrolleinheit und Zoll über den Eisernen Vorhang wachten, erinnerte noch 18 lange Jahre an die üble Periode des Kalten Krieges im geteilten Deutschland. Die Probstzellaer selbst wussten mit dem stummen Zeugen nichts anzufangen. Der Klotz, der das Ortsbild brutal beherrschte, verfiel immer mehr. Schließlich wurde 2008 der Abriss – endlich – begonnen. Da erst wollte ein kleine Gruppe den Bau zumindest teilweise erhalten: als Gedächtnisstätte am, so die Begründung, einzigen noch erhaltenen Grenzbahnhof. Stimmte so wohl nicht; außerdem verkörpert Gutenfürst bis heute besser eine solche GÜST – mit Beschaubrücke und Flutlichtmasten. Dergleichen hatte Probstzella nie zu bieten.

Zwei Jahrzehnte nach dem Fall des Zaunes erinnert in und um Probstzella kaum etwas an die schändliche Grenzbefestigung. Wachttürme sind gekappt, der Todesstreifen ist wieder bewachsen. Er bildet nun die Mitte eines Grünen Biotops längs durch Deutschland – einziger und später Nutzen des gewalttätigen, millionenteuren Irrsinns. Am früheren Bahnbetriebswerk wachsen Birken, der Bahnhof ist verwaist, nur Regionalzüge halten noch und Güterzüge zum Ansetzen der Schiebelok. Den Bahnbetrieb steuert ein elektronisches Stellwerk von Leipzig aus. Die stündlichen ICE passieren den nun anders traurigen Ort in verhaltener Fahrt. Wie es vor 20 Jahren pulsierte, kann sich niemand mehr vorstellen. Das liegt unglaublich weit zurück. HANS-JÜRGEN BARTELD

Hans-Joachim Lange

Der Gemeinschaftsabschnitt aus Brockenbahn und Kolonnenweg kurz oberhalb des Bahnhofs Goetheweg. Er konnte bei nächtlichem Alarm durch die aufgestellten Doppelscheinwerfer taghell erleuchtet werden. Im Hintergrund der Brocken (April 1990)

Bilder, wenn nicht anders angegeben: Hans-Joachim Lange

Gipfelwanderung

Die Brockenbahn nach dem Mauerfall ■ Seit August 1961 war die Meterspurstrecke auf den Brocken für die Öffentlichkeit gesperrt. Nach der Grenzöffnung im November 1989 gehen die Uhren auch im Harz anders: Es fährt zwar kein Zug, aber man kann die Bahn besichtigen. Hans-Joachim Lange unternimmt genau dies

Am 3. Dezember 1989 erzwingt eine Bürgerinitiative die Öffnung des Brockenplateaus für die Wiederaufnahme einer zivilen Nutzung. Davon lese ich in der Zeitung. Sofort steht fest: Dort muss ich auch hinauf. Meine letzte Wanderung auf den Brocken datiert von Ende Mai 1961. Für den damaligen Betriebsausflug hatten wir uns bei der heimatlichen Volkspolizei-Behörde einen Passierschein ausstellen lassen. In Wernigerode erklärte uns die Aufsicht, dass Zugverkehr nur bis Schierke bestehe. Den Marsch zum Gipfel verkniffen sich daraufhin die meisten, sodass von der ganzen Liste am folgenden Morgen nur vier Unentwegte nach oben strebten. Unsere Liste hatten wir unterwegs mehrfach vorzuweisen und kamen damit bis ans Ziel und wieder zurück.

Am 30. Dezember 1989 steige ich in Stiege um 09:10 Uhr aus dem mäßig besetzten Personenzug 14431. Ich schaue dem Wassernehmen und Umsetzen der Lokomotive zu. Bis auf die Fahrkartenkontrolle gibt es im Zug keine Fragen mehr nach dem Woher und Wohin. Das ist sehr ungewohnt. Die meisten Mitreisenden machen sich auf dem Bahnparallelweg in Richtung Brocken auf die Socken. Ich folge ihnen. Meine besondere Auf-

Zeittafel: Die Brockenbahn 1961 bis 1992

12.08.1961: Letzter Betriebstag für den Reisezugverkehr auf dem Abschnitt Schierke – Brocken aufgrund der durch die DDR-Regierung angeordneten verstärkten »Sicherung der innerdeutschen Grenze«. Fortan dient die Brockenbahnstrecke ausschließlich dem so genannten Materialzugverkehr für Grenztruppen der DDR und eine Militäreinheit der sowjetischen Streitkräfte. Der reguläre Reisezugverkehr endet auf dem Bahnhof Schierke.

10.06.1963: Der zwischen Schierke und Brocken befindliche Bahnhof Goetheweg wird stillgelegt. Die Gleisanlage bleibt erhalten.

07.08.1973 – 18.10.1974: Umfangreiche Oberbauerneuerungsarbeiten auf der Strecke Schierke – Brocken. Zwischen dem ehemaligen Bahnhof Goetheweg und dem zweiten Bahnübergang der Brockenstraße werden Betonplatten in den Gleiskörper eingelassen, sodass dieser Abschnitt auch mit Militärkraftfahrzeugen befahren werden kann. Für die im Rollwagenverkehr stattfindenden Gütertransporte auf den höchsten Bahnhof der Deutschen Reichsbahn, Brocken, gelten angesichts der Grenznähe spezielle und als vertrauliche Dienstsache eingestufte Betriebsvorschriften. Sie sind nur jenen Eisenbahnern zugänglich, welche die Strecke Schierke – Brocken als »Reisekader« befahren dürfen.

03.08.1987: Letztmalige Aufnahme des Bedarfsgüterverkehrs auf dem Abschnitt Schierke – Goetheweg zum Transport von Betonteilen zur Erneuerung der »Grenzmauer«. Danach ruht der Betrieb auf dem Abschnitt Schierke – Brocken.

03.12.1989: Die Brockenmauer fällt. Nach 28 Jahren erklimmen Touristen und Urlauber wieder den höchsten Gipfel des Harzes.

09.06.1990: Eisenbahner der Bahnmeisterei Wernigerode befahren mit einem Schienenkleinwagen die Strecke

merksamkeit gilt neben der wunderbaren Natur der Streckenführung der Brockenbahn. Das Gleis ist leidlich in Schuss. Kleine Fichten und einige Felsbrocken zwischen den Schienen zeigen aber, dass schon seit längerer Zeit kein Zug mehr gefahren ist. Tatsächlich hat man die Versorgungszüge für die sowjetischen Streitkräfte, die Grenztruppen der DDR und andere auf dem Brocken tätigen Organe 1987 eingestellt. Besonders fallen mir zwei kleine Wasserdurchlässe in einfachster Bauweise auf. Die Erbauer legten die Schwellen des Gleises schlicht auf die aufgeführten Pfeiler.

Am ehemaligen Haltepunkt Eckerloch endet der Bahnparallelweg. Er wird durch einen vom Ort Schierke heraufkommenden Wanderweg aufgenommen. Der führt entlang dem Schluftwasser-Bach aufwärts und dann aus dem Talgrund weiter nach rechts, steil ansteigend, empor zur oberen Brockenstraße.

»Ich wechsele in das Gleis – ganz geheuer ist mir dabei nicht«

Ich möchte nicht schnellstmöglich auf den Brocken kommen, sondern der Bahn folgen. Einen Weg gibt es nicht mehr, also wechsele ich in das Gleis und gehe dort. Die fast durchgängige Steigung der Strecke von 1 : 30 ist zu Fuß, soweit man die Schwellenabstände einhält, bequem zu laufen. Ich tippele allein. Ganz geheuer ist mir dabei nicht. Noch vor einigen Monaten hätte die Wanderung zu erheblichen Konflikten mit den allmächtigen (Staats-)Organen geführt.

Am Eckerloch ändert die Strecke in einer engen Kurve (70-Meter-Radius) die Richtung, um zur Längenentwicklung die Kesselklippen und den Königsberg zu umfahren. Nach einigen Kilometern passiere ich eine »Lf 4«-Tafel, die 15 km/h signalisiert. 400 Meter weiter taucht eine Signalkombination auf. Über einer Eckentafel, Signal »Lf 5«, ist eine Haltvorscheibe »Sh 3« montiert. Die Eckentafel sagt dem Lokpersonal, dass die zuvor angekündigte Beschränkung auf 15 km/h ab hier erreicht sein muss. Die Haltvorscheibe signalisiert, dass 400 Meter weiter eine Haltscheibe »Sh 2« (rotes Rechteck, wurde früher von Wärterbuden und Stellwerken jeden Dienstag ausgestellt) zu erwarten ist.

Vor mir zieht das Gleis in eine Rechtskurve und ich erreiche den Bahnhof Goetheweg. Er besteht aus einem angedeuteten Bahnsteig und hat eine Weiche, an der ein Rückdrückgleis angeschlossen ist. Hier kreuzt der vom Torfhaus herüber kommende ehemalige Wanderweg gleichen Namens, der hinauf zum Königsberg und weiter zum Brocken führt.

Der Goetheweg bringt aus dem Grund den Kolonnenweg der Grenztruppen und links davon den Streckmetallzaun mit herauf. Die nächsten 2,3 Kilometer bis zur oberen Kreuzung der Brockenstraße muss das Bahngleis den Kolonnenweg als »Gemeinschaftsabschnitt« ertragen. Es ist mit Betonplatten in Straßenfahrzeugbreite ausgelegt. Dabei hatte die Bahn noch Glück, denn nach dem Mauerbau strebten die Grenzorgane den Abbruch des Streckenstücks an. Weil die Sowjets auf der Versorgungsmöglichkeit ihrer auf dem Berg stationierten Truppen per Bahn bestanden, wurde der Gemeinschaftsabschnitt gebaut.

Die Brockenbahn unterhalb des Haltepunktes Eckerloch, 30. Dezember 1989. Der Gleiszustand zeigt, dass längere Zeit kein Zug die Strecke befahren hat

Der Bahnhof Brocken am 30. Dezember 1989: Von rechts nach links liegen die Gleise 1 bis 3; Gleis 2 dient als Lokumfahrungsgleis. Im Hintergrund ist die Brockenmauer mit dem Gleistor zu sehen

Am 15. September 1991 wird die Brockenbahn wieder eröffnet. Im Bild die Ankunft des zweiten Sonderzuges mit 99 5901 und 99 7244

Schierke – Brocken, um den Zustand der Strecke zu inspizieren.

11.08.1990: Der Bürgermeister der Gemeinde Schierke verkündet öffentlich, dass die Strecke zum Brocken wieder in Betrieb genommen wird.

30.09.1990: In der Fahrplantabelle 676 des neu erschienen Kursbuchs der Deutschen Reichsbahn ist erstmalig seit dem Winterfahrplan 1961/62 (damals KBS 204 e) wieder der Bahnhof Brocken aufgeführt; jedoch enden und beginnen die Züge nach wie vor in Schierke.

27.05.1991: Symbolischer Spatenstich nahe des ehemaligen Bahnhofs Goetheweg zur Sanierung der Brockenbahnstrecke.

15.09.1991: Feierliche Wiederaufnahme des Reisezugverkehrs auf dem Abschnitt Schierke – Brocken.

01.06.1992: Nach weiteren Sanierungsarbeiten auf der Brockenstrecke wird der reguläre Reisezugverkehr aufgenommen.

Wolf-Dietger Machel

Der Brockengipfel am 30. Dezember 1989: Zwei Monate zuvor war dies noch absolutes Sperrgebiet, Zugverkehr zum Bahnhof gibt es seit 1986 nicht mehr. Im Bild links der alte und neue Fernsehturm

Zur Vermeidung von gegenseitigen Gefährdungen gibt es am Beginn dieses Abschnitts im Bahnhof Goetheweg und am Ende, oben an der Kreuzung der Brockenstraße, je einen waagerecht drehbaren Schrankenbaum. Er zeigt je nach Stellung dem Zug die Haltscheibe »Sh 2« oder den Postenfahrzeugen ein im Straßenverkehr übliches Stoppschild. Damit erklärt sich die unterhalb des Bahnhofs gesehene Signalkombination.

»Durch das offene Tor betreten wir das mit Betonplatten umwehrte Gipfelplateau«

Ich marschiere auf dem Gemeinschaftsabschnitt weiter aufwärts. Die Strecke quert das Brockenmoor und erreicht bald die Brockenstraße. Der Kolonnenweg und der Streckmetallzaun folgen ab hier der Brockenstraße. Ich verlasse das Gleis und laufe auf der Straße, nun wieder mit anderen Leuten, hinauf zum Gipfel. Durch das offene Tor und vorbei am leeren Kontrollhäuschen betreten wir das mit hässlichen, senkrecht stehenden Betonplatten umwehrte Gipfelplateau. Diese Mauer und die militärischen Anlagen inmitten der herrlichen Harzlandschaft sind besonders bedrückend. Oberhalb des Bahnhofsgebäudes markiert ein schlampig errichteter Stacheldrahtzaun das von den Sowjets besetzte Gelände, in dem neben barackenartigen Gebäuden drei Radarkuppeln dominieren.

Die Mauer lässt für das Streckengleis eine Lücke, die durch ein separates Tor gesichert ist. Die drei Bahnhofsgleise auf dem Brocken zeigen leichte Verfallserscheinungen. An den Schienen lese ich noch »UNION 1899«. Da es kalt und unwirtlich ist, verlasse ich nach einer Runde den Blocksberg wieder. Ich laufe die Brockenstraße bis zur Kreuzung mit der Bahn hinab. Dann folge ich abermals dem Gleis um den Königsberg herum zum Eckerloch und auf dem Parallelweg zurück nach Schierke.

In der Folgezeit besuche ich den Oberharz und den Brocken mehrmals. Natürlich bin ich auch am 15. September 1991 oben, als endlich wieder Züge fahren. Es ist wohl nach 11:00 Uhr, als ganz hinten, um den Königsberg herum, ein Rauchfähnchen zu sehen ist. Es kriecht unten näher und teilt sich. Die nunmehr zwei Dampf- und Rauchwolken ziehen um den Brocken. Mit Achtungspfiffen fährt der erste Sonderzug, gebildet aus den Traditionswagen und geführt von den grün lackierten Dampflokomotiven NWE 13 (99 5903) und NWE 21 (99 6001), auf Gleis 1 in den Bahnhof Brocken ein. Die Reisenden steigen aus und vergrößern das Gedränge, zumal der Zug auf Gleis 3 umsetzt und kurz darauf ein zweiter Sonderzug eintrifft. Den bringen 99 5901 und 99 7244, beide im schwarzen Einheitsanstrich der Reichsbahn, auf den Berg. Ab 1. Juni 1992 gibt es wieder planmäßigen Reiseverkehr zum Brocken. Die Normalität ist auf den höchsten Gipfel des Harzes zurückgekehrt.

Der Autor

Hans-Joachim Lange, Jahrgang 1937, arbeitete nach seinem Studium an der Ingenieurschule für Eisenbahnwesen Dresden als Konstrukteur und Messwagen-Ingenieur bei der Versuchs- und Entwicklungsstelle Maschinenwirtschaft (VES/M) der Reichsbahn; später war er Geschäftsführer der Stadtwerke Rosslau, heute ist er im Ruhestand. Die Eisenbahnleidenschaft erbte er vom Vater und von den Großvätern, die auch für die Bahn arbeiteten.

Hans-Joachim Lange am Streckmetallzaun der DDR-Grenze; gut zu erkennen ist einer der Wasserdurchläufe Bild: privat

Hochbetrieb in Deuben mit Dampflok 52 8166 und einer Rangierdiesellok der Baureihe 106. Die Brikettfabrik hinten rechts ist ein wichtiger Güterkunde der DR Volkhardt/Slg. G. Schütze

Bahn-Alltag 1983 bis 1993

Im Reichsbahn-Land

So gegensätzlich die Schlussdekade der DR verlief, so interessant ist sie im nachhinein. Findet man dabei doch alles, womit die Eisenbahn begeistert: umfangreiches Betriebsgeschehen, große Fahrzeugvielfalt, Nostalgie

Eigentlich hat die DDR die Schmalspurbahn auf Rügen nur aus wirtschaftlicher Notwendigkeit erhalten. Nach der Wende ist es lange fraglich, ob der Betrieb überlebt. Mit den Dampfloks kann die DR immerhin bei Urlaubern punkten. Das Nebeneinander von 99 4801 mit ihrem Personenzug und dem »Trabant« bei Philippshagen macht im Oktober 1990 das Ferienfotoerlebnis komplett

Dieter Lindenblatt

Gute alte Eisenbahn

Vielerorts vermittelt die Reichsbahn das Gefühl, die Zeit sei stehen geblieben. Selbst die ersten Jahre der Marktwirtschaft ändern nichts am Charakter des charmanten »Freilichtmuseums«. Noch nicht ...

Der Warteraum im Bahnhof Wegeleben (Strecke Magdeburg – Thale) besitzt einen Abfahrtsplan mit Emailleschildern, und die Reichsbahn wünscht auch im Februar 1991 noch »Gute Fahrt«. Schöne alte Eisenbahn, deren Bestand aber angesichts nachlassender Nutzung bedroht ist Sven Klein

Altbau-Elloks in einem deutschen Großstadtbahnhof – wo gibt es das 1988 noch, wenn nicht bei der DR? Am 10. September hat 244 131 mit P 4004 den Leipziger Hauptbahnhof erreicht Christian Gloel

Formtreu

Keine Bahn der Welt verzichtet im Fahrzeugbau auf Gestaltungselemente, wobei die Reichsbahn und ihre Zulieferer zum Schnörkellosen tendieren. In den großen Dimensionen heißt die Leitlinie fast immer »kantig und funktional«

Drei Mal Sowjetunion, ein Mal Rumäni Bahnbetriebswerk Gera warten im Juli 19 »Taigatrommeln« 220 289, 318 und 292 das »U-Boot« 219 178 auf neue Auf Während die Großdieselloks aus sowjet Produktion weitgehend auf Design-Extras v ten, gibt es bei der rumänischen Vert zumindest mal einige kleine A

Georg

Viel Fassungsvermögen, eingepasst in das auf den Strecken zulässige Profil ist die Stärke der Doppelstockwagen. Einen Designpreis gewinnen sie mit der schlichten Gestaltung wohl kaum, aber sie befördern Fahrgäste en masse. Zum Beispiel Berufstätige (Bild in Halle (Saale) Hbf) Volker Emersleben

»Container« heißt der spröde Kosename für die Baureihe 250 und wo er seinen Ursprung hat, zeigt die kantige Ellok jedem Betrachter auf Anhieb. Die Verantwortlichen des Betriebsmaschinendienstes schätzen das kräftige Triebfahrzeug für den schweren Güterverkehr ebenso wie für manchen Reisezug, wie diesen Städteexpress in Weißenfels Ralph Lüderitz

Im September 1983 hat Reko-Lok 41 1150 einen Güterzug nach Saalfeld am Haken, hier an der Saale bei Kahla Dieter Lindenblatt

Rauchwolken über Rochlitz – welch positive Nachricht, wenn es sich um die Dampftraktion in dem sächsischen Bahnbetriebswerk handelt. Wobei nicht mehr alle Maschinen vor Ort im Zugverkehr eingesetzt sind; die 50er links steht im Januar 1986 noch im Dienst, die 86er rechts daneben hat man zur Heizlok degradiert Dirk Höllerhage

König Dampf

Wer an die Reichsbahn der letzten Jahre denkt, denkt fast automatisch an Reko-Loks oder an sächsische »Viere Ka«. Die beiden sind die dominierenden Stellvertreter des planmäßigen Dampfbetriebs, an dem die Reichsbahn oft wider Willen festhalten muss und der ihr andererseits so viel Sympathie einbringt

Zwischen Cranzahl und Oberwiesenthal fällt im April 1990 der Busverkehr aus. Ersatz kommt in Form eines Dampfzuges, geführt von der sächsischen IV K 99 1608 Rudolf Heym

Im August 1992 warten die modernen Reichsbahn-Elloks 156 004 und 143 252 in der Einsatzstelle Berlin-Rummelsburg auf den nächsten Dienst. Hinten ein DR-Triebwagen 175 (ex VT 18.16), der inzwischen für museale Zwecke genutzt wird

Wolfgang Dath

Waschtag auf Rügen: Die sorgsame Wagenfensterpflege von Hand ist 1990 noch gang und gäbe. Aber es bestehen auch schon Planungen, die Belegschaft zu reduzieren

Thomas Wunschel

Eine »Dicke Babelsbergerin« und drei Bghw-Wagen bedienen im September 1991 die Strecke Suhl – Schleusingen, hier bei Hirschbach. Wie viele andere Nebenbahnen hat sie mit sinkenden Fahrgastzahlen zu kämpfen; bald erscheint die Diesellok 118 (ab 1992: 228) mit ihrem Zug überdimensioniert

Georg Wagner

Was bleibt?

Rund 13.000 Kilometer Strecke betreibt die DR 1990. Aber der Bahnverkehr ist defizitär, in den nächsten Jahren folgen Stilllegungen. Gleichzeitig investiert die Reichsbahn in Strecken und Fahrzeuge. Was also bleibt als Fazit der letzten Jahre? Aufbruch in die Moderne, Abgesang der alten Eisenbahn oder irgend etwas dazwischen?

132

RECHTS Die unmenschlichste Grenze Europas verläuft Jahrzehnte lang mitten durch Deutschland. Mit Stacheldraht, Schießbefehl und Bodenminen versucht die DDR, ihre Bürger an der »Republikflucht« zu hindern. Im »Todesstreifen« an der innerdeutschen Grenze und an der Berliner Mauer werden allein zwischen 1961 und 1989 über 500 Menschen getötet. Im Mai 1990 sind die Befestigungen nur noch schreckliche Zeugen einer anderen Zeit (Bild in Ellrich an der Strecke nach Zorge)
Ludwig Rotthowe

Lange Zeit wäre das Gespann von Reichsbahn-132 und Bundesbahn-218 vor einem Interzonenzug kaum denkbar gewesen. Aber nach der Grenzöffnung im Herbst 1989 bauen DR und DB Kontakte auf, die weit über das bisher praktizierte Minimum hinausgehen. So ist es 1990 möglich, dass die Diesellok der einen Bahngesellschaft jene der anderen Bahn in Schlepp nimmt (Bild auf der Strecke Hof – Reichenbach)
Hans-Jürgen Barteld

Ebenfalls erhältlich ...

ISBN 978-3-86245-143-2

ISBN 978-3-95613-000-7

ISBN 978-3-86245-187-6

ISBN 978-3-86245-119-7